화교기업과 중국경제

화교기업과

CHINA ECONOMY   CHINA ECONOMY   CHINA ECONOMY   CHINA ECONOMY   CHINA ECONOMY

중국경제

이재유 · 허흥호 지음

한국학술정보㈜

『메가트렌드 아시아』(MEGATRENDS ASIA)의 저자인 존 나이스비트(John Naisbitt)는 지금으로부터 10여 년 前인 1990년대 중반에 앞으로 세계경제의 활력은 동아시아에 의해 유도될 것이라고 전망하며, 이를 이끌어갈 견인차는 일본이 아니라 중국이라고 내다봤다. 이러한 전망은 당시만 하더라도 대체로 수긍하는 가운데 먼 훗일로 여겨졌었다. 그러나 중국은 개혁개방 이후 그동안 연평균 9%가 넘는 경이적인 경제성장으로 현재 세계 4위의 경제대국(PPP기준으로는 세계 2위)이 되었다. 뿐만 아니라 외환보유고와 교역순위에서도 각각 세계 1위와 3위를 차지하는 등 세계경제의 선두에서 경제발전의 견인차 역할을 하고 있다.

중국경제의 이러한 성장은 다양한 요인이 복합적으로 작용하여 나타난 것이지만, 그중 무엇보다 외국인 투자기업의 기여를 과소평가할 수 없다. 왜냐하면 외국인 투자기업은 중국의 고정자산 투자 중 10% 이상을 차지하고 있을 뿐 아니라 공업생산액에서도 30% 이상을 차지하고 있는 등 중국의 경제발전에 필요한 자금을 상당부분 보전해주고 있을 뿐만 아니라 중국의 대외수출 중 60%에 육박하는 등 수출증대에 상당한 기여를 하고 있고, 또 세수제공 등을 통해서도 재정수입의 증대에 적지 않은 기여를 하고 있기 때문이다.

뿐만 아니라 외국인 투자기업은 선진기술과 경영노하우 제공 및 고용창출에도 많은 기여를 하고 있기도 하다.

한편, 중국의 경제발전과정에서 외자기업의 이러한 기여 중 화교기업의 기여가 가장 큰 것으로 평가된다. 이는 화교기업이 중국의 개혁개방 초기 어느 외국인 투자기업보다 중국에 먼저 진출하여 다른 외국인 투자기업의 대중국 진출을 유도하는 선도적 역할을 하였을 뿐 아니라 지금까지 중국에 진출한 전체 외국인 투자기업의 자본 중 가장 많은 70% 정도를 차지하고 있으며, 또한 자신들의 고향을 중심으로 도로 및 교량건설, 교육, 위생사업 등 다양한 영역에서 많은 경제적 지원을 해왔기 때문이다.

화교기업의 이러한 기여는 화교기업의 자본력과 화교기업과 중국경제 사이에 존재하고 있는 상호경제적 보완성 및 화교와 중국과의 특수한 관계, 즉 동일언어를 사용하고 혈연과 지연으로 이어진 동일민족이라는 점으로 미루어볼 때 향후에도 지속적일 수밖에 없을 것으로 판단된다. 특히 최근 들어서 중국기업들이 활발하게 추진하고 있는 해외진출(走出去)에서 적지 않은 역할이 예상된다. 그 이유는 화교기업이 역사와 지리적 요인으로 인해 대체로 홍콩과 대만을 비롯한 동남아지역에 편중되어 있지만, 그들의 기업 활동은 전 세계를 범위로 하고 있고 또 혈연(血緣)과 지연(地緣) 그리고 업연(業緣) 등을 중심으로 한 네트워크를 강조하는 경영활동을 펼치고 있어서 혈통과 문화적 요소가 같은 중국기업의 해외진출에 직간접적인 역할이 예상되기 때문이다. 따라서 향후 화교기업과 중국기업은 상호간의 경제교류 확대는 물론 세계경제에 상당한 영향을 가져다줄 것으로 보인다. 특히 화교기업과 중국이 민족으로 연계된 하나의 경제권, 즉 대중화경제권이 현실적 실체로 발전할 경우, 그 파급효과는 존 나이스비트가 전망한 세계경제의 견인차 역할을 훨쩍 뛰어넘어 중국위협으로까지 발전할 가능성도 배제할 수 없을 것이다.

　이러한 입장에서 이 책은 화교기업과 중국 간의 교류협력 발전과 나아가 중화경제권의 실체적·제도적 경제협력체로의 발전가능성을 타진하기 위한 기초 작업으로 집필되었다. 우선 2장에서는 화교경제가 중국의 경제발전에 기여하는 역할과 중국경제와 함께 세계경제에 미치는 영향을 파악하기 위해 화교자본의 규모와 분포를 파악하고 동시에 화교기업의 경영특성을 분석하였다. 특히 화교가 중국계 민족이라는 점을 인식하고 화교의 해외이주 역사는 물론 화교사회의 형성과 분포 등을 추적하였을 뿐 아니라 그들의 자본형성과정과 산업구조 및 경영특성을 파악하고자 하였다.

3장에서는 화교기업의 중국진출 현황과 특징을 진출배경에서부터 구조 등을 파악하고자 하였다. 특히 본 장에서는 화교기업의 중국진출과정 중 중국이 화교기업에 제공한 다양한 우대조치와 외자기업과의 차이점을 파악하고자 하였다. 뿐만 아니라 화교기업이 중국진출과정에서 외자기업과 두드러진 차이를 보이고 있는 민족 문화적 동질성과 지역적 연고 등을 파악하며 중국진출에서의 특성을 파악하고자 하였다.

4장에서는 3장의 연장선에서 광의의 화교기업으로 분류할 수 있는 대만기업의 중국진출 현황을 살펴보았다. 대만기업의 대중국 진출 현황은 최근의 변화내용을 중심으로 어떤 특징을 가지며 발전하고 있는지를 파악하고자 하였다. 구체적으로 중국과 대만 간의 관계인 양안관계가 정치적 대립관계가 있는 상황에서 양안 간의 경제교류가 어느 정도 수준으로 이루어지고 있는지를 살펴보고자 하였다.

5장에서는 화교기업이 중국의 경제발전에 제공한 기여와 역할을 살펴보았다. 구체적으로 지금까지 중국의 경제발전 과정에서 필요한 자금의 보전과 기술제공 그리고 대외무역 확대에서의 역할과 고용창출 등 상황을 살펴보았을 뿐 아니라 최근 중국기업이 적극적으로 추진하고 있는 해외진출(走出去)에서의 화교기업의 역할 필요성과 협력의 기대효과를 파악하고자 하였다.

그리고 6장에서는 화교기업을 중심으로 화교권 국가와 중국 간에 진행되고 있는 경제교류가 하나의 경제 블록, 즉 중화경제권의 형성에 어떠한 영향과 수준에 와있는지를 파악하고자 하였다. 이는 중화경제권이 제도적 지역경제협력체로 발전할 경우 아태지역에서 중국경제의 우월한 지위확보는 물론 패권적 지위의 구축이라는 결과를 초래할 가능성이 있으며, 또한 해외의존도가 높은 우리나라의 입장에서는 거대한 시장진입의 제한 내지 상실을 의미하게 되기 때문으로 중화경제권의 발전에 대한 면밀한 관찰과 분석이 필요하다는 인식 때문이다.

　　마지막으로 7장에서는 이상에서 논의된 내용을 중심으로 화교경제가 중국의 경제발전과 함께 관심이 되어온 이유와 화교기업과 중국기업과 관계를 정리하고 향후 중국과의 경제관계를 거시적으로 전망하면서 결론을 맺었다.

　　한편 이 책은 그동안 『중소연구』와 『신아세아』등 국내저널에 발표한 논문을 토대로 책의 주제에 맞게 다시 쓰거나 혹은 상당부분 보완하여 이루어졌음을 밝힌다. 또한 집필과정 중 많은 어려움이 있었음도 밝힌다. 그중 가장 큰 어려움은 연구자의 능력부족 외에 자료수집의 어려움이었다. 그동안 화교기업이 중국의 경제발전과 밀접한 관계가 있음에도 불구하고 이에 대한 연구가 많이 이루어지지 않았을 뿐 아니라 화교가 특성상 어느 한 국가의 형태로 존재하는 것이 아니어서 공신력 있는 데이터의 수집이 무엇보다 어려웠다. 따라서 부족한 점이 많음을 시인한다. 그런 가운데서도 이 책이 완성될 수 있도록 도움을 주신 많은 분들께 감사를 표한다. 특히 관련 자료를 수집하기 위해 중국에 체류하는 동안 많은 편의와 정보를 제공해준 中國 杭州의 浙江工業大學 馮定忠 교수님께 우선 감사드린다. 그리고 내용이 많이 부족한 가운데도 출판을 허락해주신 한국학술정보(주)의 채종준 사장님께도 감사드리며, 편집을 담당해주신 출판사 업부 여러분께도 감사드린다. 마지막으로 이 책의 잘못은 전적으로 필자들의 부족함 때문이며 많은 가르침과 지적을 바라마지 않는다.

2008년 7월
이재유 · 허흥호

차 례

제1장

서 론

최근 화교경제가 중국의 경제발전과 함께 중국 밖의 또 하나의 중국경제로 지칭되며 관심의 대상이 되고 있다. 이는 화교경제가 빠르게 성장을 하고 있을 뿐만 아니라 지금까지 중국의 경제 발전 과정에서 상당한 기여를 하였고,[1] 또 앞으로도 화교가 중국과 동일민족이라는 점에서 그 역할이 지속적일 수밖에 없다는 점 그리고 화교경제가 발전된 중국경제와 함께 세계경제에 적지 않은 영향을 미치게 될 수밖에 없다는 점 때문이다.

　　주지하다시피 화교경제는 특정 지역 혹은 국가의 형태로 존재하는 것이 아니라서 정확한 규모를 파악할 수는 없다.[2] 하지만 2004년 말 현재 화교자본은 현금과 채권형태로 1조 5,000억 달러, 주식과 자산으로 5,000억 달러 이상을 보유하고 있는 등 유동자금 규모

---

1) 일반적으로 중국의 경제발전은 외국인자본과 수출이 큰 역할을 한 것으로 평가되고 있다. 그런 가운데 화교자본은 중국이 유치한 외국인 직접투자자본 중 50% 이상을 차지하고 있고 수출은 중국의 전체 수출액 중 외자기업이 차지하고 있는 57% 가운데 절반 정도를 차지하고 있다.
2) 특히 화교자본은 전 세계 금융네트워크를 통해 신속하게 이동되는 특성을 가지고 있기 때문에 더욱 정확한 규모를 파악할 수 없다.

가 2조 달러가 넘는 것으로 추산되고 있다. 이는 같은 시기 중국의 국내총생산액(GDP)보다 1.5배 이상 큰 수치이며 미국·일본·독일 GDP 다음의 자본규모이다. 또한 화교자본은 아시아 1,000대기업 중 절반 이상을 차지하고 있을 뿐만 아니라 화교 중에는 재산규모 가 5억 달러 이상인 화교기업인도 약 150명에 이르고 있으며, 세계 10대 재산가 중에서도 2명이나 포함되어 있을 정도로 막강한 경제 력을 가지고 있다.

이처럼 막강한 화교자본은 지금까지 중국의 경제발전에 상당한 기여를 하였다. 즉 중국은 1978년 개혁개방을 추진한 이후 지금까 지 근 30여 년간 연평균 9%가 넘는 경이적인 경제성장률을 이룩하 여 2006년 말 현재 2조 달러가 넘는 GDP 규모로 미국, 일본, 독일 에 이어 세계 4위의 경제대국(PPP기준으로는 세계 2위)으로 발전하 였을 뿐 아니라 외환보유고와 교역순위도 각각 세계 1위와 3위를 차지하고 있다.[3] 뿐만 아니라 중국은 산업부문에서도 비약적인 발 전을 이룩하여 전통적인 제조업부문에서는 이미 세계 상위권의 생 산기반을 확보하여 '세계의 공장'으로 불리고 있고, 첨단기술 부문 인 정보통신, 생명공학, 신소재, 우주항공 등에서도 빠른 발전을 하 고 있는 등 막강한 경제력을 자랑하고 있다.[4]

---

3) 중국은 2006년 2월에 그동안 외환보유고가 가장 많던 일본을 제치고 세계에서 가장 많은 외환보유국이 되었으며 2006년 말 현재는 1조 663 억 달러를 보유하고 있다.
4) 중국의 첨단기술 분야는 1996년부터 2003년 사이에 20%의 성장률을 보였 으며, 2003년 한 해만도 GDP의 21.4%와 수출액의 25%를 차지하였다. Ding Chun, "세계화 시대의 중국경제 — 발전과 전망," 『한독경상학회 2005

중국경제의 이러한 발전은 분명 1978년 이후 추진된 개혁개방 정책을 비롯한 다양한 요인에 의해 이루어졌지만 외국인 투자기업의 진출이 적지 않은 기여를 하였다.[5] 특히 그중에서도 화교기업이 가장 많은 기여를 한 것으로 평가된다. 이는 화교기업이 중국의 개혁개방 초기 어느 외자기업보다 중국에 먼저 진출하여 다른 외자기업의 중국진출을 유도하는 선도적 역할을 하였을 뿐 아니라 지금까지 중국진출 전체 외국인 투자기업의 자본 중 70% 정도를 차지하고 있으며, 또한 자신들의 고향을 중심으로 도로 및 교량건설, 교육, 위생사업 등 다양한 영역에서 많은 경제적 지원을 해왔기 때문이다.

한편 중국의 경제발전 과정에서 화교기업의 이러한 기여는 화교기업의 자본력과 화교기업과 중국경제 사이에 존재하고 있는 경제적 상호보완성 및 화교와 중국관계의 특수성, 즉 동일언어를 사용하고 혈연과 지연으로 이어진 동일민족이라는 점으로 미루어볼 때 향후에도 지속적일 수밖에 없을 것으로 판단된다. 특히 최근 들어 중국기업들이 활발하게 추진하고 있는 해외진출[走出去]에서 적지 않

년 국제학술대회 발표논문』, 2005년 10월 14일.(http://www.kdgw.or.kr)[검색일: 2007. 7. 4].

5) 예컨대 외국인 투자기업은 중국의 전 사회고정자산투자 중 10% 이상을 투자하고 있을 뿐 아니라 공업생산액의 30% 이상을 차지하고 있는 등 중국의 경제발전에 필요한 자금을 상당부분 보전해주고 있다. 또한 세수제공 등을 통해 중국의 재정수입을 증대시켜 주고 있기도 하며, 선진기술과 경영노하우 제공 등을 통한 경제발전에의 기여 및 고용창출을 통한 사회 안정에도 적잖은 기여를 하고 있다. 이재유・허흥호, "外國人 投資企業의 對中國 進出과 經濟・社會的 役割," 『新亞細亞』, 제9권제4호, 2002, pp.18-25 참조.

은 역할이 예상된다. 그 이유는 화교기업이 역사와 지리적 요인으로 인해 대체로 홍콩과 대만을 비롯한 동남아지역에 편중되어 있지만, 그들의 기업 활동은 전 세계를 범위로 하고 있고 또 혈연(血緣)과 지연(地緣) 그리고 업연(業緣) 등을 중심으로 한 네트워크를 강조하는 경영활동을 펼치고 있어서 혈통과 문화적 요소가 같은 중국기업의 해외진출에 직간접적인 역할이 예상되기 때문이다.

또한 화교자본은 중화경제권의 통합을 가속시켜 중국의 국제적 위상 제고는 물론 영향력을 확대시킬 수 있을 것으로 전망된다. 현재 중화경제권은 뚜렷한 조직과 일정한 제도적 체계를 갖춘 경제협력체가 아니라 중국을 중심으로 한 네트워크 형태로 존재하고 있는 상황이다. 따라서 현재 중화경제권이 세계경제에 실질적으로 영향을 주고 있지는 않다. 그러나 중국의 전통문화와 경영특성을 대부분 유지하고 있는 화교기업들이 지속적으로 중국과의 경제교류를 확대한다면 제도적 실체를 가진 지역경제협력체로 발전할 가능성은 상당히 크다 하겠다. 그럴 경우 중국경제는 화교경제와 함께 세계경제의 한 축으로 동아시아 지역경제는 물론 세계경제에 상당한 영향력을 발휘할 기능성이 크다. 특히 중화경제권은 세계에서 유일하게 민족을 중심으로 한 경제협력체가 되기 때문에 여타 지역경제협력체보다 강력한 응집력을 통한 영향력 행사가 예상된다.

물론 중화경제권이 EU나 NAFTA 등과 같이 제도적 실체로 발전하는 데는 많은 제한적 요소가 있다. 예컨대 이들 지역의 경제체제의 상이(相異)와 화인이라는 민족적 색채가 농후하다는 점 그리고 경제협력체의 구성 및 통합은 일반적으로 정치통합 혹은 정치적 긴장관계 완화를 선결조건으로 하는데 중화경제권의 핵심국가 중 중국과 대만이 여전히 정치적 입장에서 현격한 차이를 가지고 있다는 점 등이다. 그러나 현재 중국과 중화경제권 국가들 간의 경제교류협력 규모로 볼 때 기능주의적 통합 입장에서 하나의 제도적 지역경제협력체로 발전할 가능성을 완전히 배제하기는 어렵다. 따라서 중화경제권이 제도적 지역경제협력체로 발전할 경우 중국경제는 아태지역에서 우월한 지위확보는 물론 패권적 지위의 구축이라는 결과를 초래할 가능성이 있으며, 또한 해외의존도가 높은 우리나라의 입장에서는 거대한 시장진입의 제한 내지 상실을 의미한다 하겠다.

이 책은 이러한 입장에서 화교기업과 중국경제의 관계 그리고 이들 경제 주체 간의 교류협력이 중화경제권의 생성과 발전에 어떠한 영향을 미치고 있는지를 분석하고자 한다. 즉 중국의 경제발전과정에서 화교기업의 기여와 역할 그리고 향후 세계경제에 막강한 영향을 가져다줄 수 있는 중화경제권의 형성과 발전과정에서 영향을 파악하고자 한다. 따라서 화교기업의 생성발전과 경영특성 및 화교기업과 중국 간의 경제교류관계가 연구의 중심이다. 구체적으로 우선 화교기업의 생성발전 과정과 경영특성에서는 초기 화교의 해외이주 역사와 분포를 살펴본 후 그들이 거주하고 있는 지역, 특히 동남아 지역을 중심으로 경제활동의 영역 확대과정과 자본형성을 파악한다. 특히 화교들이 거주국의 산업구조 및 정치·사회적 환경에서의 경제활동 확대과정과 자본형성과정을 살펴본다. 구체적으로 화교자본의 규모와 분포 그리고 유동(流動)의 특성이 분석의 중심이 된다. 또한 화교기업의 산업구조와 경영특성도 분석의 대상으로 삼고 있으며, 그 가운데 경영특성은 화교기업의 성공적 요인으로 평가되고 있다는 전제하에 심도 깊은 분석을 하고자 할 것이다. 예컨대 화교기업 경영의 대표적 특성으로 지적되고 있는 혈연, 지연, 업연 중심의 네트워크 중심의 경영배경과 원인 그리고 구체적 방식을 분석함과 동시에 향후 이러한 경영방식이 세계경제의 글로벌화 과정에서 어떻게 전개될지도 전망하고자 한다.

한편 이 책의 화교기업 범위는 동남아지역의 화교기업은 물론 대만과 홍콩의 기업도 포함하고자 한다. 이는 화교기업이 소유주가 거주하고 있는 국가에만 존재하고 있는 것이 아니라 동남아지역을 중심으로 여러 나라에 분포되어 있고, 또 같은 화교권 지역이면서도 화교나 화인으로는 분류되지 않는 대만이나 홍콩지역에도 합작형태 등으로 많은 화교기업이 존재하고 있으며 대만과 홍콩의 기업도 화교기업의 경영형태와 크게 벗어나고 있지 않기 때문이다. 특히 이러한 점에서 화교권 국가 중 대만기업의 최근 대중국 진출현황과 향후 발전전망을 별도로 살펴볼 것이다.

다음으로 화교기업과 중국 간의 경제교류관계에서는 화교기업의 대중국 진출 배경과 투자 진출 현황을 중심으로 중국진출의 전략적 특징을 살펴보고 화교기업이 중국의 경제발전에 기여한 공헌과 향후 중국기업의 해외진출[走出去]에서의 역할가능성을 파악하고자 한다. 구체적으로 지금까지 중국의 경제발전과정 중 가장 중요했던 자금과 기술 그리고 중국의 경제성장에 절대적 기여를 한 대외수출에서의 역할과 중국경제 문제 중의 가장 민감한 실업문제 해결 등에서 화교기업의 공헌을 파악함과 동시에 이를 토대로 향후 중국기업의 국제화에서 어떠한 역할을 하게 될지를 전망하고자 한다. 특히 화교기업의 경제력과 그동안 국제시장에서의 경험과 노하우를 토대로 중국기업의 해외진출 과정에서의 역할가능성을 평가하고자 한다.

이 밖에도 이 책은 상술한 연구내용을 바탕으로 중화경제권의 발전을 전망하고자 한다. 중화경제권의 발전 전망을 화교기업과 중국의 교류관계를 중심으로 살펴보고자 하는 이유는 중화경제권이 중국을 중심으로 전개되고 있을 뿐 아니라 그 과정에서 화교기업이 절대적 기여를 하고 있기 때문과 현재 중국의 경제발전 속도와 변화 내용으로 볼 때 향후의 발전방향과 제도적 경제협력체로 발전하는 데 결정적 영향을 미칠 것이라고 판단되기 때문이다.

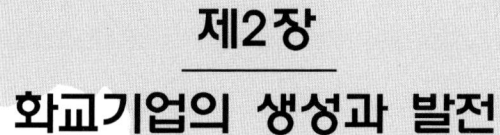

제2장

화교기업의 생성과 발전

1. 화교의 개념과 화교사회의 형성

1) 화교의 개념

일반적으로 화교(華僑)는 중국 이외의 지역에 거주하는 중국계 민족을 지칭하고 있는 용어이다. 그러나 중국 이외에 거주하고 있는 중국계 민족을 지칭하는 용어는 화교 이외에도 많이 있다. 예컨대 화인(華人), 화예(華裔), 화상(華商) 등이 바로 그것이다.[1] 이들 용어는 모두 중국 이외의 지역에 거주하고 있는 중국계 민족을 지칭하는 것이지만 의미에 있어서는 분명한 차이가 있다.

우선 화교는 해외거주 중국계 민족을 지칭하는 가장 보편적 용어로 청조 말부터 사용되었다는 것이 일반적이다.[2] 당시 화교의 의미

---

1) 중국 이외의 지역에 거주하고 있는 중국계 민족을 지칭하는 용어로는 明代 이전의 漢人, 唐人, 華人, 中國人, 北人, 主蕃 등이 있고, 淸代 이후에는 楮貨, 華人, 華民, 華工, 華商 등이 있다. 李軍曉 編, 『華僑史』(經濟日報出版社), 1999, pp.405－407 참조.

는 타향 혹은 해외에 거주하고 있는 중국인을 통칭하는 것이었다. 시간적으로도 단기간 출국하여 일시적으로 해외에 거주하고 있는 중국인은 물론 여러 세대에 걸쳐 거주하고 있는 중국계 민족들도 포함하였으며, 국적문제 또한 언급하지 않았다.[3] 그러나 1949년 신중국 성립 후 중국은 화교에 대한 국적문제를 몇 차례에 걸쳐 논의한 끝에 현재는 중국 이외의 지역에 거주하고 있는 '중국공민'(中國公民)을 화교로 정의하고 있다.[4] 따라서 현재 중국이 정의하고 있는 화교의 의미는 중국 이외의 지역에 거주하고 있는 중국인 중 거주국의

---

2) '화교'라는 용어는 1883년 鄭觀應이 李鴻章에게 보낸 상신서[呈文]에서 "南洋의 각 부두는 화교들이 많이 있는 곳(凡南洋各埠華僑最多之處)"이라고 사용한 것이 처음으로 알려지고 있다. 壓國土, "'華僑'一詞名稱考,"『南洋問題』, 第1期, 1984年; 居三元, "중국의 華僑政策과 在外華僑企業의 중국대륙 투자,"『중소연구』, 한양대학교 중소연구소, 제20권1호, 1996년 봄, p.62에서 재인용.

3) 화교에 대한 중국의 최초 정의는 孫中山 영도하의 廣東革命政府에서 공포한 「內政部僑務局保護僑民專章」 중 제1조에 규정되어 있으며 "중화민국 인민 중 외국에 거류하는 자 및 귀국자를 교민이라 칭한다."로 되어 있다. 魏艾, "中國의 華僑政策과 海外華人의 經濟協力,"『중소연구』, 한양대학교 중소연구소, 제20권1호, 1996 봄, p.16 참조.

4) 중화인민공화국 수립 후 1952년 1월 중국 華僑事務委員會에서 공포한 「關於海外僑民工作的指示」에서는 "화교는 우리나라 인민 중 중화인민공화국 국적을 가지고 있는 해외거주자"로 되어 있다. 또한 1957년 12월 華僑事務委員會에서 제정한 「關於華僑, 僑民, 歸僑, 歸國華僑學生身分的解釋」에서는 "국외에 거주하고 있는 중국공민은 모두 화교이다."라고 지적하고 있다. 그리고 1984년 반포한 「關於華僑, 歸僑, 華僑學生, 歸僑學生, 僑眷, 外國籍中國人身分的解釋」에서는 "국외에 거주하는 中國公民"을 화교라고 말하고 있다. 魏艾, 앞의 글 참조.

국적을 취득하지 않고 중국 국적을 소유한 중국인을 지칭한다. 이러한 점에서 화교는 현재 중국인 1세들이 대부분이며, 해외에 거주하고 있는 전체 중국인 중 10% 정도에 불과한 것으로 추정된다.[5]

둘째, 화인은 원래 중국에 거주하고 있는 중국인과 화교를 포함한 중국계 혈통을 지닌 모든 중국인을 지칭하는 것이었다. 그러나 화교의 의미가 앞에서 언급한 바와 같이 축소됨에 따라 해외거주 중국인 중 화교를 제외한 나머지를 포괄하는 잔여개념으로 사용되고 있다.[6] 즉 화인은 중국 이외의 지역에 거주하면서 중국 국적을 포기하고 거주국의 국적을 취득한 중국계 사람들을 지칭하는 것이다. 따라서 현재 사용되고 있는 화인은 이중(二重)의 의미를 갖고 있다고 할 수 있다. 하나는 중국 혈통을 갖고 있는 자에 대한 통칭이고, 또 다른 하나는 거주국의 국적을 취득한 화족인(華族人＝Ethnic Chinese)을 지칭하는 것이다.[7] 이러한 개념에 의하면 현재 동남아지역에 거주하고 있는 중국인은 거주국의 국적을 취득한 경우가 대부분이기 때문에 화교의 개념보다 화인의 개념을 사용하는 것이 더 적절하다 하겠다.

셋째, 화예는 중국인의 후예, 즉 화교와 화인의 후손으로 거주국

---

5) 거주국, 특히 화교가 많은 동남아지역에서 소수에 불과한 화교들이 압도적인 경제력을 보유하게 되자 반화교감정이 증대되고, 화교에 대한 탄압과 폭력으로 확대되면서 화교들은 이를 해소하기 위해 현지인과 동화를 위한 노력이 필요하다는 인식과 함께 상당수가 거주국의 국적을 취득하였다. 李載裕・金榮泰, 『동남아 화교자본의 경영특성과 이들과 제휴를 통한 중국시장 진출방안의 모색 — 일본기업의 사례를 중심으로』, 국제무역경영연구원, 1998년, p.23 참조.
6) 李載裕・金榮泰, 앞의 책, pp.23-24 참조.
7) 居三元, 앞의 글, p.62.

의 국적을 취득한 중국계를 지칭하는 개념으로 사용되고 있다. 좀
더 구체적으로 설명하자면, 해외에서 태어나 거주하고 있는 중국인
가운데 중국 국적을 유지하고 있다면 화교가 되고, 거주국의 국적을
선택하였다면 화예가 되는 것이다. 따라서 해외이주 1세대의 중국
인은 화예가 될 수 없으며 화예는 "어느 나라의 중국인 후예(華裔
某國人)"로 불리고 있다.[8]

넷째, 화상은 화교는 물론 화인 가운데 자영업에 종사하는 중국
계 상인을 지칭하는 말이다. 이는 역사적으로 중국인들이 주로 유통
부문을 비롯한 서비스 업종에 진출하여 상업 자본을 형성하고 있는
데서 붙여진 별칭이다.[9] 그러나 최근에는 '세계화상대회'에 참여하
는 중국계의 구성원들이 보여주는 바와 같이 해외에 거주하고 있는
중국계 기업인의 총칭으로 사용되고 있다.

이 밖에 해외거주 중국인으로는 대만과 홍콩 그리고 마카오에 거
주하는 중국인이 있다. 하지만 중국은 이들 지역에 거주하는 중국인
을 화교나 화인이라 부르지 않고 각각 대만동포, 홍콩동포, 마카오
동포라 부르고 있다. 이는 중국이 대만, 홍콩, 마카오 지역을 정치
적 입장에서 자국 영토의 일부분으로 간주하는 등 국외의 범주로
인정하지 않고 있기 때문이다.[10] 그러나 화상의 범주에는 이들 지
역의 중국인들도 포함되고 있는 것이 현실이다.

---

8) 예컨대 미국에서 태어난 중국인의 후예라면 '미국의 중국인 후예'라고
   불린다.
9) 李載裕·金榮泰, 앞의 책, p.24.
10) 魏艾, 앞의 글, pp.16－17.

이처럼 해외거주 중국인은 다양한 명칭으로 불리고 있다. 그러나 해외거주 중국인을 각각의 명칭에 따라 정확하게 구분하는 것은 사실상 불가능할 뿐 아니라 심지어 중국인과 현지인 간의 구별도 어렵다. 이는 오래전부터 동남아지역에 정착하여 거주하는 중국인들 가운데는 현지인과 거의 완벽하게 동화되어 중국인이라는 정체성(Identity)이 상실된 사람, 즉 여러 세대에 걸쳐 현지인과 통혼하고 현지어를 주로 사용하며 이름조차 현지 이름으로 개명한 사람들이 상당수에 달하고 있기 때문이다. 또한 홍콩이나 마카오는 이미 중국으로 반환되었지만 여전히 특별 행정구로 남아 있고, 대만의 경우는 중국이 자국 영토의 일부로 간주하는 까닭에 거주자들의 지위를 어디에 둘 것인가 하는 문제점이 있기 때문이기도 하다. 뿐만 아니라 인구의 대부분이 중국계로 구성된 싱가포르의 경우 어느 부류에 포함시켜야 할지도 문제가 되고 있기 때문이다.[11]

　따라서 이 책에서는 이러한 현실을 반영하여 해외에 거주하고 있는 중국인을 거주국의 국적취득 유무와 관계없이 포괄적 의미로 화교라는 용어를 사용하고자 한다.[12] 다만 대만과 홍콩 그리고 마카

---

11) 李載裕·金榮泰, 앞의 책, p.25.
12) 현재 해외거주 중국인에 관한 연구저서 및 논문들은 대부분 개념적으로는 화교, 화인, 화예 등을 구분하고 있지만, 막상 본문에서는 포괄적으로 화교라는 용어를 의미에 구분 없이 사용하고 있다. 이러한 이유는 첫째, 해외거주 중국인 중에는 화인인지 화교인지 구분이 실제로 어려울 뿐만 아니라 실제 통계는 거의 찾아보기 어렵다는 점, 둘째 국적변경이 가능해 실제로 어느 나라 국적을 취득하고 있는지 일일이 확인이 불가능하고 이중국적을 허용하고 있는 국가의 경우 화교와 화인 가운데 어느 쪽으로 구분할지 애매모호하다는 점, 셋째 화인의 경

오의 경우 중국에서 사용하는 동포라는 명칭을 그대로 사용하고자 한다. 그러나 화교자본과 관련된 내용을 다룰 때는 이들 지역의 기업도 화교기업(華商)의 범주에 포함되는 현실을 고려하여 화교자본의 범주에 포함시켜 다루고자 한다.

2) 화교의 이주 역사와 분포

(1) 중국인의 해외이주

중국인의 해외이주 역사는 진한(秦漢)시대까지 거슬러 올라갈 정도로 아주 오래다.[13] 그러나 이주의 규모가 어느 정도 갖추어진 시기는 12C 남송(南宋)시대 이후부터이다. 이 시기 중국인의 해외이주는 주로 남부 해안지방을 중심으로 상품경제의 급격한 발전과 이에 따른 대외무역의 왕성한 발전으로 중국 상인들의 해외 진출이 빈번해지면서 확대되기 시작하였다. 구체적으로 인도, 싱가포르, 베트남, 태국, 필리핀 등으로 이주가 이루어졌으며, 16C 후반까지 그

우 字句로만 보면 중국영토 내에 거주하건 해외에 거주하건 간에 중국계 민족 모두를 지칭하고 있어 혼란이 있을 수 있다는 점 등 때문이다. 李載裕·金榮泰, 앞의 책, p.25 참조.

13) 중국의 해외이주는 적은 수이지만 秦漢시대부터 이루어졌으며, 주로 실크로드를 통한 중앙아시아와 서아시아로의 이주와 '通夷海道'라는 남해를 통해 동남아지역으로 이주하였다. 『漢書地理志』 粤地條, 강경락, "화교자본의 형성과 그 특질," 『論文集』, 강남대학교, 제41집, 2003년, p.3 참조.

수가 10만 명이 넘은 것으로 추정되고 있다.[14)

중국인의 이러한 해외이주는 지속적으로 증가하여 1840년 아편전쟁 전까지 동으로는 일본과 조선, 서로는 인도 동부해안, 남으로는 인도네시아, 북으로는 러시아에 이르기까지 100만 명 이상으로 확대되었다.[15) 그리고 아편전쟁 이후에는 청말 봉건사회의 모순과 끊임없는 전쟁 그리고 제국주의의 경제적 약탈 등으로 인한 사회·경제적 압박과 아편전쟁의 패배로 맺은 남경조약 등으로 인해 중국정부가 화공(華工＝중국인 노동자)들의 출국을 정식으로 인정하면서 중국인의 해외이주는 급속도로 확대되었다. 그 결과 1949년 신중국 성립 직전까지 중국인의 해외이주는 1,000만 명이나 이르게 되었고,[16) 당시 해외이주 중국인들은 민족의식을 자각함과 동시에 거주국의 사람으로서 자리매김하기 시작하였으며 활동범위 또한 아시아에서 미주와 유럽, 아프리카, 대양주 등으로 확대되어 오늘날 화교가 전 세계에 거주하게 되는 기반이 되었다.

하지만 1949년 신중국 성립 이후 중국인의 해외이주는 사회주의 체제 속에서 중국정부의 이주 제한과 동서냉전체제하에서 미국을 중심으로 한 서방국가들의 중국인 입국 제한 등으로 상당한 제한을 받기도 하였다. 그러나 1960년대부터 실시된 미국, 캐나다, 호주 등

---

14) 葛劍雄 主編,『中國移民史－第六卷』, 福建人民出版社, 1997年, pp.512 －514 참조.
15) 이 시기 동남아 일부 지역은 이미 서구 열강의 식민지 또는 무역 중개지로 변해 있었고, 상품경제가 매우 활성화되어 있었기 때문에 많은 화교를 끌어들일 수 있었다. 정성호,『화교』, 살림출판사, 2005, p.6.
16) 陳翰笙 主編,『華工出國史料2』, 中華書局, 1980年, pp.178－179.

국가의 이민정책 확대와 1978년 중국의 개혁개방으로 중국인들이 유학과 해외 친척방문이 자유로워짐에 따라 중국인의 해외이주는 빠른 속도로 증가하였다. 그 결과 현재 중국인의 해외이주는 140개 이상의 국가에 3,800만 명이 넘고 있다.

한편 이 시기 중국인의 해외이주는 중국대륙에서만 이루어진 것이 아니라 홍콩과 대만에서도 상당수 있었는데, 그 이유는 중국대륙이 공산화된 이후 대립관계에 있던 홍콩과 대만의 주민들이 상대적으로 불안한 가운데 이탈과 해외유학으로 출국한 후 귀국하지 않고 그곳에 정주하는 경우가 많았기 때문이다. 특히 홍콩의 경우 중국으로의 귀속(1997년 7월 1일)이 결정된 1980년 중반부터 90년대 초까지 체제가 다른 사회주의 중국으로 귀속된다는 심리적 불안 등으로 인해 대대적인 해외이주가 이루어졌다.[17] 또한 이 시기는 동남아시아에 정착하고 있던 화교들도 보다 나은 삶의 터전을 위해 유럽과 미주지역을 중심으로 한 다른 지역으로 재이주하는 현상도 발생하여 가히 중국인의 세계적 유동 시기라 할 수 있다.[18]

---

17) 1970년대 중반부터 80년대 중반까지 중국인의 해외이주 중 미국으로 이주한 중국인은 중국, 대만, 홍콩, 인도차이나 화인이 각각 10만 명씩으로 조사되고 있다. 游仲勛, 可兒弘名, "中國人社會の同鄕結合と社會關係ネットワーク,"『華僑・華人』, (東京: 東方書店), 1995년 참조.

18) 이 시기 화교들이 대대적으로 유럽 및 미주지역으로의 이주는 전후 독립한 동남아 국가들이 자국의 민족경제를 발전시키기 위해 排華政策을 추진함으로써 생존의 공간을 확보하기 위한 차원에서 이루어진 경우가 많다. 예컨대 1979년 이래 미국에 이주한 80만 명의 인도차이나 난민 중 40만 명이 화교이고, 네덜란드에 거주하는 5만여 명의 화교 중 절반이 1966년 이후 인도네시아에서 이주한 화교들로 알려지고 있

(2) 화교의 규모와 지역적 분포

현재 해외 각 지역에 거주하고 있는 화교와 화인의 수를 정확하게 파악하기는 사실상 불가능하다. 이는 중국인의 해외이주가 긴 역사를 통해 이루어졌을 뿐 아니라 이미 상당수가 거주국의 국적을 취득하여 거주국에 동화되어 있고, 또한 태국처럼 거주국풍으로 개명(改名)한 경우가 많기 때문이다. 따라서 오늘날 전 세계에 거주하고 있는 화교의 수는 추정치밖에 알 수가 없다. 2006년 말 현재 전 세계에 거주하고 있는 화교와 화인의 수는 대략 3,800여만 명으로 추정되며, 여기에 중국인 국가인 대만(2,289만 명)과 홍콩(690만 명) 그리고 마카오(44만 명)의 인구 3,000여만 명을 합하면 6,800여만 명의 중국인이 중국 이외의 다른 지역에 거주하고 있는 것으로 추정된다.

화교와 화인의 해외 거주는 아시아지역에 76.82%로 가장 많고,[19] 다음으로 미주지역 17.87%, 유럽지역 2.68%, 대양주지역 2.23% 그리고 아프리카지역에 0.40%가 거주하고 있다([표 2-1] 참조). 아시아지역에 화교와 화인이 많이 거주하고 있는 이유는 이 지역이 타 지역에 비해 지리적으로 중국과 가깝다는 점과 생활환경이 중국과 비슷하기 때문으로 판단된다.[20]

다. 陶潔, "華僑海外移民史略,"『華人經濟年鑑』, 1994年, pp.45-48.

[19] 특히 아시아지역은 중국인 국가인 대만과 홍콩 그리고 마카오에 거주하고 있는 중국인을 포함할 경우 전체 해외거주 중국인의 86%가 거주하고 있다.

[표 2-1] 대륙별 화교와 화인의 변화 추이

단위: 천 명/(%)

연도	총계	아주지역	미주지역	유럽지역	대양주지역	아프리카지역
1994	37,144(100)	31,752(85.48)	3,976(10.70)	869(2.34)	432(1.16)	115(0.32)
1995	38,664(100)	32,911(85.12)	4,261(11.02)	886(2.29)	487(1.26)	119(0.31)
1996	39,042(100)	32,984(84.48)	4,542(11.64)	899(2.30)	498(1.28)	119(0.30)
1997	33,238(100)	26,912(80.97)	4,730(14.23)	938(2.82)	535(1.61)	123(0.37)
1998	33,726(100)	27,071(80.27)	5,020(14.88)	945(2.80)	564(1.67)	126(0.37)
1999	34,506(100)	26,788(77.64)	6,013(17.43)	968(2.81)	605(1.75)	132(0.83)
2000	35,045(100)	27,363(78.08)	5,959(17.00)	977(2.79)	631(1.80)	137(0.39)
2001	35,800(100)	27,821(77.71)	6,124(17.11	973(2.72)	745(2.08)	137(0.38)
2002	36,722(100)	28,352(77.21)	6,501(17.70)	983(2.68)	742(2.02)	144(0.39)
2003	37,505(100)	28,985(77.28)	6,615(17.64)	987(2.63)	764(2.04)	154(0.41)
2004	38,083(100)	29,344(77.05)	6,807(17.87)	1,003(2.63)	775(2.03)	154(0.40)
2005	38,381(100)	29,437(76.70)	6,970(18.16)	1,022(2.66)	797(2.08)	155(0.40)
2006	38,794(100)	29,803(76.82)	6,931(17.87)	1,039(2.68)	866(2.23)	155(0.40)

주: [표]에 나타난 화교의 수는 대만과 중국대륙 이외의 화교를 지칭하는 것이며 1997년 이후 아주지역의 화교, 화인 숫자에 홍콩 인구가 포함되어 있지 않고, 1999년 이후에는 마카오 인구가 포함되어 있지 않음.

자료: 中華民國僑務委員會, 『中華民國95年僑務統計年報』(僑務委員會), 2007年, p.83.

그러나 최근에는 [표 2-1]에서 보여주는 바와 같이 각 지역별 화교와 화인 수가 전반적으로 증가하는 가운데 미주지역의 비중이 빠르게 증가하고 있다. 이는 앞에서도 언급한 바와 같이 미국, 캐나다, 호주 등 국가가 이민정책을 확대하고 있는 가운데 중국이 개혁 개방을 추진함에 따라 중국인의 해외 친척방문과 유학 등이 자유로

---

20) 중국인의 해외이주가 동남아지역에 집중된 이유는 경제적 문제 외에 동남아시아와의 인적관계가 중요한 요인 중의 하나로 작용하였다. 陳 達, 『南洋華僑與閩粵社會』(商務印書館), 1939, p.408.

워졌고 또 홍콩의 주민이 홍콩의 중국반환 등 정치적 불안으로 미국을 중심으로 한 선진국으로의 이주가 많았기 때문으로 분석된다.

한편 화교와 화인이 가장 많이 거주하고 있는 아시아지역의 국가별 거주 분포는 인도네시아가 가장 많은 767.1만 명이 거주하고 있고, 태국과 말레이시아가 각각 710만 명과 625.4만 명이 거주하고 있다. 그리고 싱가포르, 월남, 필리핀, 미얀마 등이 100만 명 이상이 거주하고 있다([표 2−2] 참조).

[표 2−2] 아시아 주요국가의 화교와 화인분포(2006년도 기준)

단위: 천 명/%

지 역		화교와 화인 수	거주국에서 차지하는 비중(%)
인도네시아		7,671	3.08
태 국		7,100	11.08
말레이시아		6,254	25.53
싱가포르		2,713	59.89
월 남		1,293	1.49
필리핀		1,167	1.30
미얀마		1,112	2.54
일 본		561	0.38
캄보디아		352	2.47
인 도		193	0.01
라오스		190	2.93
화인국가	대 만	22,894	100.00
	홍 콩	6,899	100.00
	마카오	449	100.00

주: 화인국가는 100% 중국인으로 계산함.
자료: 中華民國僑務委員會, 앞의 책, p.12.

이들은 비록 싱가포르(60%)와 말레이시아(26%)를 제외한 대부분의 거주국에서 5% 미만의 인구 비중을 차지할 정도로 소수에 불과하지만, 거주국에서 차지하는 경제적 비중은 [표 2-5]에서 보여주는 바와 같이 절대적이다. 따라서 동남아지역에 거주하고 있는 화교와 화인은 거주국에서의 경제적 영향력은 물론 향후 중국경제와 함께 지역경제협력의 범주를 넘어선 동일민족 간의 특수한 경제협력체, 즉 중화경제권을 형성할 경우 아시아 경제는 물론 세계경제에 적지 않은 영향을 가져다줄 것으로 예상된다.

2. 화교자본의 형성과 규모

1) 화교자본의 생성과 발전

화교들의 초기 자본형성은 이민경제의 전형적 특성인 소규모 상업에 의해 시작되었다. 이는 전 세계 화교사회의 공통적 현상이지만, 특히 전 세계 화교의 76.82%가 거주하고 있는 동남아지역에서 두드러지게 나타났다.

동남아지역에서 화교자본이 본격적으로 형성되기 시작한 것은 19세기 말부터이다. 당시 동남아지역의 화교들은 경제적 빈곤으로 인한 이주자들이 대부분이었다.[21] 따라서 이들은 처음부터 상업에 종

---

21) 20세기 초에 화교의 해외이주는 경제적 빈곤으로 인한 결정이 전체의

사할 수 없었으며, 노동에 의한 생계유지가 경제생활의 중심이었다. 그러나 화교들은 시간이 지남에 따라 노동으로 축적한 자본으로 우선 동족인 화교들을 상대로 생필품을 판매하는 소규모 상업에 종사하기 시작하였고, 후에는 이를 토대로 상업적 영역과 활동지역을 확대하면서 자본을 축적해나갔다.

특히 이 과정에서 화교들은 당시 동남아지역의 사회적 환경을 적절하게 이용하였다. 즉 이 시기 동남아지역은 구미선진제국의 식민통치를 받고 있었는데, 이들의 목적은 전통적 국가의 사람이나 영토의 지배가 아니라 무역독점과 미개발의 광대한 토지에서 수출용 1차 산업을 개발하는 것이었다. 반면 식민지배하에 있던 동남아지역 국가들은 농업과 어업을 중심으로 한 낙후된 전통산업에 종사가 중심이었다.[22] 이러한 상황에서 화교들은 그동안 축적된 자본으로 식민세력과 전통경제를 매개시켜 주는 중간상인의 역할을 하면서 자본을 축적해나갈 수 있었다. 즉 동남아지역의 전통적 경제부문의 소농민이 생산한 1차 상품자원을 집중적으로 사들인 후 이것을 다시 수출기업에 판매하는 한편, 구미기업이 수입한 공업제품이나 소비제품을 매입하여 그것을 다시 소매상에게 판매하는 중간상의 기능을 담당하면서 자본을 축적해나갔다.[23]

화교들의 이러한 중간상적 경제활동은 대체로 2차세계대전 전까지

69.95%에 달했다. 陳達, 앞의 책, p.43.

22) 이덕훈, "화교의 자본형성과정과 경영전략," 『경영사학』, 제16집, 1997, p.316.

23) 이덕훈, 앞의 글, p.317 참조.

지속되었으며, 그 후 많은 식민 국가들이 독립하는 등 새로운 환경이 조성되면서 다양한 업종으로 확대해나갔다. 특히 1960년 이후 세계 경제가 급속도로 발전하면서 화교들은 전통적인 소상업과 수공업 중심에서 다양한 기업과 산업을 갖춘 다양한 업종으로 발전시켜 나갔다. 업종 면에서는 소매상을 제외하고도 상당수의 중간상, 도매상, 수출입상으로 확대하였고, 공업분야에서는 금속, 기계, 차량, 방직, 의류, 고무, 도정, 연초, 건축자재, 목재가공, 석유화학, 전자, 전기 등 수많은 제조업부분으로 확대해나갔다. 그리고 서비스 업종에서는 은행, 보험, 부동산, 음식점, 관광, 항공운수 등의 업종에도 진출했으며 최근에는 컴퓨터, 반도체, 통신 등 첨단산업분야까지 진출하고 있다. 뿐만 아니라 경영형태에 있어서도 2차세계대전 이전의 가족기업 중심에서 합자회사와 다국적기업 그리고 지주회사로까지 발전시켰다.[24)]

한편 동남아지역에서의 화교자본은 거주국의 정치권과 밀접한 관계를 가지며 발전하였다. 동남아지역 화교들은 이민사회의 공통적 특징인 거주국 사회의 주변인이었기 때문에 생존과 발전을 위해서는 무엇보다 정치권력과의 연계가 필요한 상황이었다. 그런 가운데 동남아지역 국가들의 정부는 대체로 표면상으로는 화교자본을 배제하였지만 실제로는 화교자본을 이용하여 경제발전을 추구하고자 하는 의도가 컸기 때문에 화교들은 거주국 정치권의 유인에 따라 정치권과의 유착을 통한 성장을 추구해나갔다.[25)] 예컨대 인도네시아

---

24) 정영록, "화교와 우리의 과제," 『화교네트워크와 우리의 기업활용 방안』, 산업자원부, 2002. 10. 16. p.8 참조.
25) 崔秀雄・朴相守, 『동아시아 華人經題와 우리의 華人資本 활용방안』

의 화교들은 수하르토 정권과 손을 잡고 사업을 급성장시켰으며, 필리핀 화교들은 마르코스 정권에 협조하면서 자본을 확대하였다. 또한 태국과 말레이시아에서는 다수의 유력 화교기업들이 정치권과 결탁하여 사업을 확장시키기도 하였다. 이들은 거주국에서 정치권과 협력하는 대가로 수입관세를 면제받거나 정부로부터 저리의 융자금을 지원받았을 뿐만 아니라 신규산업분야에서도 독점적 지위를 보장받는 등 다양한 혜택을 누렸다.

그러나 동남아지역의 모든 화교자본이 거주국의 정치권과 연계를 통해 자본을 발전시킨 것은 아니다. 동남아 화교기업 중 중대형 기업들은 대체로 거주국의 정치권과 연계한 발전을 추구하였지만, 싱가포르의 기업들과 대부분의 소형기업들은 정치권과의 연계 없이 자조적인 발전을 추구한 경우도 많이 있다. 특히 싱가포르에서는 경제개발의 대부분이 정부주도와 외국인 자본에 의존한 경향이 강하여 화교자본이 참여할 여지가 거의 없었기 때문에 대부분 정치권과 연계 없이 자조적인 발전을 추구하는 경우가 많았다.26)

한편 이러한 과정을 거치며 형성된 화교자본은 대체로 1차 산업을 중심으로 한 전통산업 기반형과 경제발전과정 중 나타난 투자기회를 기반으로 한 틈새적 상업 기반형 그리고 제조업을 중심으로 한 공업 기반형 등 3가지 유형의 패턴으로 발전하였다.

먼저 전통산업 기반형은 고무, 주석, 설탕 등 1차 산업을 기반으로 발전한 화교기업으로 화교들의 초기자본을 형성하는 데 결정적 기여

(대외경제정책연구원), 1999, p.32.
26) 崔秀雄·朴相守, 앞의 책, p.32 참조.

를 한 영역이다. 하지만 화교기업들은 1차 산업 중 동남아의 전통적 농업부문(곡물생산 분야)을 거의 선택하지 않았는데, 이는 화교들이 동남아의 전통적 농업보다 상업적 농업에 종사한 경우가 많았기 때문으로 분석된다.[27] 이러한 이유에서 농업과 관련된 화교기업은 파인 애플, 사탕수수 등 상업 작물을 중심으로 발전하였다. 이러한 형태의 화교기업들은 대체로 식민지 시대에 사업을 시작하여 어느 정도 기반을 구축한 후 전후에 본격적으로 발전한 기업들이 대부분이며, 현대에 이르기까지 1차 산품이 유력한 산업으로 자리잡고 있는 말레이시아와 인도네시아에서 주로 나타나고 있다. 구체적으로 말레이시아의 Kuala Lumpur Kepong Berhad(吉隆坡甲洞有限公司)와 Genting Berhad(雲頂有限公司) 그리고 인도네시아의 P.T. Gudang Garam(鹽創集團)과 P.T. Astra Agro Lestari Tbk 등은 동남아에서 1차 산업을 중심으로 한 대표적 전통산업 기반형 기업들이다.

다음으로 틈새적 상업 기반형은 동남아지역에서 공기업과 외국계 기업 혹은 일부 국유기업이 주도한 공업발전이 비공업 분야에서도 새로운 투자기회가 나타나면서 이를 기반으로 발전한 형태이다.[28] 또한 무역, 해운, 금융 등이 1차 산업을 중심으로 한 전통산업 기반형과 관련되어 나타난 상업적 분야도 여기에 포함된다. 즉 외국자본과 전통경제와의 중간매개로서의 유통이나 금융 등 사업에 종사하면서 나타난 형태이다.[29] 이 같은 형태는 금융, 부동산, 주택개발 등

---

27) 메리 F 소머스 하이두스, 박은경 역, 『동남아시아의 화교』(형설출판사), 1993, pp.36－37 참조.
28) 崔秀雄·朴相守, 앞의 책, p.32 참조.

금융산업과 서비스산업을 기반으로 성장한 화교기업에서 주로 나타났으며, 태국의 방콕은행(Bangkok Bank Public Company Limited)과 central(中央集團)이 대표적이다.

마지막으로 공업 기반형은 동남아지역 국가들이 주력하고 있는 제조업분야에 진출하여 성장한 기업으로 인도네시아와 태국에 많이 있다. 특히 이러한 형태는 수입대체 산업분야에서 발전한 기업과 거주국 정부가 중점을 두고 있는 제조업분야에서 성장한 기업으로 구분할 수 있는데 전자의 경우는 인도네시아의 사림그룹(Salim)과 아스트라(Astra international) 그리고 시나르매스(Sinar Mas) 그룹이 대표적이며, 후자의 경우는 1960－70년대 태국정부가 민간 기업을 중심으로 공업화를 추진할 때 섬유, 가전산업 등을 중심으로 발전한 사하 유니온(saha union) 기업이 대표적이다.[30]

하지만 최근 들어서는 이러한 유형의 발전 패턴도 점차 복합화(Conglomerate)되어가고 있는 추세에 있다. 즉 1990년대 이후 동남아 각국의 거대 화인자본은 집단적인 그룹을 형성하여 1차 산품, 금융, 부동산 제조업 등 다양한 영역의 발전을 동시에 추구하고 있다.[31]

2) 화교자본의 규모와 분포

화교기업의 자본규모를 파악하는 것은 화교와 화인의 수를 파악

---

29) 이덕훈, 앞의 글, p.318 참조.
30) 이덕훈, 앞의 글, p.318 참조.
31) 崔秀雄・朴相守, 앞의 책, p.34 참조.

하는 것만큼이나 쉽지 않다.[32] 특히 화교자본은 전 세계 금융네트 워크를 통해 신속하게 이동되는 특성을 가지고 있기 때문에 더욱 그러하다. 따라서 현재 화교자본은 추정치만이 존재하고 있는 가운 데 2004년 말 현재 이미 현금과 채권형태로 1조 5,000억 달러, 주식과 자산으로 5,000억 달러 이상을 보유하여 유동자금 규모가 2조 달러가 넘는 것으로 추산되고 있다.[33] 이는 같은 시기 중국의 국내 총생산액(GDP)보다 1.5배가 넘는 규모일 뿐만 아니라 미국, 일본, 독일의 GDP 다음으로 거대한 자본규모이다([표 2-3] 참조).

[표 2-3] 주요 국가의 GDP 규모 및 화교의 자본규모(2004년)

단위: 10억 달러

국가	미국	일본	독일	화교자본	영국	프랑스	이탈리아	중국	한국
규모	10,875	4,329	2,441	2,000	1,875	1,812	1,527	1,469	722
순위	1	2	3	(4)	4	5	6	7	10

주: 화교자본은 미국 오하이오주립대 해외화인연구센터에서 추정한 유동자금액임.
자료: (http://www.worldbank.org)[검색일: 2004. 4. 26]와
　　　(http://www.donga.com/docs/magazine[검색일: 2006. 3. 13]에서 재작성.

---

32) 이는 화교들의 상당수가 거주국의 국적을 취득하여 동화되어 있다는 점 외에 거주국 토착민들의 반(反)화교 정서를 고려하여 화교들이 공개를 꺼리기 때문이기도 하다.
33) 화교자본 규모에 대한 평가에서 중국은 가능한 한 작게 평가하고 있고, 구미나 일본에서는 비교적 크게 평가하고 있다. 이러한 이유는 중국의 경우 화교자본이 크게 평가될 경우 최근 급속도로 확대되고 있는 중화경제권과 함께 국제사회로부터 견제받을 것에 대비한 방어 심리가 존재하는 것으로 보이며, 구미나 일본의 경우는 화교가 중국의 경제발전과 함께 상당한 위협으로 나타날 수 있다는 우려의 경계심 때문으로 분석된다. 한편 국내언론에서는 영국의 'Economist'지와 미국 오하이오주립대의 해외화인연구센터의 추정치를 참고해 2조 달러로 보고 있다. 홍원선, "세계경제 주무르는 화교의 힘," (http://www.donga.com/docs/magazine)[검색일: 2006. 3. 13].

더욱이 화교자본은 2007년 6월 말 현재 전 세계 500대 화교기업의 자산총액 규모가 2조 3,600억 달러를 기록하고 있으며, 이들 기업의 순이익도 765.79억 달러에 이르고 있다([표 2-4] 및 [부록] 참조). 화교자본의 이러한 증가 추세는 화교경제가 중국의 경제발전과 밀접한 관계를 갖고 있다는 점으로 미루어볼 때 앞으로 더욱 빠르게 확대될 것으로 보인다.

[표 2-4] 2007년 세계 500대 화교기업의 분포와 자산규모

지 역	기업 수 (개)	총자산 (100만 달러)	비 중	
			기업 수의 비중 (%)	총자산의 비중 (%)
계	500	2,369,907.40	100.00	100.00
대 만	248	1,101,522.70	49.60	46.54
홍 콩	153	704,861.50	30.60	29.79
싱가포르	45	272,862.50	9.00	11.56
말레이시아	31	141,832.80	6.20	6.03
태 국	10	91,746.60	2.00	3.92
인도네시아	5	13,057.90	1.00	0.60
필리핀	8	33,737.70	1.60	1.47

주: 2007년 6월 31일 기준.
자료: 『2007全球華商1000排行榜』, 亞洲週刊(http://www.yzzk.com)[검색일: 2008년 3월 31일]에서 필자 정리.

한편 이처럼 거대하고 빠르게 성장하고 있는 화교자본은 세계 500대 화교기업 모두가 동남아지역을 포함한 아시아지역에 분포되어 있을 정도로 지역적으로 편중되어 있는 특징을 가지고 있다([표

2-4] 참조). 특히 동남아지역에서는 화교의 인구비중이 낮음에도 불구하고 [표 2-5]에서 보여주는 바와 같이 화교자본이 거주국의 경제를 실질적으로 장악하고 있다. 즉 싱가포르와 태국의 경우 화교 자본이 각각 상장주식의 81%를 보유하고 있고, 말레이시아에서는 61%나 보유하고 있다. 그리고 인도네시아와 필리핀은 화교의 비중이 각각 3.08%와 1.3% 정도에 불과함에도 불구하고 73%와 50%의 상장주식을 보유하고 있는 등 상당한 경제력을 자랑하고 있다.

[표 2-5] 동남아 주요국가의 화교경제력

국 가	싱가포르	태 국	말레이시아	인도네시아	필리핀
화교 수(천 명)	2,713	7,100	6,254	7,463	1,167
화교의 비율(%)	59.89	11.08	25.53	3.08	1.30
상장주식 점유율(%)	81	81	61	73	50

주: 상장주식 점유율은 2004년 수치임.
자료: 中華民國(臺灣)僑務委員會(http://www.ocac.gov.tw)[검색일: 2006. 3. 18]; 亞洲週刊(http://www.yzzk.com)[검색일: 2008. 3. 31] 및 각국의 인구통계 및 일본후지쯔연구소 발표 자료를 토대로 필자 정리.

화교자본이 이처럼 동남아지역을 중심으로 한 아시아 지역에 집중적으로 분포되어 있는 것은 무엇보다 이들 지역이 지리적으로 중국과 인접하여 많은 화교가 살고 있기 때문이다. 이는 현재 중국을 중심으로 빠르게 형성·발전되고 있는 중화경제권을 지금보다 더욱 역동적으로 만들어 제도적 지역경제협력체로 발전시킬 가능성이 있으며,34) 그럴 경우 화교자본은 중국경제와 함께 아태지역에서 경제적으로 우월한 지위확보는 물론 패권적 지위를 구축하게 되어 세계경제에 막강한 영향력을 행사할 가능성이 크다 하겠다.

3. 화교기업의 산업구조와 경영특성

1) 화교기업의 산업구조

화교들의 이주 초기 경제활동은 이민경제의 전형인 소규모 자본에 의한 소매상업의 종사가 중심이었다. 그러나 1960년대 이후 세계경제가 급속도로 발전하면서 화교자본도 새로운 환경에 적응하면서 다양한 기업과 산업형태를 갖추게 되었다. 즉 소매상업을 제외하고도 적지 않은 중간상업, 도매상업, 수출입상업과 슈퍼마켓에 종사하게 되었을 뿐 아니라 금속, 기계, 차량, 방직, 의류, 고무, 도정, 연초, 건축자재, 목재가공, 석유화학, 전기전자 등 수많은 제조업분

---

34) 현재 중화경제권은 중국을 중심으로 빠르게 확대·심화되고 있지만 제도적 지역경제협력체는 아니다. 또한 향후 중화경제권이 제도적 지역경제협력체로 발전하는 데도 세계 각국으로부터 동일민족에 의한 패권구축이라는 비난 등 많은 난관과 한계가 존재하고 있는 것이 사실이다. 그러나 최근 들어 중국과 화교들이 화인 경제인들의 모임인 '世界華商大會'에 적극적인 자세를 보이고 있을 뿐만 아니라 중국이 이미 화교권 국가인 ASEAN과 자유무역협정(2002년)을 체결했고 또한 홍콩과도 CEPA협정 (2004년)을 맺고 있는 등 중화경제권이 제도적 지역경제협력체로 발전할 움직임을 보이고 있는 것도 사실이다. 허흥호, "중화경제권의 현황과 발전전망 — 중국의 지역경제협력 인식변화를 중심으로," 『중소연구』(한양대학교 아태지역연구센터), 제27권3호, 2003, pp.16 – 17 참조.

야에도 진출하게 되었다. 또한 은행, 보험, 부동산업, 음식점, 관광, 항공운수 등과 같은 서비스업에도 상당부분 진출하게 되었다.

하지만 화교자본은 이처럼 다양한 영역에서 상당한 규모로 존재하는 가운데 특히 부동산과 금융분야에 집중되어 있다. 예컨대 부동산의 경우 화교들이 가장 선호하는 업종으로 500대 화교기업 중 20%가 주력 업종으로 삼고 있을 정도였다.[35] 500대 화교기업 중 부동산을 주력 업종으로 하는 기업은 홍콩의 Sun Hung Kai Properties(新鴻基地産發展有限公司), Henderson Land Development(恒生兆業地産有限公司), Cheung Kong Holdings(長江實業(集團)有限公司), New World Development(新世界發展有限公司), 싱가포르의 City Developments Limited(城市發展有限公司), 말레이시아의 Resorts World Berhad(名勝世界有限公司), YTL Cooperation Berhad(楊忠禮機構有限公司), 필리핀의 Philippines Development(菲人投資開發公司) 등이 대표적이다. 화교기업이 부동산을 선호하는 이유는 부동산은 유형(有形)인데다가 추가 자본을 획득할 수 있는 담보로 이용할 수 있기 때문으로 분석된다.[36]

한편 금융분야는 비록 부동산분야보다는 적은 비중을 차지하고 있지만 동남아 대부분의 국가에 화교자본 금융기관이 있을 정도로 광범위하게 분포되어 있는 업종이다. 대표적으로 싱가포르의Untied Oversea Bank Limited(大華銀行)과 Oversea－Chinese Banking Corporation Ltd(華僑銀行), 태국의 Bangkok Bank Public Co.,

---

35) 亞洲週刊(http://www.yzzk.com)[검색일: 2008. 3. 31] 참조.
36) 정성호, 앞의 책, p.62.

Ltd.(盤古銀行)과 Thai Farmers Bank Public Co., Ltd.(泰華農民銀行), 말레이시아의 Public Bank Berhad(大衆銀行)과 Hong Leong Bank Berhad(豊隆銀行), 필리핀의 Metropolitan Bank & Trust Company(首都銀行), 인도네시아의 PT Pan Indonesia Bank Tbk 등이 있다. 특히 화교자본 은행은 동남아 10대 은행 중 절반을 차지하고 있을 정도로 화교기업의 혈맥 역할을 하고 있을 뿐 아니라 동남아 금융시장에 절대적 영향력을 행사하고 있기도 하다.

그러나 화교자본의 이러한 산업구조는 최근 들어 변화하는 추세에 있다. 즉 다양한 업종으로 전환되고 있는 가운데 부동산과 금융 중심의 산업구조에서 제조업분야로 사업영역을 확대하는 한편 역외진출을 꾀하는 등 변신을 모색하고 있다. 구체적으로 홍콩의 최대재벌인 라카이싱(李嘉誠) 그룹은 전통적으로 부동산업을 중심으로 발전한 기업이나 90년대 들어서면서부터 영국의 최대 컨테이너 터미널 회사인 펠릭스스토어(Felixstowe)를 인수한 데 이어 브리티시 에어로스페이스(British Aerospace)사의 통신부문인 마이크로텔 커뮤니케이션(Microtel Communication)을 매수함으로써 업종의 확대와 역외사업의 기반을 마련했고, 말레이사아 곽렁찬(kwek leng chan) 가문의 홍레옹(Hong Leong) 그룹도 94년 미국의 세계적인 공조기기 회사인 AAF-McQuay사를 2억 달러에 인수하고, 중국 내 디젤엔진 합작회사인 Guanxi Yuchai Machinery를 뉴욕증권시장에 상장하는 등 사업구조조정에 적극적으로 나섰다.[37] 그 결과 2007년도 세

---

37) 김영민, "변신하는 화교자본," 『LG주간경제』(LG경제연구소), 1996. 4. 4. 참조.

계 500대 화상기업 중 노동집약적 산업과 전자 및 정보통신 업종에 종사하는 기업이 급속도로 증가하게 되었다([부록] 참조).

화교기업이 최근 들어 이처럼 업종변경을 추진하게 된 이유는 부동산의 경우 이미 시장이 포화상태에 달해 있기 때문이다. 현재 홍콩, 싱가포르 등지의 사무실 가격은 뉴욕에 버금가는 수준으로 뛰어올랐으며, 방콕, 상해 등은 초과공급으로 몸살을 앓고 있다. 더욱이 홍콩의 경우는 중국에 닿는 유일한 통로로서의 기능이 약화되면서 부동산가격이 급격히 위축되고 있는 실정이다. 금융, 유통, 무역 등도 사정은 마찬가지이다. 각국이 자유화와 개방화로 인해 경쟁이 격화되면서 화교기업들이 특유의 인맥으로 주요사업을 독점하던 시대가 막을 내리게 된 것이다. 따라서 이와 같은 환경의 변화는 동아시아 화교기업들로 하여금 변신을 모색하지 않을 수 없게 된 것이다. 제조업이나 방송·소프트웨어 등 고부가 서비스업에 뛰어들어 세계적으로 경쟁력이 인정되는 상품과 서비스를 직접 만들어 팔아야 하는 것은 물론이고 사업의 무대도 개방화로 경쟁이 치열해진 동아시아에서 벗어나 세계 각지로 넓혀나가지 않으면 안 되게 되었던 것이다.[38]

한편 화상기업의 업종은 국가별로 다양한 모습을 나타내고 있다. 홍콩의 경우 부동산, 금융, 물류 같은 서비스업의 비중이 높은 반면 대만은 Chi Mei Optoelectronic Crop(奇美電子), Formosa Chemicals & Fibre Corporation(臺灣塑膠), AU Optronics Corporation(友達) 등 전자, 석유화학 등 각종 부품계통 제조업이 중심을 이루고 있다. 또한

---

38) 김영민, 앞의 글 참조.

태국은 은행과 공업 그리고 통신분야가 중심을 이루고 있으며, 싱가포르는 은행, 부동산이 화교기업의 중심 산업으로 자리잡고 있다.[39]

2) 화교기업의 경영특성

전통적으로 화교기업은 가족 중심의 경영형태를 유지하는 가운데 혈연(血緣), 지연(地緣), 업연(業緣) 등을 중심으로 한 네트워크를 중시하는 경영방식을 채택하여 왔다. 이는 거주 지역을 불문하고 거의 모든 지역의 화교기업에서 나타나는 공통적인 현상으로 여타 국가의 기업에서는 거의 찾아볼 수 없는 특징이다. 물론 한국이나 일본 등 여타 동남아 국가의 기업에서도 가족 중심의 경영은 얼마든지 찾아볼 수 있다. 그러나 정도에서 화교기업과는 비교가 되지 않는다. 화교기업들의 이러한 경영특성은 중국인의 천부적인 상술 및 근면성과 함께 주요 성공요인으로 지적되고 있다.[40]

화교기업이 이처럼 가족 중심의 경영방식을 채택한 이유에는 유교적 전통과 가족주의적 사고방식에서 기인한 결과로 분석된다.[41]

---

39) 아주주간(http://www.yzzk.com)[검색일: 2008. 3. 31] 참조.

40) 화교기업의 성공요인을 설명한 연구들로는 J. Goody, *The Original, the Ancient and Primitive: Systems of Marriage and the Family in the Pre-industrial Societies of Eurasia*(Cambridge: Cambridge University Press, 1990); Miron Cohen, "Lineage Organization in North China," *The Journal of Asian Studies*(1990), pp.49-53; Leung Frankie Fook-Run, "Overseas Chinese Management: Myths and Realities," *East Asian Executive Reports,* Vol.17, Iss.2(1995), p.6.

즉 화교들은 중국을 떠난 해외이주민이지만, 그들 가슴속에 내재되어 있는 가부장적 권위로 대표되는 중국의 전통적 사상인 유교적 전통과 거주국에서 생활하는 가운데 부딪히는 많은 어려움 극복에 가족이 무엇보다 중요하다는 중국인의 전통적 가족주의적 사고방식이 함께 결합하여 나타난 결과로 보인다. 실제로 화교들은 거주국, 특히 화교경제력이 막강한 인도네시아나 말레이시아 등지에서 현지인들의 상당한 박해와 탄압을 받아왔다.

가족 중심으로 운영되는 화교기업의 경영특징은 우선 소유와 경영이 일치하는 가운데 중앙집권적 One-man경영체제를 띠고 있는 것이 대부분이다. 이러한 가족 중심의 One-man경영체제는 기업 내의 관료주의적 조직요소를 완화하고 경쟁기업들보다 빨리 사업기회를 포착할 수 있음은 물론 경제 외적인 외부환경의 변화에도 신속하게 대처할 수 있는 장점이 있다. 정치 및 사회적 변화가 큰 동남아지역에서 화교기업이 큰 기복 없이 성장할 수 있었던 것은 바로 이와 같은 특성에 힘입은 바가 크다 할 수 있을 것이다.[42] 또한 강력한 중앙집권적 One-man경영체제하에서는 주로 비공식적 거래에 의존함으로써 불필요한 사내 관료주의 및 paperwork의 부담을 최소화할 수도 있다. 즉 주요 정보가 화교들 간에는 대화를 통해 교환되고 또한 개인적으로 기억되기 때문에 특별한 문서화 과정 및 공식적인 보고체계가 필요 없다. 따라서 의사결정에 막대한 시간 및

---

41) S. Gorden Redding, *The Spirit of Chinese Capitalism*(Berlin and New York: Walter de Gruyter, 1990), pp.225-226.
42) 김영민, 앞의 글, p.20.

노력을 줄일 수 있다. 화교경영자들은 창업자를 절대적으로 신뢰하고 창업자의 개성에 의하여 크게 영향을 받으며, 사업적 의사결정도 Owner 경영자의 경험, 직관 및 비공식적 정보교환 등에 크게 의존하는 경향이 있다. 이 밖에도 화교기업의 중앙집권적 One-man경영체제는 서구 기업들이 흔히 겪는 관리자들에 의한 대리인 문제(agency problems)를 극복할 수 있는 장점도 가지고 있다.

그러나 화교기업의 이러한 가족 중심의 One-man경영체제는 경영자의 잘못된 의사결정이나 무능으로 인한 상황 대처가 미흡할 경우 위험에 직면할 수 있는 단점도 있다. 실제로 화교기업의 Owner 경영자들은 서구기업에 비해 비공식적이며 직관적인 경영스타일에 의존하고 있는 경우가 많다. 즉 대규모 투자 시 서구기업들 사이에서 흔히 볼 수 있는 과학적이고 체계적인 사업성 분석(due diligence review)은 화교기업들 사이에서는 흔치 않으며, 또한 사업성에 관한 분석도 경영자 자신이 직접 수행하며 의사결정의 기준도 보다 '직관적(intuitive)이고 실제적(practical)이다.'라는 평가가 많다.[43] 또한 화교기업의 중앙집권적 One-man경영체제는 관리할 수 있는 사업의 규모나 사업상의 복잡성 등의 한계로 인해 보다 정교한 조직구조를 필요로 하는 하이테크기업이나 대형기업으로 발전하는 데 제약으로 작용할 문제점도 있다. 지금까지 화교기업이 대체로 중소기업 형태로 발전하고 있는 것은 바로 이러한 이유 때문일 것으로 보인다. 따라서 화교기업은 현재와 같이 경쟁이 치열해져가는

---

43) 이재유, "대중화경제권과 동남아 화교자본," 『중소연구』(한양대학교 중소연구소), 제21권제1호, 1997년 봄, p.38.

국제경제 환경 속에서 지속적으로 성장하기 위해서는 경영관리체제 측면에서 많은 변화가 요구된다 하겠다. 즉 소유와 경영이 분리된 서구식 전문경영체제 도입 등이 요구된다 하겠다.

물론 현재 화교기업들 중 상당수가 이미 소유와 경영을 분리하고 전문경영인 체제를 도입하는 기업들도 있다. 예컨대 Sophonpanit(陳有漢) 가문이 대주주인 방콕은행(Bangkok Bank Public Company Limited)과 말레이시아의 꿰원꽝(郭運光)이 대표자인 샹그릴라호텔(Shangri-La Hotels) 체인 그리고 홍콩의 천치종(陳啓宗)이 대표자인 항룽기업(Hang Lung Properties Limited) 등이 대표적이다. 그러나 이들 중 꿰원꽝(郭運光)이 대표자인 샹그릴라호텔(Shangri-La Hotels) 체인만이 경영간부나 경영고문을 서구인으로 채우고 있을 뿐 대체로 화교기업은 소유자의 2세 내지 3세들이 미국이나 서구에서 경영수업을 받고 온 후 경영일선에 참여하고 있는 경우가 대부분이다. 따라서 화교기업은 최근 들어 중앙집권적 경영관리체제에서 전문경영인 관리체제로 변화의 움직임을 보이고 있기는 하지만 여전히 가족 중심의 중앙집권적 경영형태가 주류를 이루고 있는 특징을 보이고 있다.

한편 화교기업은 이처럼 가족 중심의 경영체제를 채택하고 있는 것 외에 네트워크를 중시하는 경영방식을 추구하고 있다. 화교기업의 네트워크는 상호원조를 목적으로 하고 있으며 크게 혈연, 지연, 업연 등에 의하여 이루어지고 있다. 특히 이 가운데 지연과 업연은 화교기업 네트워크 형성의 중심이 되고 있다. 예컨대 지연으로 이루어진 화교기업의 네트워크는 동향출신 집단(同鄉幇) 형식으로 이루어지고 있으며 동일언어 사용이 주요 매개가 되고 있다. 이러한 이유에서 '동향방'(同鄕幇)은 서구적인 개념으로 방언별 집단(dialect group)에 해당된다. 이는 화교들이 비록 중국계 민족이고 중국의 전통문화를 대체로 유지하고 있지만 출신지역에 따라 상이한 언어(방언)를 사용하고 있어 동일지역 출신이 아니면 의사소통이 불가능하기 때문이다. 이런 점에서 지연으로 이루어진 네트워크는 폐쇄적이라고 할 수 있다. 즉 같은 중국인이라도 다른 방언을 사용하는 동향방은 네트워크에 참여하기가 쉽지 않다. 현재 네트워크를 형성하고 있는 화교기업의 주요 동향방으로는 광둥방(廣東幇), 푸젠방(福建幇), 챠오저우방(潮州幇), 커쟈방(客家幇), 하이난방(海南幇) 등이 있으며, 이들의 네트워크는 대부분 해당 동향인들이 많이 거주하고 있는 지역을 중심으로 이루어지고 있다([표 2-6] 참조).

[표 2-6] 동남아 주요국가 화교의 출신지별 구성(2006년도 기준)

구 분	싱가포르	인도네시아	말레이시아	태 국	필리핀
人口比重(%)	59.89	3.08	25.53	11.08	1.30
총 화교 수(천 명)	2,713	7,671	6,254	7,100	1,167
福建(%)	40.19	50.00	32.08	10.05	85.00
廣東(%)	18.22	33.10	21.95	7.00	11.67
客家(%)	8.88	16.03	24.20	15.98	0.00
朝州(%)	22.89	0.00	11.09	56.01	0.00
海南(%)	7.01	0.00	3.94	8.98	0.00
기타(%)	2.81	0.87	6.76	1.98	3.33

자료: 中華民國僑務委員會(http://www.ocan.gov.tw)[검색일: 2007. 4. 30]에서 필자 정리.

또한 업연에 의한 네트워크 형성은 동업조합인 공회(公會)[44]와 공회의 중앙조직인 중화총상회(中華總商會)에 의해 이루어지고 있다. 이러한 업연에 의한 네트워크는 초기에 단순히 거주하고 있는 지역을 중심으로 같은 업종에 종사하는 화교기업들끼리 형성되었으나, 최근에는 지역을 초월한 중화민족 전체를 대상으로 발전해가고 있다. 즉 세계 모든 지역의 중화민족을 대상으로 경제관계를 강화하는 방향으로 나아가고 있다.

이러한 현상은 일련의 세계화상대회(世界華商大會)의 개최에서 분명히 알 수 있다([표 2 - 7] 참조).[45] 한편 화교기업의 이러한 세계적 네트워크 형성은 국제경제의 새로운 세력이 되어 세계경제에 상당한 영향력을 행사할 것으로 보인다. 특히 지역적으로 화교들이 많이 거주하고 있는 동아시아 지역에서는 중국과 함께 중화경제권을 형성시켜 그 영향력은 더욱 크게 나타날 것으로 전망된다.

---

44) 1928년 바레스가 북경지역의 사례를 연구 발표한 바에 따르면, 공회(公會)는 서양의 길드 조직과 같은 것으로 다음과 같은 기능을 갖고 있다. 첫째, 회원에 의한 사업독점, 회원 간 무한경쟁 배제, 가격·임금 규제 등 경제적 기능을 갖고 있고, 둘째는 도제제도 등 교육 제도적 기능을 갖고 있다. 그리고 셋째는 조상, 수호신 등에 대한 신앙과 의식의 조직인 종교적 기능을 갖고 있으며, 넷째는 회원에 대한 공제사업 등 보험기능을 갖고 있다. 마지막으로 다섯째는 일반인에 대한 각종 복지사업 지원 등 사회복지사업 기능을 갖고 있다. 李載裕·金榮泰, 앞의 책, p.26 참조.
45) 世界華商大會는 1991년 싱가포르에서 제1차 대회가 개최된 후 2년마다 전 세계 華商들이 방언이나 선조의 출신지에 관계없이 화상의 경제적 이익과 협력을 위해 조직된 네트워크로 'ABC' 3원칙, 즉 수용(Acceptance), 소속감(Belonging), 기여(Commitment)를 채택하고 있다.

[표 2-7] 역대 세계화상대회 개최 현황

구 분	개최일시	장 소	참가국/참가인원	대회주제
제1차	1991. 8	싱가포르	30/750	화인기업의 발전과 세계경제에 대한 영향
제2차	1993. 11	홍콩	22/850	세계경제의 새로운 흐름과 화인기업의 역할
제3차	1995. 12	태국 방콕	24/1,500	화인기업의 교류와 공동발전 촉진
제4차	1997. 8	캐나다 밴쿠버	30/1,400	화인기업의 정보화에 대한 대응
제5차	1999. 10	호주 멜버른	20/800	새로운 시대의 화인네트워크
제6차	2001. 9	중국 남경	77/4,700	화상의 협력으로 새로운 시대의 평화적 공동발전
제7차	2003. 7	말레이시아 쿠알라룸푸르	21/3,500	화상의 일심동체와 세계기업의 공동발전
제8차	2005. 10	한국 서울	32/3,569	화상과 공동성장 및 세계와의 공동발전
제9차	2007. 9	일본 고베	33/2,500	화합을 통한 상생과 세계에의 기여

자료: 第8屆世界華商大會(http://www.wceckorea.org)[검색일: 2006. 6. 2]; 第9屆世界華商大會(http://www.wcecjapan.org)[검색일: 2008. 3. 19]에서 필자 정리.

제3장

화교기업의 대중국 투자 현황과 특징

1. 화교기업의 대중국 투자 진출 배경

일찍이 경제적 요인과 정치·사회적 이유 등으로 인해 중국을 떠난 화교들은 거주국(주로 동남아 국가)에서 어느 정도의 경제적 기반을 마련한 후 끊임없이 중국에 진출하기 시작하였으며, 특히 청조(淸朝)에 들어서면서부터는 본격적으로 진출하기 시작하였다. 화교기업의 중국 진출은 초기에는 고향에 토지를 구입하는 수준에 불과했으나 경제적 역량이 커짐에 따라 기업의 형태로 상업, 교통운수, 부동산업, 공익사업, 금융업, 공업과 농업, 농수산업, 오락업, 교육 및 통신 등 다양한 영역으로 확대해나갔다. 화교기업들이 이처럼 적극적으로 중국에 진출하게 된 배경에는 중국이 그들의 조국이라는 점에서의 귀향본능과 당시 청조정부의 적극적인 화교유치 정책 그리고 해외 각지에서 점점 거세져가는 화교배척[排華]운동으로 인해 거주국에서 안정적인 경제활동을 보장받지 못하고 있는 점 등이 크게 작용하였다.[1]

그러나 화교기업의 중국진출은 중국에 사회주의 정권이 들어선 후 중국정부가 화교를 자산계급의 착취분자 혹은 반혁명자로 간주하는 등 억압과 박해를 가하여 한동안 진출할 수 없게 되었으며, 1978년 중국이 개혁개방을 추진하면서 다시 진출할 수 있게 되었다. 특히 중국이 개혁개방을 추진한 후 중국정부가 경제발전에 필요한 화교자본을 적극적으로 끌어들이기 위해 사회주의 정권 성립 이후 그동안 추진되었던 화교정책을 대폭 수정함과 동시에 다양한 우대조치를 제공해줌으로써 전례 없는 진출러시가 이루어지게 되었다.

1) 중국의 개혁개방 추진과 화교정책 변화

1949년 이후 추진된 중국의 화교정책은 화교, 귀교(歸僑), 교권(僑眷), 외국국적 화인(外籍華人)에 관한 내용이 중심이었으며,[2] 시대와

---

1) 지리적 요인 등으로 동남아지역에 주로 이주한 화교들은 특유의 근면성과 노력으로 경제적 기반을 잡았지만 현지 토착민의 강한 種族性 때문에 토착사회에 뿌리내리는 데 많은 어려움이 있었다. 게다가 아편전쟁 이후 제국주의의 침략이 노골화되면서 동남아 각국은 식민지화되어 화교들은 지배자인 열강과 토착인 사이에 어중간한 존재였기 때문에 그들만의 생존전략을 모색할 수밖에 없는 가운데 조국인 중국으로 진출이 급속히 이루어졌다. 최덕경, "동남아 福建省출신 華僑의 出洋과 家鄕投資,"「大邱史學」, 第61輯, 2000년 참조.

2) 1984년 국무원 僑務辦公室에서 발표한 「關於華僑, 歸僑, 華僑學生, 歸僑學生, 僑眷, 外籍華人身分解釋(試行)」에 의하면 華僑는 중국 국적을 가지고 해외에 거주하는 자이고, 歸僑는 연령과 귀국일시에 관계 없이 귀국하여 중국에 거주하는 자이다. 그리고 僑眷은 화교와 귀교의

정치적 입장에 따라 각각 달랐다. 우선 신중국 성립 초기에는 화교를 통일전선(統一戰線)에 입각하여 중화인민공화국의 유기적 구성분자로 간주하고 화교와의 단결을 정책의 기본방침으로 정하였다. 이에 따라 중국은 1954년에 공포된 헌법 제98조에서 "중화인민공화국 정부는 국외 화교의 정당한 권리 및 이익을 보호 한다."라고 천명하고 국무원 산하에 '화교사무위원회'(華僑事務委員會)를 설치하여 화교업무를 전담하도록 하였다. 뿐만 아니라 전국인민대표대회(全人大)에 화교대표의 참가를 명시하여 화교의 국정참여를 허용하기도 하였다. 중국정부가 이처럼 신중국 성립 후 화교에 대하여 호의적인 정책을 추진한 이유는 화교를 정치와 경제적으로 활용하기 위함이다. 즉 정치적으로는 화교를 중국의 혁명노선에 동조한 통일전선공작의 현지 활동부대로서 활용하기 위함이고, 경제적으로는 교권(僑眷)에 대한 해외화교의 부양금 송금·물자송부, 투자를 위한 송금 및 중국제품의 대아시아 판로 확대를 추구하기 위함이다. 특히 중국은 이러한 의도에서 화교자금을 적극적으로 끌어들이기 위해 「화교송금우대임시법」(華僑送金優待暫行辦法)(1950년)을 제정하였을 뿐 아니라 '화교투자회사'(華僑投資公司)(1951년)를 설치하기도 하였다. 그리고 전국의 7개의 省과 6대 도시에 13개의 공사합영(公私合營)의 화교투자공사(華僑投資公司)를 설립하고 북경에 본점(總公司)을 설치하였다(1955년). 또한 「국영화교투자회사에 관한 투자 우대법」(關於

중국 내에 거주하고 있는 배우자, 부모, 형제자매, 조부모, 외조부모 등 가족들이다. 魏艾, "중국의 화교정책과 해외화인의 경제협력," 『중소연구』, 한양대학교 중소연구소, 제20권1호, 1996년 봄, p.19에서 재인용.

國營華僑投資公司投資優待辦法)(1957년)을 공포하기도 하였다.3) 따라서 이 시기 화교기업의 중국진출은 별다른 장애 없이 자연스럽게 이루어질 수 있었다.

　하지만 1950년대 중반 이후 중국이 사회주의 개조운동을 본격적으로 추진하고 문화대혁명을 거치면서 이전까지 추진해오던 화교정책을 전면적으로 수정하면서 화교기업은 더 이상 중국에 진출할 수 없게 되었다. 이 시기 중국의 화교정책은 화교(주로 歸僑 또는 僑眷)들을 지주분자와 자산계급분자로 분류하고 합법적 권익을 박탈하는 것이 중심이었다. 또한 화교들을 해외와 관계가 있다는 이유로 특수분자, 특수혐의자, 반혁명분자 등으로 간주하는 등 박해를 가하기도 하였다. 이에 따라 화교들은 정치범 또는 정치 혐의범으로 처벌을 받고 공직을 잃기도 했으며, 경우에 따라서는 내륙으로 압송되어 변경지역에서 노동개조를 받는 고초를 당하기도 하였다. 특히 문화대혁명기간에 화교(그중에서도 歸僑)들은 외국에 거주하고 있는 가족 및 친척들과 내통하고 있다는 통적(通敵)으로 간주되어 투옥되거나 그때까지 귀교 및 교권들에게 주어졌던 공산당 입당, 청년단 입단, 군 입대, 대학입학 등이 불허되기도 하였다. 뿐만 아니라 인민대표대회 대표와 정치협상회의 위원 등에 출마가 금지되는 등 헌법과 법률이 정한 참정과 위정의 권리가 철저하게 박탈당하였고 심지어 해외가족 및 친척방문도 일체 허용되지 않았다. 화교에 대한 박해는 경제적인 측면에서도 심각하게 가해졌다. 예컨대 해외 화교

---

3) 정영록, "화교와 우리의 과제," 『화교네트워크와 우리의 기업 활용 방안』, 산업자원부, 1999, p.20 참조.

들과 귀교들이 중국 내에 소유하고 있던 부동산이 몰수되거나 강점되었으며, 화교가 중국 내에 투자한 자본도 불법으로 간주되어 동결되거나 몰수 혹은 소유제 개조 리스트에 포함되기도 하였다.[4]

그러나 이러한 현상은 1978년 개혁개방과 함께 추진된 화교정책이 유화적인 수준을 넘어 적극적 보호정책으로 돌아서면서 바뀌게 되었고 화교기업들은 다시 중국에 진출할 수 있게 되었다. 개혁개방 후 중국의 화교정책은 먼저 중국 내에 거주하고 있는 귀교와 교권에 대하여 16자 방침(一視同仁, 不得岐視 根據特點, 適當照顧)을 채택하면서 시작되었다.[5] 16자 방침은 원래 개혁개방 이전 화교정책의 원칙이었지만 문화대혁명에 의해 철저하게 부정된 '一視同仁, 適當照顧'의 8자 방침을 수정·발전시킨 것이다. 즉 귀교는 오랫동안 해외에서 거주하다가 귀국하여 적응 못 하는 부분이 있을 수 있기 때문에 합당한 보호가 필요하고, 또 교권은 그들 가족 구성원 일부가 해외에 거주하고 있어서 자연스럽게 외국 가족들과의 교류나 내왕 등이 다른 사람들과 달리 빈번할 수밖에 없기 때문에 이러한 특성에 맞는 보호가 필요하다는 것을 법으로 제정한 것이다. 실

---

4) 李載裕·金泰榮, 『동남아 화교자본의 경영특성과 이들과의 제휴를 통한 중국시장 진출방안 모색 — 일본기업의 사례를 중심으로』, 국제무역경영연구원, 1998년, pp.69-70 참조; 魏艾, 앞의 글, pp.19-20 참조.

5) '一視同仁, 不得岐視 根據特點, 適當照顧'의 16자 방침은 화교(歸僑·僑眷)들을 '일반 인민들과 평등하게 취급하는 한편 해외에서 생활경험과 해외와 관계를 갖고 있는 그들의 특성에 따른 합당한 배려를 한다는 의미'로 1978년 12월에 개최된 全國僑務工作會議 제2차 全國歸僑代表大會에서 개혁개방 이전의 8자 방침(一視同仁, 適當照顧)의 수정·보완적 차원에서 채택되었다.

제로 중국은 이러한 16자 방침에 따라 개혁개방 직후부터 1989년까지 10여 년 동안 귀교 및 교권 관계자에 대한 종래의 정치적 판정 가운데 60여만 건에 대하여 재심사를 실시하여 6만 4,500건을 시정조치 및 명예회복을 단행하기도 하였다.6)

한편 중국은 국내에 거주하고 있는 화교들(귀교와 교권)뿐만 아니라 해외에 거주하고 있는 화교들에게도 변화된 정책을 추진하였는데 그 구체적인 내용은 다음과 같다. 첫째, 해외에 거주하는 화교에 대하여 이중국적을 인정하지 않고 거주국의 국적을 취득하도록 권유한다. 이는 화교의 화인화(華人化)를 촉진하는 조치로 볼 수 있다. 둘째는 화교가 거주하고 있는 국가의 정부에게 화교의 정당한 권리와 합법적인 권익 보장을 요구하고 해외교민 보호를 추진한다. 셋째는 화교가 거주국과 거주국의 법률을 존중하고 거주국 국민과 우호관계를 유지하며 장기간에 걸쳐 공존할 수 있도록 교육에도 힘쓴다. 그리고 넷째는 화교들로 하여금 애국주의 정신을 수호하고 발양하게 하여 가족보다는 조국을 사랑하도록 장려함으로써 전체 화교동포의 단결을 도모한다.7) 중국이 해외에 거주하고 있는 화교들에게 이러한 정책적 조치를 취한 것은 화교들이 거주국에서 장기적으로 생존·발전할 수 있도록 보호해주면서 궁극적으로는 화교들을 통해 화교들이 거주하고 있는 국가들과의 우호협력과 교류의 교량(橋梁)으로 활용하고자 하는 의도가 내포되어 있는 것으로 판단된다.

개혁개방 이후 중국이 이처럼 화교에 대하여 적극적으로 유화정

---

6) 김화섭, 『東北아시아 中華經濟圈과 韓國經濟』, 産業研究院, 1997, p.51.
7) 김화섭, 앞의 책, p.52.

책과 보호정책을 취한 것은 무엇보다 경제발전에 절대적으로 필요한 해외 화교자본을 적극적으로 유치하기 위한 조치로 해석된다. 즉 중국 내에 거주하고 있는 귀교와 교권에 대한 유화적 정책조치는 이들과 연계되어 있는 해외 화교와 화인자본의 상업적 네트워크를 활용하기 위함으로 판단되며, 해외 화교들에 대한 현지화 정책과 보호정책 그리고 애국주의 정책은 화교와 화인의 구분이 모호한 특성을 고려하여 화교와 화인의 자본을 동시에 유치하려는 정책적 조치로 판단된다.8) 이는 16자 방침 가운데 후반부의 '특성에 따른 합당한 배려'(根據特點, 適當照顧) 방침이 1978년에 추가되었다는 점과 중국정부의 화교업무가 귀교와 교권 그리고 해외화교를 어떻게 동원하고 경제건설에 이바지하게 할 것인가에 중점을 두고 있는 데서 충분히 알 수 있다.9)

---

8) 중국이 해외화교에 대한 보호정책을 추진함에 있어서 중국 국적 소유자인 화교와 거주국 국적 소유자인 화인의 차이를 두지 않고 있는데, 이는 해외에 거주하는 화교가 중국국적을 소유한 화교보다 거주국의 국적을 소유한 화인이 많을뿐더러 또한 이들이 소유한 자본이 해외 화교자본의 절대적 비중을 차지하고 있기 때문에 이들의 자본을 끌어들이기 위한 차원으로 분석된다. 이재유·허흥호, "화교기업의 발전과 경영특성," 『중소연구』(한양대학교 아태지역연구센터), 제30권2호, 2006, pp.72-73 참조.

9) 지금까지 중국이 추진한 화교정책의 구체적 임무는 다음과 같다. 첫째, 「中華人民共和國歸僑僑眷權益法」을 충실히 수행하여 歸僑·僑眷의 합법적 권익을 보호하는 동시에 국내 기타 공민과 다른 특성(특히 해외관계가 있다는 점)을 배려하며 그들의 우위를 활용하여 조국의 경제발전에 이바지하도록 한다. 둘째, 화교업무는 경제건설을 위해 추진하며, 자금, 기술, 인재도입 그리고 해외시장을 개척하는 데 중계자 역할을 하도록

한편 중국은 화교에 대하여 이러한 유화적 정책을 실시하는 것 외에 직접적으로 경제발전에 필요한 자금을 유치하기 위해 다양한 우대조치를 실시하기도 했다. 예컨대 「대만동포의 투자 장려에 관한 규정」(1988), 「화인과 홍콩, 마카오 동포의 투자촉진에 관한 규정」(1990), 「대만동포투자보호법」(1994) 등을 제정하여 화교권 국가 및 화교들에게 다양한 우대조치를 제공하였다. 구체적으로 중국이 외국인 투자 자본을 끌어들이기 위해 외국인 투자기업들에게 보편적으로 제공하는 우대조치 중 세금감면의 경우 다음과 같이 더 많은 특혜를 화교기업들에게 제공하였다. 첫째, 화교, 홍콩, 마카오, 대만동포가 투자한 기업은 투자총액 내에서 기업이 필요로 하는 기계설비, 생산용 차량, 사무실집기 및 개인용 물품과 교통기구에 대해 수입관세 및 공상통일세를 감면하고 수입허가를 면해준다. 둘째, 화교, 홍콩, 마카오, 대만 동포가 투자한 기업이 생산수출제품의 원자재, 연료, 부속품 등을 수입하여 사용하는 경우 수입관세와 공상통일세를 면제하고 수입허가증도 면제해준다. 다만 상술한 수입자재를 국내제품으로 사용할 경우 국가에서 정하는 규정에 따라 세금을

한다. 셋째, 당양한 루트와 방법으로 화교, 해외화인, 홍콩, 대만, 마카오 동포 등을 끌어들여 조국의 경제발전에 참여하도록 한다. 넷째, 화교의 기부를 효과적으로 유치하기 위해 화교자본기지를 건립하고 화교자본을 경제발전에 끌어들이도록 한다. 다섯째, 화교업무를 유과부문과 적극적으로 연계시켜 화교, 해외화인, 홍콩, 마카오, 대만 등지의 정보통, 언어통 등 다양한 우위를 이용하여 국내제품이 대량으로 국제시장에 진입할 수 있도록 한다. 魏艾, "中國의 華僑政策과 海外華人의 經濟協力," 『중소연구』(한양대학교 중소연구소), 제20권1호, 1996, p.21 참조.

납부해야 한다. 셋째, 화교, 홍콩, 마카오, 대만 동포가 투자한 기업에서 생산한 수출제품은 국가의 수출금지 품목 외에 수출관세와 공상통일세를 면제한다.[10]

이 밖에도 중국은 지방정부 차원에서 화교기업에게 더 많이 제공되는 우대조치를 묵인해주기도 하였으며,[11] 최근에는 화교기업을 중심으로 네트워크화하고 있는 세계화상대회를 적극 지원하는 등 화교기업을 자국의 경제발전에 이용하고자 하는 적극적 정책을 추진하고 있기도 하다.

2) 화교기업의 경제적 환경 변화와 민족 문화적 동질성

화교들은 조국인 중국을 떠날 당시 거의 무일푼 상태였지만 중국인 특유의 근면과 절약으로 사업에 상당한 성공을 거두었다. 그 결과 화교들은 대만, 홍콩, 싱가포르, 말레이시아, 태국, 인도네시아, 필리핀 등 동남아 각 지역에서 막강한 경제력을 갖추게 되었다. 그러나 화교들은 동남아지역 토착민들의 강한 종족성(種族性) 때문에 이 지역에서 뿌리내리기가 쉽지 않았다. 뿐만 아니라 화교가 동남아

---

10) 魏艾, 앞의 글, p.22.
11) 예컨대 중국의 중앙정부가 1994년에 「대만동포투자보호법」을 제정한 후에 廈門, 福州, 北京, 撫順, 四川, 南京, 江西 등지의 지방정부들도 앞 다투어 대만 업체의 투자보호를 위한 규정을 제정하였다. 夏樂生, 『中共現階段對臺經貿政策之硏究(1979－1995)』(臺北: 國立政治大學東亞硏究所碩士論文), 1996, p.76.

지역으로 대거 이주하기 시작한 아편전쟁 이후에는 제국주의 침략이 노골화되어 동남아 각국이 식민지화되어 화교는 지배자인 열강과 토착민 사이에서 어중간한 상태에 처해 있었다. 게다가 조국인 중국도 열강의 틈바구니 속에서 갖은 방해와 압박을 받아 화교들의 안전을 책임져주지 못하는 상황이었다.[12] 이에 따라 화교들은 가족 중심의 자영업 종사와 서로 신뢰할 수 있는 타 지역 내의 화교기업들과 거래 및 교역을 확대해나갔다. 즉 언어, 문화, 종족 등 공동의 출신배경을 갖는 화교기업들끼리 동남아 각 지역에 자사의 영업거점을 확대해나가기 시작하였다. 특히 홍콩이나 싱가포르를 중심 거점으로 삼아 주식상장과 차입 등 수단을 통해 자금을 조달한 후 부동산, 호텔, 유통, 금융 등 다양한 영역으로 비즈니스 영역을 확대해나갔다.

그러나 1970년대 말 국제경제 환경의 변화와 함께 화교기업도 많은 어려움에 직면하게 되었다. 즉 화교기업의 주요 투자업종이며 富 축적의 원천이던 부동산은 시장이 이미 포화상태에 달해 홍콩, 싱가포르 등지의 사무실 가격이 뉴욕에 버금가는 수준으로 뛰어올랐으며, 특히 홍콩의 경우는 중국의 개혁개방으로 중국에 닿는 유일한 통로로서의 기능이 약화되면서 부동산시장이 급격히 위축되고 있는 실정이었다. 유통, 금융, 무역 등도 사정은 마찬가지였다. 각국의 자유화·개방화로 인해 경쟁이 격화되면서 화교기업들이 특유의 인맥으로 주요사업을 독점하던 시대가 막을 내리게 된 것이다.[13]

---

12) 최덕경, 앞의 글 p.3 참조.
13) 김영민, "변화하는 화교자본," 『LG주간경제』, 1996. 4. 4, p.20 참조.

게다가 1980년대 중반 화교기업이 많이 소재하고 있는 홍콩, 대만 등지에서는 노동력 부족과 임금상승, 노사분규 빈발, 지가상승, 환경보호 의식의 대두 등 기업의 투자의욕을 약화시키는 요인이 발생하면서 화교기업은 변화를 모색할 수밖에 없는 상황에 처하게 되었다. 또한 국제적으로 선진국의 보호주의 대두와 환율인상 등 요인으로 경쟁력이 상실된 노동집약적 산업의 경우 해외이전이 절실히 요구되는 상황이었다.14) 특히 동남아지역에 존재하고 있는 화교기업의 경우 거주국 내에서의 심한 행정규제와 환율관리 그리고 화교에 대한 차별정책이 존재하고 있었기 때문에 이에 대한 대책도 함께 마련해야 하는 상황이었다.15)

그런 가운데 중국의 개혁개방은 화교기업들에게 새로운 시장개척 기회를 제공하기에 충분했다. 왜냐하면 화교기업은 중국이 개혁개방 초기 경제발전에 필요한 자본과 기술을 보유하고 있었고, 반면에 중국은 화교기업이 필요로 하는 풍부한 노동력과 저렴한 공장부지 그리고 거대한 시장을 가지고 있는 등 노동집약적 산업 투자의 최적지로 평가받기에 충분했기 때문이다. 그러나 화교기업의 중국 진출

---

14) 이러한 현상은 대만과 홍콩 등지에서 집중적으로 나타나지만 동남아 화교기업의 상당수가 대만 및 홍콩 등지에 거점을 두고 있는 기업들이 많았기 때문에 화교기업 전체가 영향을 받을 수밖에 없었다. 高長 · 蔡慧美, "海峽兩岸投資與經貿關係研究," 黃天中 · 張五岳 編 『兩岸關係與大陸政策』(臺北: 五南圖書出版公司, 1993, p.341.
15) 예컨대 인도네시아에서는 불과 30여 년 전만 하더라도 중국계 이민자에 대한 살육이 공공연하게 자행되었으며, 말레이시아에서는 화교보다 현지인인 Bumiputra를 우대하는 정책이 아직 남아 있는 실정이다. 김영민, p.20 참조.

은 화교기업의 경제적 환경변화와 중국의 개혁개방으로 나타난 경제적 상호보완관계에 의해서만 이루어진 것은 아니다. 화교기업의 중국진출은 민족 및 동향적 요인도 중요한 작용을 하였다. 왜냐하면 화교기업들은 혈연, 지연, 업연 등 네트워크를 중심으로 한 기업경영에 익숙해 있던 상황에서 개혁개방으로 진출이 가능하게 된 중국이 같은 민족과 고향이라는 점 때문에 진출의 거부감이 없었기 때문이다.16) 또한 화교들은 중국인의 후예로서 중국인이 가지고 있는 유교문화의 특성, 즉 개인주의와 합리적 사고를 추구하는 서구의 사상과는 달리 인간관계를 중시하는 집단 중심(혈연 중심의 가족단위, 지연 중심의 동향단위, 업연 중심의 업종단위)으로 움직이는 특성을 가지고 있었을 뿐 아니라 동일민족으로서 중국문화에서 비롯된 독특한 상관습 문화를 일반적인 다국적 기업들보다 익숙해 있기 때문에 빠르게 진출할 수 있었다.17) 여기에다 화교들이 전통적으로 조국과 고향에 대한 남다른 애정을 갖고 있는 것도 중국 진출의 속도를 가속시킬 수 있는 요인이 되었다.18)

---

16) 중국이라는 나라는 지역이 넓은 관계로 다수의 방언이 존재하고 있었을 뿐 아니라 그 차이 또한 극심해서 타국에서 다양한 지역의 출신들과 생활하는 화교들에게는 출신지역이 다른 사람들과는 의사소통이 어려웠기 때문에 자연스럽게 언어가 통하는 동향 사람들끼리 교류가 이루어질 수밖에 없었다.

17) 일반적으로 유교문화는 권리보다 의무를 강조하고 있어서 개인(자신)보다는 가족을, 가족보다는 국가를, 중시하고 있을 뿐 아니라 혈연중심주의를 강조하고 있으며, 또한 법보다 도덕을 강조하여 인간관계를 우선시하는 人治적 경향과 위계질서 의식이 강하다. 吳日煥, "중국의 경제발전과 화교의 역할," 중국연구 제26권, 2000년, p.46 참조.

이 밖에도 화교기업의 중국 진출은 지리적 인접성도 중요한 요인이 되었다. "바닷물이 닿는 곳에는 화인이 있고, 화인이 있는 곳에는 화교기업(華商)이 있다."[19]라는 말이 있듯이 화교는 전 세계적으로 분포되어 있으며 상당한 경제력을 갖추고 있다. 그러나 화교가 가장 많이 분포되어 있는 지역은 중국의 남방지역과 인접한 동남아지역을 중심으로 한 아시아지역에 약 77%(대만과 홍콩 거주 중국인 포함)가 거주하고 있다.[20] 이러한 지리적 근접요인은 중국이 개혁개방을 추진한 후 화교기업으로 하여금 중국 진출을 유리하게 만들기에 충분했다. 특히 대만과 홍콩 그리고 싱가포르에 거주하는 중국인들은 물론 동남아지역에 거주하고 있는 화교의 절대다수가 중국의 남방출신들이어서 동향적 네트워크를 중심으로 비즈니스 기회를 확대하고 있는 화교들로서는 중국진출을 가속시키는 충분한 요인이 되었다. 여기에다 중국이 개혁개방의 첨병인 경제특구를 화교들의 고향인 광둥성(廣東省)과 푸젠성(福建省)에 설치한 점 그리고 동일언어를 사용하여 의사소통이 자유롭다는 점도 중국진출을 촉진시키는 요인이 되었다.

---

18) 예컨대 화교를 많이 배출한 福建省 출신 화교들의 경우 이주 후 어느 정도 경제적 기반을 갖춘 후 고향의 번영(光宗耀祖)을 위해 宗廟 수리 및 私塾의 설립 등에 적극적 지원을 아끼지 않는 등 고국에 남겨진 가족과 고향에 남다른 애정을 가지고 있었다. 최덕경, 앞의 글, p.70, pp.90-91 참조.

19) 丁亞東, "華人華僑—招商引資的重點之一," 『山東菏澤商務之窗』(http://heze.mofcom.gov.cn)[검색일: 2007. 4. 5].

20) 화교의 지역적 분포 현황은 이재유·허흥호, 앞의 글, pp.72-73 참조.

2. 화교기업의 대중국 투자 진출 현황과 추이

1) 화교기업의 대중국 투자 현황과 추이

화교기업의 대중국 투자 진출은 중국이 1978년 개혁개방을 추진하면서 경제발전에 필요한 화교자본을 끌어들이기 위해 신중국 성립 후 그동안 추진하였던 화교정책을 전환하고 다양한 우대조치를 제공하는 가운데 당시 화교기업의 경제적 환경 변화와 동일민족이라는 문화적 동질성 그리고 다수의 화교들이 집거(集居)하고 있는 동남아지역과의 지리적 인접성 등 다양한 요인이 결합되면서 진행되었다. 지금까지 화교기업의 대중국 투자 규모는 화교기업이 어느 특정국가에 속해 있는 것이 아니어서 정확하게 파악할 수는 없지만,[21] 2006년 말 현재 누계기준으로 최소한 41만여 건에 4,213.96억 달러 이상이 투자된 것으로 추정되고 있다([표 3 - 1] 참조). 이는 중국이 유치한 외국인 직접투자의 50%가 넘는 방대한 규모로 화교자본이 외국인 투자자본의 중심이라고 말할 수 있을 것이다.

---

21) 일반적으로 화교기업은 중국인 혈통을 가지고 있는 각국의 華僑, 華人 및 대만, 홍콩, 마카오 등의 동포가 설립한 기업을 통칭하고 있기 때문에 화교기업의 대중국 투자 현황을 정확하게 파악하기는 사실상 불가능하다. 특히 동남아 화교들의 경우 이미 거주국의 국적을 취득한 후 동화된 경우가 많을 뿐 아니라 이들이 설립한 기업의 대중국 투자 중 상당부분이 홍콩이나 대만에 사업본부나 지사를 두고 이루어지고 있기 때문에 더욱 파악하기가 어렵다. 이재유·허흥호, 앞의 글, p.66 참조.

[표 3-1] 국가별 대중국 직접투자 진출 추이(실투자액 기준)

단위: 억 달러

국가 및 지역		2001년까지 누계		2002년		2003년		2004년		2005년		2006년		2006년까지 누계	
		건수	실투자액	건수	실투자액	건수	실투자액	건수	실투자액	건수	실투자액	건수	실투자액	건수	실투자액
총계	제	465,277 (100.00)	5,014.71 (100.00)	34,171 (100.00)	527.43 (100.00)	41,081 (100.00)	535.05 (100.00)	43,664 (100.00)	606.30 (100.00)	44,001 (100.00)	603.25 (100.00)	41,473 (100.00)	630.21 (100.00)	669,667 (100.00)	7,916.95 (100.00)
화교권 국가	제	314,260 (67.54)	2,963.32 (59.09)	17,873 (52.30)	255.02 (48.35)	20,836 (50.72)	243.47 (45.50)	21,592 (49.45)	255.71 (42.18)	21,498 (48.86)	236.38 (39.18)	22,011 (53.07)	260.06 (41.27)	418,070 (62.43)	4,213.96 (53.23)
	홍콩·마카오	232,916 (50.06)	2,277.65 (45.42)	11,363 (33.25)	183.29 (34.75)	14,213 (34.60)	181.17 (33.86)	15,434 (35.35)	195.44 (32.23)	15,558 (35.31)	185.49 (30.75)	16,364 (39.46)	208.37 (33.06)	305,828 (45.67)	3,231.41 (40.82)
	대만	60,186 (12.94)	364.87 (7.28)	4,853 (14.20)	39.71 (7.53)	4,495 (10.94)	33.77 (6.31)	4,002 (9.17)	31.17 (5.14)	3,907 (8.88)	21.52 (3.57)	3,752 (9.05)	21.36 (3.39)	81,195 (12.12)	512.40 (6.47)
	아세안 5개국	21,158 (4.55)	320.80 (6.40)	1,657 (4.85)	32.02 (6.07)	2,128 (5.18)	28.53 (5.33)	2,156 (4.94)	29.10 (4.80)	2,053 (4.67)	29.37 (4.87)	1,895 (4.57)	30.33 (4.81)	31,047 (4.64)	470.15 (5.94)
아주 지역	한국	27,128 (5.83)	196.88 (3.93)	4,008 (11.73)	27.21 (5.16)	4,920 (11.98)	44.89 (8.39)	5,625 (12.88)	62.48 (10.31)	6,115 (13.90)	51.68 (8.57)	4,262 (10.28)	38.94 (6.18)	52,058 (7.77)	422.08 (5.33)
	일본	28,401 (6.10)	413.94 (8.25)	2,745 (8.03)	41.90 (7.94)	3,254 (7.92)	50.54 (9.45)	3,454 (7.91)	54.52 (8.99)	3,269 (7.43)	65.29 (10.82)	2,590 (6.25)	45.98 (7.30)	43,713 (6.53)	672.17 (8.49)
북미 지역	제	48,281 (10.38)	480.09 (9.57)	4,071 (11.91)	60.12 (11.40)	4,961 (12.08)	47.62 (8.90)	4,920 (11.27)	45.55 (7.51)	4,705 (10.69)	35.15 (5.83)	4,093 (9.87)	32.89 (5.22)	71,031 (10.61)	701.42 (8.86)
	미국	41,340 (8.89)	440.88 (8.79)	3,363 (9.84)	54.24 (10.28)	4,060 (9.88)	41.99 (7.85)	3,925 (8.99)	39.41 (6.50)	3,741 (8.50)	30.61 (5.07)	3,205 (7.73)	28.65 (4.55)	59,634 (8.91)	635.78 (8.03)
	캐나다	6,941 (1.49)	39.22 (0.78)	708 (2.07)	5.88 (1.11)	901 (2.19)	5.63 (1.05)	995 (2.28)	6.14 (1.01)	964 (2.19)	4.54 (0.75)	888 (2.14)	4.24 (0.67)	11,397 (1.70)	65.65 (0.83)

국가 및 지역		2001년까지 누계		2002년		2003년		2004년		2005년		2006년		2006년까지 누계	
		건수	실투자액	건수	실투자액	건수	실투자액	건수	실투자액	건수	실투자액	건수	실투자액	건수	실투자액
계		16,158 (3.47)	378.73 (7.55)	1,486 (4.35)	37.10 (7.03)	2,074 (5.05)	39.30 (7.35)	2,423 (5.55)	42.39 (6.99)	2,846 (6.47)	51.94 (8.61)	2,619 (6.31)	53.24 (8.45)	27,606 (4.12)	602.70 (7.61)
EU 지역	영국	3,856 (0.83)	114.38 (2.28)	334 (0.98)	8.96 (1.70)	483 (1.18)	7.42 (1.39)	488 (1.12)	7.93 (1.31)	553 (1.26)	9.65 (1.60)	462 (1.11)	7.26 (1.15)	6,176 (0.92)	155.60 (1.97)
	독일	3,504 (0.75)	88.51 (1.77)	352 (1.03)	9.28 (1.76)	451 (1.10)	8.57 (1.60)	608 (1.39)	10.58 (1.75)	650 (1.48)	15.30 (2.54)	576 (1.39)	19.78 (3.14)	6,141 (0.92)	152.02 (1.92)
	프랑스	2,302 (0.49)	61.47 (1.23)	162 (0.47)	5.76 (1.09)	269 (0.65)	6.04 (1.13)	289 (0.66)	6.57 (1.08)	342 (0.78)	6.15 (1.02)	338 (0.81)	3.83 (0.61)	3,702 (0.55)	89.82 (1.13)
	이탈리아	2,137 (0.46)	25.46 (0.51)	211 (0.62)	1.77 (0.34)	297 (0.72)	3.17 (0.59)	358 (0.82)	2.81 (0.46)	481 (1.09)	3.22 (0.53)	409 (0.99)	3.50 (0.56)	3,893 (0.58)	39.93 (0.50)
	화란	1,254 (0.27)	50.63 (1.01)	127 (0.37)	5.72 (1.08)	189 (0.46)	7.25 (1.36)	199 (0.46)	8.11 (1.34)	234 (0.53)	10.44 (1.73)	262 (0.63)	8.41 (1.33)	2,265 (0.34)	90.56 (1.14)
	기타	3,105 (0.67)	38.28 (0.76)	300 (0.88)	6.06 (1.15)	385 (0.94)	6.85 (1.28)	481 (1.10)	6.39 (1.05)	586 (1.33)	7.18 (1.19)	572 (1.38)	10.46 (1.66)	5,429 (0.81)	75.22 (0.95)
버진군도 등 자유무역항		11,665 (2.51)	381.38 (7.61)	2,691 (7.88)	81.76 (15.50)	3,113 (7.58)	76.28 (14.26)	3,675 (8.42)	99.02 (16.33)	3,557 (8.08)	123.21 (20.42)	4,106 (9.90)	159.13 (25.25)	28,807 (4.30)	920.78 (11.63)
기타		19,384 (4.17)	200.37 (4.00)	1,297 (3.80)	24.32 (4.61)	1,923 (4.68)	32.95 (6.16)	1,975 (4.52)	46.63 (7.69)	2,011 (4.57)	39.60 (6.56)	1,792 (4.32)	39.97 (6.34)	28,382 (4.24)	383.84 (4.85)

주: ( ) 안은 대중국 외국인 직접투자 총액에서 차지하는 비중이며, 버진군도 등 자유무역항은 케이만난쿤와 사모아 조세피난처를 지칭한다. 그리고 기타는 각 지역에서 제외되어 있는 기타 국가를 포함한다.

자료: 中國投資指南(http://www.fdi.gov.cn)[검색일: 2007. 4. 12]에서 필자 정리.

화교기업의 이러한 대중국 투자 진출 추세는 현재 중국경제가 세계경제의 중심으로 전개되고 있는 상황에서 화교기업의 발전추이와 자본력으로 미루어볼 때 앞으로도 계속될 것으로 보인다.[22] 물론 [표 3-1]에서 보여주는 바와 같이 최근 들어 중국이 유치한 전체 외국인 직접투자 자본 중 화교권 국가(홍콩·마카오, 대만, 동남아 국가)의 비중이 감소하는 현상을 보이고 있기도 하다.

그러나 이러한 현상은 다국적 기업들이 중국의 중요성을 인식하고 빠르게 진출한 요인도 있지만 화교기업의 대중국 투자 진출 패턴이 최근 들어 다른 양상을 띠고 있는 이유가 더 크다 하겠다. 즉 2000년 이전까지 화교기업의 대중국 투자 진출은 대체로 홍콩을 통한 진출이 중심이었으나 최근 들어서는 버진군도를 중심으로 한 자유무역항을 통한 진출이 많이 늘어나고 있다. 중국 상부무의 통계에 의하면 버진군도 등 자유무역항에서 중국에 투자된 자본 중 95% 이상이 화교기업(대만기업 포함) 자본으로 분석되고 있다.[23] 따라서 현재 화교권 국가들의 대중국 진출 비중이 비록 감소되고 있는 것은 사실이지만, 버진군도 등을 통한 화교기업의 진출을 합하면 결코 감소되었다고 말할 수는 없다([표 3-2] 참조).

---

22) 화교자본은 화교의 특성상 추정치만이 존재하고 있는 가운데 2004년 말 현재 현금과 채권형태로 1조 5000억 달러, 주식과 자산으로 5,000억 달러 이상을 보유하여 유동자금 규모가 2조 달러가 넘는 것으로 추신되고 있다. 이재유·허홍호, 앞의 글 pp.78-80 참조.

23) 沈丹陽, "華商企業對華投資基本情況, 新趨勢及引發的思考," 2006. 12. 7. 발표, 『寧波市對外貿易合作局』(http://www.nbfet.gov.cn)[검색일: 2007. 4. 5] 참조.

[표 3-2] 화교기업의 중국진출 현황(2006년 말 현재 실투자 누계 기준)

단위: 억 달러

국가 및 지역	실제투자 누계	계산비중	화교기업의 투자액 및 비중	전체 화교기업 중 비중
홍콩 · 마카오	3231.41 (40.82%)	99%	3199.10 (40.42%)	58.06%
버진군도 등의 자유무역항	920.78 (11.63%)	95%	874.74 (11.05%)	15.87%
대 만	512.40 (6.47%)	100%	512.40 (6.47%)	9.30%
아세안 5개국	470.15 (5.94%)	90%	423.14 (5.34%)	7.68%
기 타	2782.21 (35.14)	18-20%	500.80 이상 (6.33% 정도)	9.09%
합 계	7916.95 (100.00%)		5510.18 (69.60%)	100.%

주: '계산비중' 항목은 각 국가와 지역에서 실제 중국에 투자한 금액 중에서 화교기업이
차지하는 비중의 추정치이며(주석 23)의 자료 참조), '아세안 5개국'은 싱가포르, 말
레이시아, 태국, 필리핀, 인도네시아를 지칭한다.
자료: 中國投資指南(http://www.fdi.gov.cn])[검색일: 2007. 4. 12]자료에서 필자 정리 작성.

중국에 투자된 화교기업 자본의 지역 및 국가별 분포는 홍콩 · 마
카오지역과 대만 그리고 아세안 5개국 등에 소재한 기업이 전체의
75% 이상을 차지할 정도로 절대적 비중을 차지하고 있다. 구체적으
로 2006년 말 현재 홍콩과 마카오지역에서 중국에 투자한 순수 화
교기업의 규모는 3,199.10억 달러로 중국이 유치한 전체 외국인 자
본 중 40.42%를 차지할 정도로 가장 많은 비중을 차지하고 있으며,
이를 다시 화교자본 중에서 비교할 경우 58.06%로 상당히 높은 비
중을 차지하고 있다.24) 대만기업의 경우는 512.40억 달러가 투자되

어 전체 대중국 외국인 직접투자에서는 6.47%를 차지하고 있으며, 화교기업 중에서는 9.30%를 차지하고 있다. 그러나 대만기업의 경우 대만정부의 대중국 정책 등 다양한 요인으로 인해 제3국을 통하여 진출하는 경우가 많아 이보다 훨씬 많을 것이라는 것이 일반적인 평가이다.[25] 특히 버진군도 등 자유무역항의 대중국 투자 화교기업 자본 중 2/3 정도는 대만기업의 자본으로 평가되고 있기 때문에 더욱 그러하다.[26] 따라서 이러한 요인을 감안할 경우 현재 대만기업의 대중국 실제투자 규모는 최소한 1,000억 달러가 넘을 것으로 추정된다. 마지막으로 아세안 5개국의 투자는 약 423.14억 달러가 투자되어 전체 대중국 외국인 직접투자의 5.34% 정도를 차지하고 있는 가운데 화교기업 중에서는 7.68%를 차지하고 있다. 그러나 이들 지역의 상당수 화교기업들이 홍콩이나 싱가포르, 대만 등에 사업본부나 지사 등을 설치하여 중국에 진출하는 경우가 많기 때문에 이보다 훨

---

24) 홍콩·마카오의 대중국 투자는 대부분 화교기업이 투자한 자본이지만 홍콩이 세계 각국의 자본제휴의 장 역할을 하고 있기 때문에 세계의 유력자본이 우선 홍콩에 집결하여 중국에 투자되는 경우가 많아서 일부는 화교기업자본이 아닌 경우도 있다. 중국 상무부에서 이러한 요인을 고려하여 홍콩·마카오에서 중국에 투자한 금액 중 순수 화교기업 자본을 제외한 외국인 자본은 1% 정도로 추정하고 있다. 沈丹陽, 앞의 글 참조.
25) 대만의 『投資中國』잡지의 조사에 의하면 대만기업의 대중국 투자 중 약 2/3는 제3국(주로 자유무역항)을 통하여 중국에 진출하고 있는 것으로 조사되고 있다. 『投資中國雜誌』(http://cntw2000.com/adv/fcm)[검색일: 2007. 4. 10].
26) 沈丹陽, 앞의 글 참조.

씬 많을 것으로 평가된다.[27] 반면 북미지역과 유럽 그리고 일본 등 선진국지역에서 화교기업의 대중국 투자는 약 500억 달러가 투자되어 중국에 투자한 전체 화교자본 중 6.33%에 불과한 실정이다. 따라서 지금까지 대중국 투자 화교기업 자본은 홍콩·마카오 그리고 대만과 동남아지역에서 대부분 이루어졌다고 볼 수 있다.

한편 최근 들어 화교기업의 대중국 진출 추이는 전통적인 화교기업의 진출이 지속되는 가운데 중국이 개혁개방을 추진한 후 새롭게 나타난 '신화교'의 진출이 현저하게 증가하는 현상을 보이고 있다. 신화교는 중국이 개혁개방을 추진한 이후 주로 유학을 목적으로 출국하여 해외에 거주하는 중국인을 지칭한다.[28] 현재 북중미지역을 중심으로 거주하고 있는 신화교는 1000만 명 이상으로 파악되고 있으며, 그들 가운데 상당수가 중국의 경제발전 가속으로 인해 빠르게 귀국하여 창업을 하고 있는 실정이다.[29] 비공식 통계이지만 2005년

---

27) 동남아지역의 화교기업들은 화교기업의 특성으로 분류되고 있는 네트워크 강조의 경영특성과 홍콩이 갖고 있는 비즈니스 정보와 중국정부와의 네트워크관계 및 자금조달의 용이성과 느슨한 규제 그리고 자유무역항으로서의 세제상의 특혜 등 다양한 요인으로 홍콩에 사업본부를 두고 중국에 진출하는 경우가 많은 것으로 파악되고 있다. 沈丹陽, 앞의 글 참조.
28) 『中國僑網』(http://www.chinaqw.cn)[검색일: 2007. 4. 21].
29) 유명한 화교지도자이며 '融僑集團' 주석인 林文鏡은 2005년 8월 11일 [中國經濟週刊]과의 인터뷰에서 현재 신화교는 1000만 명 이상이며, 그들이 보유한 가용자금 규모도 1조 달러 이상이기 때문에 매년 1000억 달러 정도를 중국에 투자 송금할 능력을 갖추고 있다고 말하였다.(http://www.cew.com.cn)[검색일: 2007. 4. 10].

말 현재 상해지역에서만 약 6만 명 이상의 신화교가 4.5억 달러 이상을 투자하여 3,250개의 기업을 창업한 것으로 알려지고 있다.[30] 특히 신화교의 중국진출은 유학생 신분으로 출국하여 그곳에서 정착했다가 중국의 경제발전이 어느 정도 이루어진 후 새로운 창업기회를 확보하기 위해 귀국한 경우 외에 선진기술을 보유한 다국적 기업의 직원으로 진출하는 경우도 많아 향후 중국의 과학기술 발전에의 기여와 더불어 중국의 경제발전에 새로운 동력으로서의 상당한 역할을 할 것으로 보인다.

2) 화교기업의 대중국 투자 분포

1978년 중국이 개혁개방을 추진한 이후 외자기업의 대중국 투자는 대체로 중국의 개혁개방 과정과 경제발전수준에 영향을 받으며 진행되어 왔다. 즉 중국이 개방지역을 경제특구를 시작으로 연해지역을 따라 점→선→면으로 개방지역을 확대하고, 다시 이를 토대로 연해지역에서 서부 내륙지역으로 확대해나감에 따라 외자기업도 초기에는 연해지역을 중심으로 진출하다가 점차 중국 전역으로 확대해나가고 있다. 또한 진출 업종도 개혁개방 초기에는 가공업을 중심으로 한 제조업의 진출이 대부분이었으나 중국의 개방 폭이 확대되고 경제발전 수준이 제고됨에 따라 고기술 산업과 서비스 산업 등

---

30) 聶傳淸, "誰在引領外資投入新華商重新考慮進入中國途徑," 『人民日報海外版』, 2006年 10月 31日.

다양한 영역으로 확대해나가고 있다.

하지만 지금까지 외자기업의 중국 진출은 동부 연해지역과 제조업이 중심을 이루어왔다. 이러한 이유는 중국의 동부 연해지역이 내륙지방보다 개혁개방 수준과 인프라시설 등 경제적 환경이 좋았기 때문이며, 업종 면에서는 중국이 고기술 산업 및 3차 산업이 본격적으로 진출할 수 있을 만큼 정책적 조치로나 경제발전 수준이 제대로 이루어지지 않았을 뿐 아니라 아직도 제조업 진출에 유리한 저렴한 노동력과 풍부한 자원을 보유하고 있기 때문이다. 화교기업도 이러한 진출구도를 벗어나지는 않았다. 다만 화교기업은 다른 외자기업에 비해 진출지역 선정에서는 중국과의 특수한 관계를 고려한 측면이 강하고, 업종 선정에서는 중국적 요인보다 화교기업 자신의 업종적 특성을 중시하였다는 점이 다르다 하겠다.

즉 화교기업은 진출지역 선정에서 싱가포르가 지역적 연고가 없는 쟝쑤성(江蘇省)의 쑤저우(蘇州)지역에 '공업원구'(工業園區)를 설치하느라 대규모 투자 진출을 한 것을 제외하고 대부분 혈연과 지연을 연고로 한 지역을 선정하여 진출해왔다. 예컨대 [표 3－3]에서 보여주는 바와 같이 광둥성 출신이 많은 홍콩과 태국의 기업들은 광둥성지역에 투자비중이 높고, 푸젠성은 푸젠성 출신이 많은 대만과 필리핀의 투자 비중이 높다.[31]

---

31) [표 3－4]의 수치가 해당 국가 및 지역 전체의 대중국 투자 분포를 지칭하는 것이기 때문에 순수 화교기업의 진출 분포를 정확하게 파악하는 데는 한계가 있다. 그러나 [표 3－3]에서 설명되고 있듯이 해당 국가 및 지역의 대중국 투자 중 화교자본이 절대적 비중을 차지하고

[표 3-3] 주요 화교권 국가의 대중국 지역별 직접투자 분포
(2006년 말 누계기준)

단위: 억 달러

국가 및 지역	계	廣東省	福建省	上海市	江蘇省	浙江省	기타
계	3715.48 (100.00)	2116.93 (56.97)	392.24 (10.56)	239.84 (6.46)	526.47 (14.17)	234.79 (6.32)	205.21 (5.52)
홍콩/마카오	2866.95 (100.00)	1906.18 (66.49)	249.84 (8.72)	175.84 (6.13)	300.01 (10.46)	200.16 (6.98)	34.92 (1.22)
대 만	438.93 (100.00)	100.25 (22.84)	108.08 (24.62)	33.18 (7.56)	103.02 (23.47)	23.95 (5.46)	70.45 (16.05)
싱가포르	300.04 (100.00)	81.39 (27.13)	15.24 (5.08)	28.43 (9.48)	107.97 (35.98)	10.68 (3.56)	56.33 (18.77)
태 국	29.68 (100.00)	13.22 (44.54)	1.19 (4.02)	2.39 (8.05)	4.56 (15.36)	na	8.32 (28.03)
말레이시아	42.26 (100.00)	10.08 (23.85)	5.07 (12.00)	na	4.27 (10.10)	na	22.84 (54.05)
필리핀	22.01 (100.00)	1.02 (4.63)	10.62 (48.25)	na	2.37 (10.76)	na	8.00 (36.35)
인도네시아	15.61 (100.00)	4.79 (30.69)	2.20 (14.09)	na	4.27 (27.35)	na	4.35 (27.87)

주: 상기지역 이외의 투자는 모두 기타에 포함시켰음.
자료: 中國統計年鑑, 廣東統計年鑑, 福建統計年鑑, 上海統計年鑑 江蘇統計年鑑,
　　國投資指南(http://www.fdi.gov.cn)[검색일: 2008. 3. 31]에서 필자 정리.

　　화교기업이 이처럼 우선 출신지역을 중심으로 진출한 데는 중국
의 개혁개방이 이들 지역을 중심으로 전개된 것을 비롯한 다양한
이유가 있지만, 화교가 중국이 꽌시(關係)를 중시하고 있는 사회라

있기 때문에 이를 통해 화교기업의 진출분포를 파악하는 데는 크게
문제가 되지 않는다.

는 점을 동일민족으로서 누구보다 잘 이해하고 있다는 점에서 볼 때 혈연과 지연을 통한 사업적 꽌시를 우선 형성한 후 이를 바탕으로 사회주의 중국의 이해 폭을 넓히며 점차 다양한 지역으로 확대해나가려는 의도가 있었던 것으로 분석된다. 그 이유는 예컨대 경제발전이 비교적 빠른 창장(長江)삼각주지역의 상하이(上海)시와 쟝쑤성이 화교의 고향이 아님에도 불구하고 많은 진출이 이루어졌는데, 그중 상당한 비중이 중국의 개혁개방 초기에 이루어진 것이 아니라 시간적으로 중국 이해가 충분히 이루어졌을 것으로 판단되는 2000년대 이후에 이루어졌다는 점 때문이다([표 3-4] 참조). 따라서 화교기업이 광둥성과 푸젠성을 중심으로 진출한 것은 중국인 특유의 혈연과 지연관계가 있는 고향의 투자 외에 여러 가지 계산도 있었던 것으로 보인다.

[표 3-4] 화교권 국가의 上海市/江蘇省 투자 추이(실행액 기준)

단위: 억 달러

국가 및 지역	투자지역	2006까지 누계	2001 이전	2001	2002	2003	2004	2005	2006	2001-2006 합계	2001이전 대비 이후의 비율	총액대비 2001 이후의 비중
제	上海	239.84	116.27	17.34	18.6	22.18	31.77	13.82	19.86	123.57	106.27	51.52
	江蘇	526.47	239.36	27.22	43.49	67.33	47.72	44.08	61.81	291.65	121.84	55.39
홍콩/마카오	上海	175.84	98.17	11.6	12.25	15.02	16.42	8.76	13.62	77.67	79.11	44.17
	江蘇	300.01	125.48	13.3	21.6	37.01	28.86	29.91	43.84	174.52	139.08	58.17
대만	上海	33.18	4.4	2.94	4.2	4.21	11.9	2.38	3.15	28.78	654.09	86.73
	江蘇	103.02	41.64	7.44	11.26	18.28	10.22	6.08	8.10	61.38	147.40	59.58
싱가포르	上海	28.43	12.62	2.69	2.09	2.05	3.33	2.66	2.99	15.81	125.27	55.61
	江蘇	107.97	64.61	4.98	7.98	9.36	5.8	7.05	8.20	43.37	67.12	40.16
태국	上海	2.39	1.08	0.11	0.06	0.9	0.12	0.02	0.10	1.31	121.29	54.81
	江蘇	4.56	1.72	0.44	0.37	0.78	0.63	0.22	0.40	2.84	165.11	62.28
말레이시아	上海	na	na	na	na	na	na	na	na	na	na	na
	江蘇	4.27	3.53	0.5	1.74	0.89	1.84	0.17	0.14	5.28	149.57	123.65
필리핀	上海	na	na	na	na	na	na	na	na	na	na	na
	江蘇	2.37	0.8	0.12	0.18	0.39	0.22	0.42	0.25	1.58	197.50	66.66
인도네시아	上海	na	na	na	na	na	na	na	na	na	na	na
	江蘇	4.27	1.58	0.44	0.36	0.62	0.15	0.23	0.88	2.68	169.62	62.76

자료: 上海統計年鑑(http://www.stats-sh.gov.cn);
江蘇統計年鑑(http://www.jssb.gov.cn)[검색일:2008. 3. 31]에서 필자 정리.

현재 화교기업의 대중국 진출은 여전히 혈연과 지연관계가 있는 광둥성과 푸젠성을 중심으로 한 동남부지역을 중심으로 이루어지고 있다. 그러나 2000년대 이후 쟝쑤성과 상하이지역을 중심으로 빠르게 확산되고 있다. 또한 중서부지역과 동북지역의 전통공업기지[老工業基地]도 아직은 낮은 비중을 차지하고 있지만 2001년 이전에 비해 빠르게 증가되고 있다([표 3-5] 참조). 특히 이들 지역 중 헤이룽쟝성(黑龍江省)의 경우 외자유치 총액 중 60%가 화교기업 자본으로 알려지고 있고, 쓰촨성(四川省)의 省都인 청뚜(成都)는 2005년 말 현재 2,200개의 화교기업이 진출한 가운데 청뚜시가 유치한 외자 가운데 62%가 화교자본으로 알려지고 있다.32) 화교기업이 최근 들어 다양한 지역으로 확대해나가고 있는 것은 그동안의 혈연과 지연을 중심으로 한 신중한 진출을 벗어나 중국의 이해를 바탕으로 생산비용 절감과 새로운 시장 개척 등 경제적 이익 창출을 위한 적극적인 진출로 평가되며,33) 특히 서부지역과 동북의 전통적 공업기지로 진출을 확대하고 있는 것은 화교기업이 '서부대개발'(西部大開發)과 '동북진흥'(東北振興)정책을 긍정적으로 평가하고 있는 것으로 보여 향후 진출의 추이가 주목된다 하겠다.

---

32) 『人民日報』海外版, 2006. 10. 3. 보도.
33) 暨南大學의 東南亞研究所 張鳴 교수 등 중국의 많은 연구자들은 현재 화교기업들이 과거의 지역적 편중구도를 벗어나 다양한 지역으로 확대되고 있는 현상에 대해 생산비용 절감과 중국의 지속적인 경제발전을 중시한 결과로 평가하고 있다.(http://www.nbfet.gov.cn)[검색일: 2007. 4. 5].

[표 3-5] 주요 화교권 국가의 중국의 동부/중부/서부지역의 직접투자 추이

단위: 억 달러(%)

국가 / 지역	2002			2003			2004			2005			2006		
	동부	중부	서부	동부	중부	서부	동부	중부	서부	동부	중부	서부	동부	중부	서부
홍콩/ 마카오	146.38 (81.34)	22.65 (12.59)	10.92 (6.07)	147.18 (81.23)	26.69 (14.73)	7.30 (4.04)	160.36 (82.05)	28.89 (14.78)	6.19 (3.17)	153.22 (85.36)	17.52 (9.76)	8.76 (4.87)	181.50 (89.70)	13.68 (6.76)	7.15 (3.54)
대 만	34.48 (86.86)	4.16 (10.47)	1.06 ((2.67)	29.75 (88.07)	3.33 (9.88)	0.69 (2.05)	26.70 (85.63)	4.00 (12.83)	0.48 (1.54)	18.82 (87.45)	2.44 (11.34)	0.26 (1.21)	19.64 (91.94)	1.40 (6.57)	0.32 (1.49)
싱가포르	19.47 (83.31)	3.54 (15.15)	0.36 (1.54)	17.83 (86.64)	1.98 (9.62)	0.77 (3.74)	18.06 (89.64)	1.22 (6.08)	0.80 (4.28)	18.68 (84.52)	2.24 (10.13)	1.18 (5.35)	49.01 (87.71)	2.65 (6.27)	1.59 (6.01)

주: 동부지역: 北京, 天津, 河北, 遼寧, 上海, 江蘇, 浙江, 福建, 山東, 廣東, 上海; 중부지역: 山西, 吉林, 黑
　　龍江, 安徽, 江西, 河南, 湖北, 湖南; 서부지역: 內蒙古, 廣西, 四川, 重慶, 貴州, 雲南, 陝西, 甘肅, 靑
　　海, 寧夏, 新疆, 西藏
자료: 中國投資指南(http://www.fdi.gov.cn)][검색일: 2008. 3. 31] 각 연도 자료에서 필자 정리.

　한편 진출업종에서는 제조업을 비롯한 농목업, 도시개발, 인프라
정비, 금융, 부동산 등 다양하지만, 그중 가장 많이 이루어지고 있
는 분야는 [표 3-6]에서 보여주는 바와 같이 제조업 분야이다. 제
조업 중에서는 초기에는 대부분 섬유, 의류, 전기전자, 방직, 피혁,
신발 등이 진출했으나, 점차 전기·화학 및 정밀기계 등 기술집약
적 업종으로 확대되고 있는 것으로 조사되고 있다.[34] 따라서 화교
기업의 업종별 대중국 진출 추이는 일반 외자기업과 별다른 차이
없이 제조업을 중심으로 노동집약적 업종에서 기술집약적 업종으로
전환되는 모습을 보여주고 있다.

---

34) 吳日煥, 앞의 글, pp.51-52 참조.

[표 3-6] 주요 화교권 국가의 대중국 직접투자 추이

단위: 억 달러 / (%)

국가 및 지역	업종분야	2002년	2003년	2004년	2005년	2006년
홍콩/마카오	농업 및 목축업 등	4.05 (2.22)	4.16 (1.27)	3.63 (1.86)	2.42 (1.35)	1.86 (0.92)
	제조업·채굴업	109.25 (59.97)	254.10 (77.82)	122.21 (62.53)	115.87 (64.56)	120.89 (59.75)
	서비스업	68.87 (37.81)	68.25 (20.90)	69.61 (35.62)	61.2 (34.10)	79.58 (39.33)
대 만	농업 및 목축업 증	1.76 (4.13)	1.47 (4.35)	1.19 (3.82)	0.54 (2.51)	0.46 (2.15)
	제조업·채굴업	31.53 (74.01)	27.66 (81.91)	25.03 (80.30)	18.09 (84.06)	17.35 (81.23)
	서비스업	9.31 (21.85)	4.64 (13.74)	4.95 (15.88)	2.89 (13.43)	3.55 (16.62)
싱가포르	농업 및 목측업	0.33 (1.33)	0.30 (1.46)	0.33 (1.64)	0.30 (1.36)	0.17 (1.28)
	제조업·채굴업	17.04 (68.82)	14.54 (70.65)	14.68 (73.14)	16 (72.60)	32.78 (68.06)
	서비스업	7.39 (29.85)	5.74 (27.89)	5.06 (25.21)	5.74 (26.04)	20.29 (30.66)

자료: 中國投資指南(http://www.fdi.gov.cn)[검색일: 2008. 3. 31] 각 연도 자료에서 필자 정리.

그러나 화교기업은 화교기업이 소재하고 있는 거주국 사업의 연장선에서 중국에 진출하고 있는 가운데 전통적으로 화교기업의 우세업종으로 분류되고 있는 금융과 부동산 분야의 투자를 많이 하고 있는 것으로 조사되고 있다. 예컨대 화교기업 중 중국에 가장 먼저 진출한 태국의 'Charoen Pokphand Group'(CP: 卜蜂集團)은 주력

업종인 사료생산을 중심으로 농목업과 수산업 등 관련 업종에 진출하고 있지만 부동산업에도 상당부분 진출하고 있으며,35) 말레이시아의 'Kuok Brother Group'(郭氏兄弟集團)도 기업의 주력 업종인 식품업 외에 호텔과 부동산업에 상당히 진출해 있다.36) 그리고 인도네시아의 'Sinar Mas Group'(金光集團)도 주력 업종인 제지업뿐만 아니라 금융업과 부동산에 많은 진출을 하고 있다([표 3 - 7] 참조).37) 중국의 샤먼대학(厦門大學) 꿔량(郭梁) 교수의 연구결과에 따르면 중국에 투자하고 있는 동남아 화교기업의 70% 정도가 부동산 투자와 연관되어 있을 정도로 화교기업의 부동산 투자는 다른

---

35) 태국의 'CP그룹'(그룹총수: 謝國民)은 중국에서 정대그룹(正大集團)으로 알려져 있다. 주력 업종은 사료생산을 비롯한 농목업이지만, 다양한 업종에 투자하고 있다. 중국 투자는 1979년 광둥성 심천에 1500만 달러를 투자하여 설립한 사료공장으로부터 시작되었으며 오토바이 제조, 식품, 소매업, 부동산 등에 투자하고 있다. 이승신, 「화교기업의 중국사업 전략과 시사점」(조사연구보고서), 무역연구소, 2005. 10, 참조.

36) 말레이시아 '郭兄弟그룹'(창업주: 郭鶴年)은 70년대 말까지 제당업이 중심이었지만, 그 후 지속적 업종확대를 하여 호텔업, 국제무역, 공업, 광업, 항공업, 토지산업, 금융업, 신문출판업 등 다양한 영역으로 확대하여 현재는 말레이시아 최대의 다국적 기업이 되었다. 중국투자는 처음부터 풍부한 자본력으로 호텔 등 부동산에 투자해왔으며 북경의 샹그릴라호텔과 中國國際貿易中心이 대표적이다. 이승신, 앞의 글 참조.

37) 인도네시아의 金光集團(창업주: 黃奕聰)은 Forbes에 의해 인도네시아 제1위 기업으로 평가되고 있는 기업이며 제지업과 금융업, 농업 및 식품가공업 그리고 부동산업을 핵심 업종으로 하고 있다. 중국투자는 1992년 제지업을 시작으로 진출했으며 寧波의 '寧波國際銀行'과 上海의 '外灘中心'을 건설하는 등 금융과 부동산에 상당한 진출을 하고 있다. 이승신, 앞의 글 참조.

외자기업에 비해 진출이 두드러진 실정이다.[38)]

[표 3-7] 동남아 주요 화교기업의 홍콩진출 현황

그룹명	원소재지	홍콩 진출시기	대표적 홍콩진출기업	홍콩내 사업내용	대중국 주요 투자 업종
三林集團 (Salim Group)	인도네시아	70년대 말	-First Pacific -FPB Bank Holdings	금융/부동산	제조업/ 석유화학/ 부동산
力寶集團 (Lippo Group))	인도네시아	70년대	-Lippo -Hong Kong China -Asia Securities International	금융/ 부동산/증권	전력공장/제약/ 식품/부동산/관광
金光集團 (Sinar Mas Group)	인도네시아	70년대	-China Strategic Investment	중국 기업매수/ 개혁	제직/금융/ 식품가공/ 부동산/금융
卜蜂集團 (CP Group)	태국	70년대 중반	-Charoen Pokphand -Hong Kong Fortune -Orient Telecom & Technology Holdings	부동산/ 부동산/ 통신 등	오토바이제조/ 소매업/식품/ 부동산/제조업/ 사료
榮興集團 (Bangkok Land)	태국	60년대 초	-寶光實業 -泰基華 -時間廊	시계/ 호텔/음식점	부동산
盤谷銀行 (Bangkok Bank)	태국	70년대	-Asia Financial Holdings	금융/보험	금융
郭氏兄弟集團 (Kuok Brother Group)	말레이시아	70년대 중반	-Shangiri-La Asia -Hong Kong Fortune	무역/호텔/ TV/신문	식품업/쇼핑센터/ 건축/업/부동산/ 호텔
豊隆集團 (Hong Leong Industries)	말레이시아	80년대 초	-國浩集團 -道亨銀行	은행/보험업	제조업
華僑銀行有限公司 (Oversea-Chinese Banking Corporation Ltd).	싱가포르	70년대 중반	-華僑銀行	은행	금융

자료: 세계 500대 화상기업목록 등에서 필자 정리(http://www.wceckorea.org)[검색일: 2006. 4. 7].

---

38) 李鴻階, "海外華人經濟社會的發展趨勢," 『中國僑網』(http://www.hsm.com)
[검색일: 2007. 4. 23].

한편 최근의 화교기업의 대중국 투자 진출 동향은 도시주택 건축, 주거용 소매, 의약보건, 식품, 인쇄업, 컨설팅 등 새로운 업종에도 적극적으로 진출하고 있으며, 특히 신화교를 중심으로 IT업종과 첨단기술 산업, 미디어 등 관리 기술을 포함한 중심으로 한 진출이 두드러지게 나타나고 있는 것으로 조사되고 있다.[39]

3. 화교기업의 대중국 투자 진출의 전략적 특징

지금까지 외자기업의 대중국 투자 진출은 화교기업이든 구미기업이든 관계없이 기업에 따라 다소간의 차이는 있겠지만 투자목적과 진출분야 그리고 투자지역, 투자형태 등에서 별 차이가 없었다. 화교기업을 포함한 대부분의 외자기업들은 초기에 수출을 위한 생산거점을 확보하기 위한 진출이 중심이었으나 중국의 시장이 성숙되고 개방이 확대됨에 따라 시장 확보를 위한 목적으로 진출을 하고 있다. 진출 분야에서는 단순위탁가공으로부터 시작하여 첨단기술 산업과 서비스업 분야로 확대해왔다. 그리고 진출지역에서는 아직도 동부지역이 중심이지만 그런 가운데 중서부지역이나 동북지역으로 확대해 가고 있다. 그러나 진출 전략에 있어서 화교기업은 구미기업 등 다른 외자기업과는 상당히 다른 접근방법을 추진해왔다. 본 장에서는 화교기업이 추진해온 대중국 진출의 전략적 특징을 살펴보고자 한다.

---

39) 聶傳淸, 앞의 글 참조.

1) 거점을 통한 진출 추진

대중국 투자 진출에서 화교기업이 구미기업 등 다른 외자기업과 가장 큰 차이를 나타내고 있는 점은 화교기업은 다른 외자기업에서는 거의 찾아보기 어려운 거점과 네트워크 활용을 통한 진출이 두드러지게 나타난다는 점이다. 특히 홍콩을 거점으로 활용하여 진출하는 경우가 많다. 예컨대 인도네시아 최대의 화교기업집단인 사림 그룹(Salim Group)을 비롯한 동남아 대부분의 거대 화교기업들은 홍콩에 기업을 세우거나 그룹의 주식을 상장하는 등 홍콩에 근거지를 두고 중국에 진출하고 있다([표 3-7] 참조). 현재 홍콩에 진출한 동남아 화교기업의 자본규모는 정확하게 파악할 수 없지만, 시티뱅크의 추정에 의하면 부동산, 주식, 은행예금 등 형태로 약 1조 달러에 이르는 것으로 알려지고 있다.[40] 따라서 이를 근거로 추론할 때 홍콩에서 중국에 투자되고 있는 자본 중 상당부분은 동남아 화교기업의 자본으로 추정된다.[41]

동남아 화교기업이 이처럼 홍콩을 거점으로 중국에 투자 진출하는 이유는 과거 동남아 화교기업들이 홍콩을 본국 송금의 거점으로 활용한 역사적 요인으로 인해 많은 화교기업이 홍콩에 이미 진출해

---

40) 이재유·김영태, 앞의 글, p.54 참조.
41) [표 3-2]에서 보여주는 바와 같이 홍콩의 대중국 직접투자는 2006년 말 현재 305,828건에 3,231.41억 달러가 투자되어 중국이 유치한 외국인 직접투자자본 가운데 40.82%를 차지하여 가장 많이 비중을 차지하고 있지만 그중 상당수는 화교자본이다.

있는 것을 비롯해 홍콩이 지리적으로 중국과 인접해있고, 자유무역항으로서 규제가 느슨하며 금융시장의 발달로 자금조달이 용이하다는 경제적인 요인이 작용한 것으로 보인다. 또한 동남아 경제발전을 지탱해온 화교기업이 공공연히 중국투자에 집중할 경우 동남아지역에 뿌리 깊게 남아 있는 반(反)화교 감정을 부추길 위험성이 있는 까닭에 우선 홍콩을 거점으로 확보한 뒤 간접적으로 중국에 투자하는 방법을 선택한 것으로도 보인다. 특히 화교기업이 네트워크를 중심으로 경영활동을 하고 있다는 특성으로 미루어볼 때 홍콩은 이미 화교기업의 네트워크 거점, 즉 화교자본의 집적지로 형성되었기 때문에 이를 이용하려는 전략도 있는 것으로 판단된다.[42] 이런 점에서 향후 동남아 화교기업의 중국진출은 화교기업들의 최대 네트워크인 세계화상대회의 역할이 주목된다 하겠다.

한편 대만기업의 대중국 투자 진출은 동남아 화교기업과 다른 특징을 나타내고 있다. 대만기업의 대중국 투자는 초기에 홍콩을 통한 진출이 대부분이었으나,[43] 현재는 버진군도 등 자유무역항을 이용

---

42) 이재유·김영태, 앞의 글, p.54.
43) 대만기업의 대중국 투자는 기본적으로 정부의 제한에 의해 제3국을 통한 간접투자(indirect investment)를 실시하고 있다. 즉 제3국에 현지법인을 설립하고, 그 현지법인이 중국에 투자하는 형식을 취하고 있다. 따라서 대만기업의 전반적 대중국 투자규모를 정확하게 파악하기는 매우 어려운 실정이다. 한편 대만기업의 대중국 투자는 제3국을 거쳐 간접적으로 이루어진다는 의미에서 간접투자로 불리고 있지만, 전문적인 용어에 있어서는 해외간접투자는 흔히 증권투자(portfoilo investment)를 뜻하고 있어 실제에 있어서는 해외직접투자(foreign direct investment)와 같은 의미를 내포하고 있다. 金時中, 『臺灣企業

한 진출이 지속적으로 확대되고 있다.[44] 2005년 말 현재 대만기업
이 버진군도 등 자유무역항을 통하여 중국에 투자된 금액은 203.62
억 달러로 홍콩에 이은 두 번째를 차지하고 있다([표 3 - 8] 참조).

[표 3 - 8] 버진군도 등 자유무역항을 통한 대중국 투자 진출 국가 현황
(2005년 말 누계기준)

단위: 억 달러

국가 및 지역	기업수		계약액		실행액	
	개	%	금액	%	금액	%
계	18,897	100.00	1364.06	100.00	603.60	100.00
북미	1,357	7.18	81.43	5.97	35.79	5.93
EU	401	2.12	7.64	0.56	3.22	0.53
남미	28	0.15	4.91	0.36	2.18	0.36
아세안	769	4.07	38.19	2.80	16.76	2.78
일본	59	0.31	1.77	0.13	0.70	0.12
한국	30	0.16	5.05	0.37	2.14	0.35
대만	8,067	42.69	459.01	33.65	203.62	33.73
홍콩	6,894	36.48	664.71	48.73	294.26	48.75
해당지역	554	2.93	56.88	4.17	25.48	4.22
기타	739	3.91	44.47	3.26	19.45	3.22

자료: 中國投資指南(http://www.fdi.gov.cn)[검색일: 2007. 5. 9].

그러나 앞에서 논의된 것처럼 홍콩의 자본 중에는 상당부분이 홍
콩에 거점을 두고 있는 동남아 화교기업의 자본임을 감안할 때 실

中國投資의 現況과 波及效果』(대외경제정책연구원), 1993년 12월,
p.29 참조.
44) 본문에서 버진군도를 포함한 자유무역항은 케이만군도와 서사모아를
포함한다.

제로는 대만이 가장 많은 비중을 차지하고 있다고 볼 수 있다. 대만기업이 이처럼 최근 들어 버진군도 등의 자유무역항을 거쳐 중국에 진출하는 이유는 이 지역이 조세피난처라는 점과 대만정부가 아직도 중국투자에 대한 제한을 가하고 있기 때문에 이를 회피할 목적도 있는 것으로 보인다.

2) 공동 출자 및 합작 등의 협력을 통한 진출

화교기업의 대중국 투자 진출에서 구미기업 등 다른 외자기업과의 또 다른 차이점은 합작 또는 공동출자 등 타 기업과 협력관계를 통한 진출이 많다는 것이다. 현재 협력관계를 통한 화교기업의 중국진출은 화교기업 간의 협력을 통한 대중국 투자 진출과 화교기업과 구미기업 등 다른 외국기업과의 협력을 통한 진출 그리고 화교기업과 중국기업 간의 협력을 통한 진출이 중심을 이루고 있는 가운데 동남아 화교기업들끼리 협력하여 진출하는 경우가 가장 많다. 이는 동남아 화교기업들이 어려움을 겪었던 역사적 요인에서 그 원인을 찾을 수 있을 것이다.

화교기업 간 협력을 통한 대중국 투자 진출은 인도네시아의 사림그룹(三林集團: Salim Group)이 말레이시아의 꿔형제그룹(郭氏兄弟集團: Kuok Brother Group)과 합작하여 중국의 우한(武漢)에 시멘트 공장을 건설한 것과 태국의 푸펑그룹(卜蜂集團: CP Group)과 합작하여 중국에 진출한 것이 대표적이다. 그러나 화교기업들은 대중국 투자 진출이 아니더라도 상호간 다양한 협력관계를 가지고 있어 상당수의 화교기업이 드러나지 않은 가운데 상호협력을 통해 중국에 투자 진출하고 있을 것으로 판단된다. 한편 화교기업 상호간의 협력관계는 대체로 상호출자, 합작, 자본참여 등 방식에 의해 이루어지고 있으며, 상호출자의 경우 인도네시아의 사림그룹이 리바오그룹(力寶集團: Lippo Group)에 출자하여 리바오그룹 주식의 절반을 보유하고 있는 경우가 대표적이다. 사림그룹은 이 밖에도 금융에서는 리바오그룹과 부동산에서는 말레이시아의 청꿍그룹(成功集團: Berjaya Group)과 협력관계를 갖고 있다. 다음으로 합작의 경우는 사린그룹이 꿔형제그룹과 중국에 투자한 것 외에 인도네시아에 호텔, 골프장 개발사업에 투자하고 있는 것이 대표적이며, 인도네시아의 리바오그룹, 홍콩의 대표적 기업인 창쟝실업(長江實業), 대만의 Taiwan International Securities, 싱가포르의 Trade Development Board 그리고 중국의 10개 기업과 관공서들도 상호합작을 추진하고 있다.[45] 다음으로 구미기업 등 다른 외국기업과의 협력을 통한 대중국 투자 진출은 일본기업이 가장 많은 가운데 다양한 지역의 기업들과 협력을 통해 진출을 확대해나가고 있다. 일본기업과 협력관계로 진출하고 있는 화교기업은 홍콩의 챵쟝실업이 미쓰이물산(三井物産)과 협력 진출하고 있는 것을 비롯하여, 꿔형제그룹과 미스비시상사(三菱商社), 싱가포르의 화교은행(華僑銀行: OCBC)과 이또츄상사(伊藤忠商事), 대만의 허신그룹(和信集團)과 스미모토상사(住友商事) 등 상당히 많다([표 3-9] 참조). 특히 말레이시아의 홍레

---

45) 이재유·김영태, 앞의 글, p.43.

옹그룹(豊隆集團: Hong Leong Group) 같은 경우는 1959년부터 일본의 많은 기업들과 합작을 시작하였으며, 이를 통한 대중국 투자도 적극적으로 추진하고 있다. 한편 구미기업 등과의 합작은 태국의 푸펑그룹이 미국의 최대 소매업체인 월마트(Wal-Mart)사와 합작하여 할인연쇄점을 설립한 것을 비롯하여 네덜란드의 하이네켄(Heinecken)사와 합작으로 맥주사업을 하는 등 다양한 기업들과 합작을 추진하고 있다.

[표 3-9] 주요 화교기업과 일본기업의 협력 사례

국가	화교 기업명	제휴 일본기업	본거지 및 중국에서의 주요 사업내용
홍콩	· 李嘉誠 그룹 · 合和實業 (胡應湘) · 新鴻基地産發展그룹 (郭炳湘)	· 三井物産, 住友商事, Yaohan 그룹, 伊藤忠商事, 熊谷組 · 兼松, 日商岩井, Yaohan그룹 · 日商岩井, Yaohan그룹	· 부동산개발, 석유, 시멘트, 호텔, 건설, 발전소 (河北省), 일용품 전반, 위성방송, 고속도로, 항만개발 · 발전소, 고속도로 · 부동산, 금융, 증권, 보험, 건설, 호텔, 고속도로(廣州)
臺灣	· 長榮海運(張榮發) · 和信그룹(辜振甫) · 王永慶그룹	· 丸紅 · 三井物産, 丸紅, 住友商事 · 三井物産, 住友商事, Yaohan그룹	· 해운업, 항공 · 시멘트, 國泰石化, 中國信託銀行 · 플라스틱, 화학섬유, 목재가공, 원료, 공장
싱가폴	· OCBC(華僑銀行) (李成偉) · 豊隆그룹 (郭令明)	· 安田信託銀行, 伊騰忠商社, Yaohan그룹 · 丸紅, 三井物産, 三菱商事, 伊藤忠商事, 小野田시멘트	· 금융, 보험, 유통, 농원, 신문제조업, 호텔, 출판, Computer · 금융, 부동산, 호텔 무역, 건설자재, 시멘트, Computer
말레이시아	· 郭兄弟그룹(郭鶴年) · 豊隆그룹(郭令燦)	· 三菱商事, 三井物産, 日新製糖, 武田藥品, 충실 住友重機械, 三井東壓化學, Yaohan그룹 · 三井物産, 三菱商事, 丸紅, 三井海上火災, 伊藤忠商事, 日本經金屬, 小野田시멘트	· 농원, 제당, 광업, 목재, 화학, 부동산, 호텔, 신문, 소매, 건설, 금융, 석유화학제품, 물류 · 금융, 건재, 화학, 무역, 농원, 기계, 호텔, 가전제품, Computer, 시멘트
泰國	· SPI그룹(李文祥) · CP그룹(謝國民)	· 伊菱忠商事, 兼松, 東京銀行, 不二家, 三井物産, 三菱商事, 美津濃, Yaohan 百貨店, Lion · 西友, 武田藥品, 東京銀行, 三菱商事, 明治乳業, NEC, Yaohan百貨店, 三井物産, 伊菱忠商事	· 의류, 일용품(화장품, 세제), 식품, 의약품, 부동산 · 사료, 가축, 식품가공, 석유, 화학, 부동산, 유통, 통신, 비료

국가	화교 기업명	제휴 일본기업	본거지 및 중국에서의 주요 사업내용
필리핀	·楊應琳그룹 ·Metro그룹 ·陣永栽그룹	·三和銀行, 東京海上火災, 丸紅富士제록 스, 本田技研, 三菱商事 ·Toyota自動車, 三井物産 ·日商岩井, Yaohan그룹	·금융, 식품가공, 무역, 석유화확, 해운, 商業 보험 ·자동차, 부동산, 식품, 여행업, 플라스택 ·은행, 건설, 화화품, 호텔, 양조
인도네시아	·Salim그룹(林紹良) ·Astra그룹 ·金廣集團(黃奕聰)	·鈴木自東車, 住友商事, 大成建設, 第一證券, 日興證卷, JTB, 日本시멘트, 丸紅, 日野自動車, Matsuda, 三井物産, 伊藤忠 商事 ·松下電工, 三井物産, 本田技研, 野村證卷, 日本電池, 住友商事, Toyota自動車, Isuzu自動車, 小松製作所, 日本電裝 ·住友商事(信託銀行), 富士銀行, 山一證卷, 伊藤忠商事, 丸紅, 資生堂, 日商岩井, 日本油脂, Yaohan그룹	·시멘트, 자동차, 금융, 식품, 목재, 섬유, 상업, 부동산, 화학, 유통, Agri－Business ·자동차, 증기, 사무직, 농원, 금융, 부동산, 석탄 ·식물유, 제지, 화학, 식품, 부동산, 호텔, 금융, 농원, 여행업

자료: 이재유. 김영태, 앞의 글 p.88에서 재인용.

　　화교기업과 외국기업이 협력체제로의 대중국 투자 진출은 대체로 장기간에 걸친 협력을 통한 상호이해를 바탕으로 공동투자로 투자 위험을 최소화하고, 중국으로의 접근을 용이하게 하는 데 그 목적이 있는 것으로 보인다. 특히 화교기업의 입장에서는 자금과 선진관리 경험을 외국기업으로부터 도움을 받고, 외국기업의 입장에서는 동일 민족으로 중국 이해에 밝은 화교기업을 이용하여 중국에서 사업효과를 제고시키려는 상호보완적 관계에서 추진되고 있는 것으로 보인다.

　　마지막으로 화교기업과 중국기업 간의 협력은 화교 최고의 재벌인 리카이싱(李嘉誠)이 홍콩에 있는 중국정부계의 최대기업이자 중국의 국가 부주석을 역임한 룽이런(榮毅仁)의 장남인 룽즈젠(榮智健)이 회장을 역임한 중신타이푸(中信泰富: Citic Pacific)에 출자하여 공동으로 홍콩 및 중국에 대규모 투자를 실시한 경우가 대표적이다. 한편 상호간의 투자는 아니지만 중국정부와 밀접한 관계가 있는 인사를 자사의 고문이나 임원으로 영입하여 협력을 강화하려는 경우도 있다. 이러한 협력은 화교기업이 중국 내 기업 혹은 중국의 유력기업이나 주요인물의 자제가 경영하는 기업과 공동투자나 상호출자의 방법을 통해 합작 사업을 추진함으로써 중국기업의 네트워크를 활용하기 위함이라 볼 수 있다. 특히 네트워크 활용을 통한 중국진출의 확대와 중국투자에 따르는 각종 리스크를 최소화하려는 의도로 보인다.

특히 화교기업과 중국기업 간의 협력은 현재 중국의 입장에서도 적극적으로 필요한 입장이어서 향후 대폭적인 확대가 이루어질 것으로 보인다. 그 이유는 중국은 이제 더 이상 외자 유치국만이 아니라 해외투자를 적극적으로 추진하고 있는 국가라는 점 때문이다. 중국의 해외투자는 2006년 말 누계기준으로 733억 달러로 전 세계에서 13번째로 해외투자를 많이 하고 있는 국가가 되었다.[46] 중국의 해외투자는 중국의 전반적 경제상황으로 미루어볼 때 앞으로 더욱 확대될 것이 분명하며, 그 과정에서 화교기업과의 협력 확대는 불가피할 것으로 보인다. 특히 지금까지 중국의 대외투자 중 가장 많이 이루어지고 있는 국가는 홍콩과 동남아지역이기 때문에 자연

---

46) 『中國投資指南』(http://www.fdi.gov.cn)[검색일: 2007. 5. 9].

스럽게 협력이 이뤄질 수밖에 없고, 또 중국으로서도 아직 해외투자에서 경험이 일천하기 때문에 화교기업과의 협력을 추진할 수밖에 없다는 판단 때문이다.

제4장

주요화교권 국가의 대중국 진출 현황: 대만기업

1. 대만기업의 대중국 투자 변화 추이

1) 대중국 투자의 전반적 변화 추이와 규모

중국이 개혁개방을 추진한 이후 대만기업의 대중국 투자는 간헐적이지만 1983년부터 시작되었다. 하지만 1987년 말까지는 계약 누계기준으로 80여 건에 1억 달러에 불과할 정도로 미미한 수준이었으며, 1988년에 이르러서야 350건에 5억 달러에 이르는 등 본격화되었다. 대만기업의 대중국 투자가 이처럼 1988년부터 본격화된 것은 1987년 10월 대만정부가 그동안 대만주민들에게 중국 입국조차 금지하던 강력한 통제정책을 바꿔 대만주민의 중국 내 친척방문[大陸探親]을 허용하고, 또 그동안 강력하게 통제하던 외환도 상당 수준 완화해주는 등 대만기업들로 하여금 대중국 투자 진출의 공간을 어느 정도 마련해주었기 때문이다.[1] 여기에다 중국정부가 이 시기

---

1) 대만정부는 1987년부터 외환통제를 상당 폭 자유화하여 기업과 개인을

대만자본을 끌어들이기 위해 「대만동포에 대한 투자 장려 규정」(鼓勵台灣同胞投資規定)을 공포하여 대만기업에게 법적인 보호와 우대조치를 제공해준 것도 중요한 요인이 되었다.

[표 4-1] 대만기업의 대중국 투자 추이

단위: 억 달러

년 도	중국 측 통계			대만 측 통계		
	건수	협의금액	실투자액	허가건수	허가금액	해외직접투자 중 차지하는 비중
1987	80*	100*	na	na	na	na
1988	350	5.00	na	na	na	na
1989	539	4.32	1.55	na	na	na
1990	1,103	8.90	2.22	na	na	na
1991	1,735	13.89	4.66	237	1.74	9.52
1992	6,430	55.43	10.51	264	2.47	21.78
1993	10,948	99.65	31.39	9,329**	31.68**	40.71
1994	6,247	53.95	33.91	934	9.62	37.31
1995	4,847	58.49	31.62	490	10.93	44.61
1996	3,184	51.41	34.75	383	12.29	36.21
1997	3,014	28.15	32.89	8,725**	43.35**	35.82
1998	2,970	29.81	29.15	1,284**	20.34**	31.55
1999	2,499	33.74	25.99	488	12.53	27.71
2000	3,108	40.42	22.96	840	26.07	33.93
2001	4,214	69.14	29.80	1,186	27.84	38.80
2002	4,853	67.41	39.71	5,440**	67.23**	53.38
2003	4,495	86.00	33.77	10,105**	76.99**	53.66
2004	4,002	93.06	31.18	2,004	69.40	67.03
2005	3,907	103.58	21.52	1,297**	60.07**	71.05
2006	3,752	na	21.36	1,090	76.42	63.91
누계	72,277*	na	438.94	44,096**	548.97**	na

주: *는 이전까지 누계 추정치이며,
    **는 이전의 투자 중 사후 등록한 수치를 포함한 것임.
자료: 魏艾(1990), 13; 台灣 經濟部 投資審議委員會 統計資料; 中國投資指南
    (http://www. fdi.gov.cn)[검색일: 2007. 11. 5]에서 필자 정리.

막론하고 1년에 500만 달러까지 외환반출을 허용하였다.

그러나 이 시기 대만기업의 대중국 투자는 합법적으로 허용된 상태에서 이루어진 것이 아니라 대만정부가 취한 중국 내 친척방문 허용과 외환 자유화 조치 등 조건하에서 대만기업인들이 다량의 외환을 소지하고 친척방문이나 관광 등 명목으로 중국을 방문하여 투자환경을 고찰하는 가운데 비공식적으로 투자한 경우이거나, 대만기업들이 대만의 법망을 피해 제3국을 경유하여 투자한 경우가 대부분이었기 때문에 빠른 증가로 이어지지는 못했다. 대만기업의 대중국 투자 급증은 대만정부가 「대륙지역물품관리법」(大陸地區物品管理辦法)(1989년)과 「대륙지구의 간접투자 및 기술합작관리법」(對大陸地區從事間接投資或技術合作管理法)(1990년)을 공포하여 제3국을 경유한 대중국 교역과 간접투자를 공식적으로 허용한 1990년 이후부터이며, 그 후 빠른 속도로 발전하여 2006년 말 현재 실투자액 누계기준으로 438.94억 달러를 기록하고 있다([표 4-1] 참조). 이러한 수치는 [표 4-2]에서 보여주는 바와 같이 중국이 유치한 외국인 직접투자 자본 중 다섯 번째로 많은 규모일 뿐만 아니라 대만의 해외직접투자 중 가장 많은 비중을 차지하는 규모이다. 하지만 대만기업의 대중국 투자는 이보다 훨씬 많을 것이라는 것이 일반적인 평가이다. 그 이유는 대만기업의 대중국 투자가 제3국을 경유한 간접투자로 이루어지고 있는 경우가 많아 실질적이고 객관적인 정확한 통계 파악이 어렵기 때문이다.2)

---

2) 대만기업의 대중국 투자는 대만정부의 三不政策(不接觸, 不談判, 不協商)원칙에 따라 제3국을 통해 이루어진다는 의미에서 간접투자(indirect investment)를 사용하고 있다. 그러나 전문적인 용어에 있어서 해외간접

[표 4-2] 주요국의 대중국직접투자 현황(2006년 말 누계기준)

단위: 억 달러/(%)

순위	국가	건수	실투자액
1	홍콩	269,555(48.62)	2,797.55(39.74)
2	버진군도 등 자유무역항	24,460(4.41)	798.69(11.35)
3	일본	37,714(6.80)	579.73(8.24)
4	미국	52,211(9.42)	539.55(7.66)
5	대만	71,847(12.96)	438.93(6.23)
6	한국	43,130(7.78)	349.99(4.97)
7	싱가포르	15,556(2.81)	300.04(4.26)
8	영국	5,359(0.97)	139.22(1.98)
9	독일	5,338(0.96)	134.18(1.91)
10	프랑스	3,271(0.59)	78.02(1.11)

주: 순위는 실투자액 기준임.
자료: 中國投資指南(http://www.fdi.gov.cn)[검색일: 2007. 11. 5]

   대만기업의 대중국 투자가 이처럼 빠르게 증가한 이유는 무엇보다 상호간의 경제적 보완성이 크게 작용하였다. 즉 대만은 80년대 중반부터 대내적으로는 노동력 부족과 임금상승, 노사분규 빈발, 지가상승, 환경보호 의식의 대두 등 기업의 투자의욕을 약화시키는 요인이 발생하였고, 대외적으로는 선진국의 보호주의 대두와 환율인상 등 요인으로 경쟁력을 상실한 노동집약적 산업의 해외이전이 절실

투자는 흔히 증권투자(portfolio investment)를 의미하고 있기 때문에 대만기업의 대중국 간접투자는 해외직접투자(foreign direct investment)와 같다. 金時中, 『臺灣企業 對中國 投資의 現況과 波及效果』(대외경제정책연구원), 1993, pp.45-46 참조.

히 요구되는 상황이었지만,3) 반면에 중국은 방대한 인구로 인한 풍부한 노동력과 저렴한 공장부지 그리고 빠르게 성장하는 거대한 시장을 가지고 있어서 대만기업의 투자 진출을 유인할 수 있는 충분한 조건을 갖추고 있었기 때문에 확대가 가능할 수 있었다. 게다가 중국은 대만과 동일한 언어를 사용하여 의사소통이 자유롭고, 또 민족 및 문화적으로도 동질성을 갖고 있을 뿐 아니라 지리적으로도 인접한 이점을 가지고 있어서 빠른 속도로 발전을 할 수 있었다.4) 양안 간의 이러한 경제적 보완성과 이점으로 인한 대만기업의 대중국 투자 증가는 대만정부의 규제와 정치적으로 민감한 문제가 있었지만 결코 영향을 받지 않았다. 예컨대 대만정부는 1993년에 대만기업의 대중국 투자 확대를 우려한 나머지 기업의 동남아지역 진출을 유도하는 '남향정책'(南向政策)을 추진했지만 대만기업의 대중국 투자는 오히려 증가했고, 1995년 6월 당시 대만총통이었던 리덩후이(李登輝)가 미국을 방문하여 양안의 긴장관계가 극에 달했지만 대만기업의 대중국 투자는 결코 감소되지 않았다([표 4-1] 참조). 또한 1996년에 대만정부가 대기업과 첨단산업의 진출을 규제할 목적으로 서두르지 않고 기다린다는 '계지용런'(戒急用忍) 정책을 발표하며 지나치게 빠르게 증가하는 대만기업의 대중국 투자를 제지하였지만,5) 역시 [표 4-1]에서 보여주는 바와 같이 실효를 거두지

---

3) 黃天中·張五岳 編, 『兩岸關係與大陸政策』(臺北: 五南圖書出版公司), 1993, p.341.

4) 黃安余, "臺商投資大陸的動因及現狀剖析," 『經濟科學』, 第3期, 1996, pp.40-41.

5) 夏樂生, "'南向政策'與西進政策之比較 — 以臺商投資菲國與大陸福建省

못했다.

한편 이러한 상황에서 대만정부는 그동안의 대중국 투자 제한정책을 장려하는 방향으로 선회하게 되었다. 특히 민진당(民進黨) 집권 이후인 2000년에 들어서면서부터 대만정부는 '제지용런'정책에서 전면개방을 시도하는 '적극적인 개방과 효율적인 관리'(積極開放, 有效管理)정책을 추진하였다. 이는 과거 '제지용런' 정책이 제3국을 경유한 대중국 진출 대만기업을 효과적으로 관리되지 못함에 따라 소위 '경제안전'을 고려하는 가운데 대만기업의 지속적인 능력과 경쟁력을 제고하는 방향으로 선회한 정책이다.6) 이에 따라 대만기업의 대중국 투자는 2002년에 사상 최고액수인 39.71억 달러를 기록하는 등 빠른 발전을 하였다([표 4-1] 참조). 다만 2005년 이후 급감하는 추세를 보이고 있는데 이는 최근 대만기업 중 일부가 중국의 대외경제정책의 변화 등을 이유로 베트남으로 투자를 전향한 것7) 외에 상당수 기업이 조세피난처(tax haven)인 버진군도를

爲例,"『共黨問題研究』, 第26卷第6期, 2000, pp.92-106.

6) 民進黨 집권 이후에 추진되고 있는 대만의 대중국 투자정책은 '적극적인 개방과 효율적 관리'(積極開放, 有效管理)를 원칙으로 하고 있다. 구체적으로 대만기업의 대중국 투자는 세계경제구도에서 대만 우선의 상호원윈(win-win)과 위험관리를 강화하고 있는 가운데 투자기업의 개별 상한과 표준 등을 적절하게 개방함과 동시에 통제와 처벌을 강화하고 있다. 또한 기존 대중국 투자기업의 대만 귀국투자도 장려하고 있다. 대만의 '積極開放, 有效管理'에 관한 全文 내용은 『臺灣大陸委員會』(http://www.mac.gov.tw)[검색일: 2007. 4. 5] 참조.

7) 최근 들어 대만기업의 해외투자는 그동안의 대중국 투자 일변도에서 베트남에 2007년 4월 22일까지 누계기준으로 83.53억 달러가 투자되는

중심으로 한 자유무역항을 통해 투자 진출하고 있는 경우가 많기 때문으로 분석된다.[8]

2) 업종별, 지역별 투자 변화

대중국 투자 진출 초기 대만기업의 대중국 투자는 당시 대만경제의 대내외적 환경변화에 따라 해외이전이 필요한 신발, 의류, 우산, 가방, 완구, 자전거 등 단순 노동집약적 업종을 중심으로 한 '양두재외'(兩頭在外)[9]의 '삼래일보'(三來一補)[10] 방식의 투자가 중심이었

등 상당한 변화를 보이고 있는데, 이러한 이유는 중국이 2006년 이후 추진하고 있는 수출환급정책 등 대외경제정책 조정과 인민폐절상 문제 그리고 2008년부터 실시될 새로운 노동법으로 인한 노동원가 상승 및 중국의 연해지역에서 저렴한 노동력 확보 등 어려움에 대한 대비책으로 분석되고 있다. 康榮寶, "台商利用越南平衡中國的投資風險,"『兩岸經貿』, 第190期(10月號). pp.13-17 참조.

8) 중국 상무부의 통계에 의하면 2006년 말 현재 버진군도를 비롯한 자유무역항에서 중국에 투자한 금액은 920.78억 달러이며 이 중 95%인 874.74억 달러가 대만기업을 포함한 화교기업의 자본으로 파악되고 있다. 沈丹陽. 2007. "華商企業對華投資基本情況, 新趨勢及引發的思考,"『寧波市對外貿易合作局』(http://www.nbfet.gov.cn)[검색일: 2007. 4. 5]

9) '兩頭在外'는 원료공급과 판매를 모두 해외시장에 두는 것을 말한다.

10) '三來一補'는 가공무역의 형식으로 하청생산을 말하는데 다음 네 가지가 있다. ① 來料加工(processing on commission): 외국의 발주자로부터 원료, 부품 및 포장 재료를 수입(제공)하여 가공한 제품을 발주자가 인수하는 賃加工, ② 來樣製作(manufacture on the basis of sample): 외국의 발주자가 제공한 견본 또는 작업 지시서에 따라 가공하는 것으로 원료는 중국산을 사용하여 제조하고 제품을 발주자가 인

다. 따라서 이 시기 중국에 투자한 상당수 대만기업들은 대만으로
부터 기계설비와 원자재 및 부품을 공급받아 중국의 값싼 토지임
대료와 노동력을 이용하여 가공한 후 제3국 시장에 재수출하는 형
태를 취하였으며, 이에 따라 대만은 상당규모의 무역수지 흑자를
거두었다.[11]

   그러나 대만기업의 이러한 단순 노동집약형 업종의 대중국 투자
는 1994년부터 점차 자본과 기술의 단계가 업그레이드된 업종으로
전환되었다. 즉 전통적 노동집약형 제조업의 비중은 낮아지고 자본
·기술 집약형 내지 하이테크산업의 투자 비중이 높아지고 있는 가
운데 서비스산업의 투자도 증가되었다. 구체적으로 [표 4-3]에서
보여주는 바와 같이 진출 초기에 중심을 이루었던 전형적인 노동집
약형 업종인 식음료와 플라스틱제품은 1992년에 각각 18.79%와
18.20%이었지만 2005년에는 0.89%와 1.84%로 대폭 감소했고, 반
면에 하이테크산업으로 분류되는 전자전기 업종이 39.89%로 가장
높은 가운데 기본금속(10.73%), 정밀기계(6.21%), 화학제품(6.05%),
기계 제조업(5.24%)이 그다음 순위를 차지하고 있다. 이러한 변화
의 주된 요인은 전통적 노동집약형 제조업의 대중국 투자가 이미

       수함, ③ 來件裝配: 외국의 발주자가 부품을 제공하고 중국 측에서
    조립한 후 발주자가 인수함, ④ 補償貿易(compensation trade): 외국
    기업이 원료 및 기계 설비를 제공하고 생산물로 그 대가를 상환하는
    일종의 생산물 분배방식이다. 盧哲和 · 金昌洙 · 徐錫興 共著. 『中國
    企業의 所有形態別 經營特性』(集文堂), 1998, p.304.
11) 劉震濤·江成岩·王建芬·張娟 編著, 『招商引資 — 對台經濟合作方法和
    策略』(淸華大學出版社), 2006, pp.7-10.

중국 연해지역의 인건비 상승 및 중국기업의 경쟁력 제고 등으로 생존과 경쟁압력을 받고 있는 가운데 중국이 외자기업에 대한 내수 시장을 개방하는 정책을 추진함에 따라 고기술 산업을 중심으로 새로운 투자 활로를 찾아 나선 결과로 분석된다.

[표 4 - 3] 대만기업의 주요 업종별 대중국 투자 비중의 변화(1992 - 2005)

단위: %

업종별		1992	1994	2000	2001	2002	2003	2004	2005
농림어업		0.00	0.98	0.22	0.37	0.43	0.48	0.05	0.13
광업		0.25	0.28	0.01	0.04	0.17	0.28	0.44	0.54
제조업	제조업 전체 평균	99.75	91.96	91.45	90.31	90.40	88.55	90.55	87.93
	식음료 제조업	18.79	15.16	1.66	2.10	2.27	4.59	1.29	0.89
	방직업	9.42	4.35	1.52	0.81	1.90	4.17	2.12	2.28
	화학제품 제조업	5.17	9.29	4.25	5.88	7.06	7.73	6.51	6.05
	플라스틱제품 제조업	18.20	7.62	7.09	5.61	5.93	5.36	3.99	4.26
	기본금속 제조업	4.32	9.39	7.05	6.96	9.39	9.28	10.68	10.73
	기계 제조업	1.62	4.02	2.32	4.18	3.46	3.66	2.36	5.24
	전자전기 제조업	13.99	16.32	56.18	45.08	38.95	30.26	43.86	39.89
	정밀기계 제조업	7.29	4.59	3.25	4.53	6.45	6.21	4.44	6.21
서비스업	서비스업 전체 평균	0.00	6.49	8.11	8.47	8.85	10.35	8.71	10.87
	소매 및 도매업	0.00	1.41	2.11	3.54	1.28	1.30	1.70	2.81
	국제무역업	0.00	0.79	0.12	0.66	0.90	0.98	0.89	1.76
	요식업	0.00	0.25	0.00	0.05	0.05	0.26	0.24	0.31
	교통운수업	0.00	1.37	0.06	0.49	0.76	0.16	0.12	1.49
	창고업	0.00	0.15	0.30	0.10	0.25	0.18	0.17	0.19
	금융보험업	0.00	0.00	0.00	0.01	0.35	3.54	0.96	0.72
	서비스업	0.00	2.08	4.91	3.35	4.33	3.74	3.82	3.60
	기타	0.00	0.45	0.61	0.27	0.91	0.20	0.79	0.00

자료: 臺灣 經濟部 投資審議委員會 통계자료에서 필자 정리.

한편 대만기업의 대중국 투자의 지역적 분포는 초기에는 광둥성과 푸젠성이 중심이었으나 점진적으로 창장삼각주의 화동지역과 뿌하이(渤海)만이 있는 화북지역으로 확산되고 있는 가운데 중서부지역의 투자도 진행되고 있다. 즉 1990년대 중반까지만 하더라도 대만기업의 대중국 투자는 광저우(廣州)와 동관(東莞), 선전(深圳)을 중심으로 한 광둥성지역에 10,000개 이상과 푸저우(福州)와 샤먼(廈門)을 중심으로 한 푸젠성지역에 5,000개 이상의 기업이 진출하는 등 이 지역이 전체 대중국 투자의 50% 이상 집중되었었다.12) 그러나 2000년 이후부터는 상하이(上海)를 중심으로 한 화동지역의 투자가 대폭 증가됨과 동시에 베이징(北京)과 톈진(天津)지역으로 대표되는 환발해경제권의 화북지역 투자도 증가되고 있으며, 또한 쓰촨성(四川省)의 청뚜(成都)와 충칭(重慶)을 중심으로 한 기타 지역의 투자도 미약하지만 증가 추세에 있다([표 4-4] 참조).

---

12) 金伯生·聶平香, "台商在大陸投資現狀及發展趨勢"(http://www.hhhtswj.gov.cn/jjhz)[검색일: 2007. 7. 7].

[표 4-4] 대만기업의 지역별 대중국 투자 변화 추이(대만정부 허가기준)

단위: 억 달러/(%)

年度	總計	華北地域				華東地域					華南地域				其他地域(2)
		計	北京市	天津市	其他地域(1)	計	上海市	江蘇省	浙江省	其他地域(1)	計	廣東省	福建省	其他地域(1)	
1996	12.29 (100.00)	1.33 (10.80)	0.19 (1.55)	0.96 (7.81)	0.18 (1.46)	6.20 (50.45)	2.44 (19.85)	2.98 (24.25)	0.33 (2.69)	0.45 (3.66)	4.36 (35.48)	3.05 (24.82)	1.11 (9.03)	0.20 (1.63)	0.40. (3.25)
1997	43.34 (100.00)	2.39 (5.51)	0.81 (1.87)	1.23 (2.84)	0.35 (0.81)	16.14 (37.24)	5.88 (13.57)	6.59 (15.21)	1.95 (4.50)	1.72 (3.97)	23.38 (53.95)	17.24 (39.78)	4.72 (10.9)	1.42 (3.28)	1.43 (3.30)
1998	20.21 (100.00)	0.98 (4.85)	0.53 (2.62)	0.33 (1.63)	0.12 (0.59)	8.66 (42.85)	2.86 (14.15)	4.08 (20.19)	0.86 (4.26)	0.86 (4.26)	10.17 (50.32)	8.25 (40.82)	1.51 (7.47)	0.41 (2.03)	0.40 (1.98)
1999	12.52 (100.00)	0.6 (4.79)	0.35 (2.8)	0.15 (1.20)	0.10 (0.80)	5.59 (44.65)	1.51 (12.06)	3.24 (25.88)	0.79 (6.31)	0.05 (0.40)	5.79 (46.25)	5.00 (39.94)	0.59 (4.71)	0.20 (1.60)	0.54 (4.31)
2000	26.07 (100.00)	0.93 (3.57)	0.51 (1.96)	0.41 (1.57)	0.01 (0.04)	13.46 (51.63)	3.21 (12.31)	9.31 (35.71)	0.69 (2.65)	0.25 (0.96)	11.23 (43.08)	10.20 (39.13)	0.99 (3.80)	0.04 (0.15)	0.45 (1.73)
2001	27.84 (100.00)	1.25 (4.49)	0.87 (3.13)	0.37 (1.33)	0.01 (0.04)	16.66 (59.84)	3.76 (13.51)	10.46 (37.57)	2.08 (7.47)	0.36 (1.29)	9.48 (34.05)	7.88 (28.30)	1.20 (4.31)	0.40 (1.44)	0.45 (1.62)
2002	67.33 (100.00)	2.78 (4.13)	1.4 4 (2.14)	0.89 (1.32)	0.45 (0.67)	38.35 (56.96)	9.49 (14.09)	22.23 (33.02)	5.12 (7.60)	1.51 (2.24)	24.85 (36.91)	16.35 (24.28)	7.50 (11.10)	1.00 (1.49)	1.35 (2.01)
2003	76.97 (100.00)	2.94(3.82)	1.13 (1.47)	1.59 (2.07)	0.22 (0.29)	45.05 (58.53)	11.04 (14.34)	26.01 (33.79)	6.08 (7.90)	1.92 (2.49)	27.34 (35.52)	20.54 (26.69)	4.92 (6.39)	1.88 (2.44)	1.64 (2.13)
2004	69.42 (100.00)	1.97 (2.84)	0.65 (0.94)	0.85 (1.22)	0.47 (0.68)	45.41 (65.41)	11.75 (16.93)	24.87 (35.83)	6.89 (9.93)	1.90 (2.74)	20.48 (29.50)	14.04 (20.22)	4.53 (6.53)	1.91 (2.75)	1.56 (2.25)
2005	60.07 (100.00)	2.14 (3.56)	0.63 (1.05)	1.18 (1.96)	0.33 (0.55)	40.19 (66.91)	10.18 (16.95)	23.49 (39.10)	4.85 (8.07)	1.67 (2.78)	16.88 (28.10)	12.20 (20.31)	3.98 (6.63)	0.70 (1.17)	0.86 (1.43)
2006	76.43 (100.00)	3.61 (4.72)	1.64 (2.15)	1.13 (1.48)	0.84 (1.10)	46.96 (61.44)	10.42 (13.63)	28.83 (37.72)	5.91 (7.73)	1.80 (2.36)	20.21 (26.44)	14.15 (18.51)	5.20 (6.80)	0.86 (1.13)	5.65 (7.39)

주: 1) 2002-2003년 수치는 이전의 투자 중 사후 등록한 수치를 포함한 것임.
　　2) ( ) 안은 전체에서 차지하는 비중임.
　　3) 기타 지역 (1)은 해당지역 중 상기지역을 제외한 지역이며, 기타 지역 (2)는 중국 전체에서의 기타 지역임.
자료: 臺灣 經濟部投資審議委員會 통계자료에서 필자 정리.

대만기업의 이러한 투자 진출 지역의 변화는 기본적으로 업종별 분포와 마찬가지로 대만경제구조의 전환과 중국의 투자환경 변화, 양안 경제통상정책의 상호관계, 국제경제 환경, 즉 경제글로벌화 및 경제블록화 등과 맥을 같이하고 있지만,[13] 지역별로 다음과 같은 구체적 요인을 들 수 있다. 첫째, 가장 많은 증가를 보이고 있는 화동지역은 전자전기 업종의 투자가 유도했다고 볼 수 있다. 왜냐하면 앞의 [표 4-3]에서 보듯이 대만기업의 대중국 투자 중 40%가 전자전기 업종이 차지하고 있는데, 이러한 전기전자 업종 중 80% 이상이 화동지역에 투자되고 있는 것으로 조사되고 있기 때문이다.[14) 대만의 전자전기 업종이 화동지역에 많이 투자되고 있는 이유는 이 분야의 대만기업 투자가 초기의 노동집약형 업종진출에서 점차 기술력이 제고된 자본집약형의 투자로 전환되고 있는 가운데 이 지역이 창쟝삼각주의 대표지역으로 자본집약형의 업종 발전이 유리하기 때문이다.[15) 둘째, 하북지역의 투자증가는 기본적으로 첫 번째와 같은 맥락에서 이해할 수 있는 가운데 최근 중국이 적극적으로 환발해경제권 개발을 추진하는 것과 무관치 않은 것으로 보인다.[16) 셋째, 서부지역을 중심으로 한 기타 지역으로의 투자확산은 그곳이 다른 지역보다 더 많이 제공되는 우대조치와 풍부한 자연자원 그리고 저렴한 노동력이 크게 작용한 것으로 평가된다.[17)

---

13) 魏艾·范錦明·趙顯埈, 『대만기업의 對중국투자 현황과 전략-겸론: 대만경제에 대한 영향』(대외경제정책연구원), 2003, p.30.

14) 2005년 10월 말 현재 화동지역의 上海, 蘇州, 昆山, 杭州 등 4개 도시에 투자된 대만기업 중 전기전자 업종만 12,000개가 넘는 것으로 조사되고 있다. 金伯生 외, 앞의 글 참조.

15) 일반적으로 珠江三角洲지역은 노동 집약형 산업을 중심으로, 長江三角洲지역은 자본집약형 산업을 중심으로 발전해왔다. 이와 관련된 자세한 내용은 대외경제정책연구원, 『2003 중국경제년보: 개혁개방의 현 단계』(대외경제정책연구원), 2003, pp.419-455 참조.

16) 金伯生 외, 앞의 글 참조.

2. 대만기업의 대중국 투자 변화의 특징

1) 투자 진출 경로의 다양화와 진출 산업의 군집화

대만기업의 대중국 투자는 대만정부의 정치적 입장인 삼불정책 (不接觸, 不談判, 不妥協)에 따라 지금까지 형식적으로는 제3국을 경유해 이루어지고 있다. 그 경로로는 그동안 ① 대만경제부의 허가를 얻어 합법적으로 이루어지는 것, ② 대만기업이 수출대금 중 일부를 대륙투자로 전용하는 것, ③ 관광 등 명목으로 여행하면서 자금을 소지하고 출국하여 대륙에 투자하는 것, ④ 1인당 매년 500만 달러까지 외화반출이 가능한 것을 이용하여, 먼저 홍콩의 비은행 금융기관 체계의 투자자문회사에 예치하였다가 적당한 시기에 대륙에 투자하는 것, ⑤ 다중국적을 가진 대만 기업가가 대만투자에 관한 대만정부의 규제는 회피하고, 대륙에서는 대만의 명의로 투자하는 것 등으로 파악되는 가운데 대부분 홍콩을 경유해 이루어졌다.18) 이런 상황에서 홍콩은 단순히 대만기업의 대중국 투자 경유지로서 역할에 그치지 않고 '정보경험의 제공자'와 '중계자'(demonstrator and middle-man) 그리고 중국 내 투자기업에 대한 '각종 서비스 제공자'로서 기능을 담당해왔다.19) 따라서 홍콩은

---

17) 姚志東, "台商投資大陸四面開花,"『台聲』. 第2期(http://www.tz.gov.cn) [검색일: 2007. 10. 21]
18) 金時中, 앞의 책, p.30.
19) 金時中, 앞의 책, pp.49-50.

그동안 대만기업의 대중국 투자 전진기지였다고 평가할 수 있을 것이다.

그러나 2000년 진입 후, 특히 중국이 WTO에 가입한 이후에는 다양한 경로를 통한 진출이 시도되고 있다. [표 4-1]에서 보여주는 바와 같이 대만기업의 대중국 투자는 중국 측 통계의 실투자액 기준으로 2000년대 이후 감소현상을 보여 왔다. 특히 2005년에는 전년보다 10억 달러나 급감하였다. 그러나 이는 앞에서도 언급한 바와 같이 당시 대만기업의 해외투자가 베트남으로 상당부분 이전한 이유도 있지만 조세피난처(tax haven)인 버진군도를 중심으로 한 자유무역항을 통해 투자되고 있는 경우가 많기 때문으로 분석된다. 이러한 현상은 [표4-1]의 대만 측 통계에서 대만기업의 해외직접투자 중 대중국 투자 비중이 감소되지 않고 있다는 점에서도 충분히 검증된다고 하겠다. 따라서 최근 대만기업의 대중국 투자 진출 경로가 그동안의 홍콩일변도에서 다양한 경로를 통한 진출이 시도되고 있음을 알 수 있다.

또한 대만기업의 대중국 투자는 이처럼 다양한 경로를 통해 진출하는 것 외에 다국적기업들과 전략적 연계를 통한 진출이 나타나고 있는 것으로 조사되고 있다. 이러한 현상은 대만기업보다 다국적 기업이 더 원하는 것으로 조사되고 있는데, 이는 대만경제가 중국보다 일찍 시장화가 되었을 뿐 아니라 대만기업이 세계의 다른 기업들보다 중국 이해도가 높고 또 세계에 대한 이해도 중국보다 높기 때문으로 분석되며, 향후 이러한 현상의 지속적 확대는 대만기업이 다국적 기업의 대중국 진출 중계자로서 역할을 할 가능성도 배제할 수

없다.[20]

한편 대만기업의 대중국 투자는 산업의 군집화(industrial clustering) 특성을 가지고 있다. 대만기업의 대중국 투자 군집화는 90년대 전반을 통해 이루어졌다. 즉 90년대 초기에는 대만기업의 대중국 투자 열기가 고조됨에 따라 대만의 중소기업들이 집단으로 합작하여 상하유기업(上下游企業)들로 하여금 공동으로 참여하게 하는 방식으로 특정지역에 집중하면서 시작되었고, 90년대 후기에는 대형 대만기업들의 대중국 투자가 증가함에 따라 핵심기업을 중심으로 한 대·중·소형기업 간의 분업협력과 상하유기업 간의 연계 및 하청관계가 형성되면서 이루어졌다. 예컨대 동관에서는 따중컴퓨터회사(大衆電腦公司), 웨이싱과학기술회사(微星科技公司), 홍여우과학기술회사(鴻友科技股份公司), 웬싱컴퓨터과학기술회사(源興電腦科技有限公司), 메이거전자회사(美格電子有限公司) 등 대만의 유명 IT기업을 핵심으로 하는 대·중·소형기업 간의 하청관계가 형성된 IT산업 클러스터가 형성되었으며, 쑤저우(蘇州)에서는 핵심기업과 하청기업 간의 상호필요에 따라 군집을 유도하는 형태로 전자산업의 중요한 클러스터가 형성되었다.[21]

이러한 산업의 군집화는 2000년도 진입 이후 중국이 WTO에 가입하고 공업화의 발전과 우수인력이 많아짐에 따라 대만 대형기업의 투자가 더욱 증가함과 동시에 많은 상장기업들이 중국에 투자하면서 더욱 크게 나타났다. 즉 대만의 대기업들이 중국에 적극적으로

---

20) 曾嘉·董會峰, "台學學者談台商投資大陸趨勢: 落戶生根意願漸强"(http://www.ce.cn/cysc/)[검색일: 2007. 10. 21]
21) 金伯生 외, 앞의 글 참조.

진출함에 따라 관련 중소기업들이 동반 진출하여 대기업의 주변에 공장을 설립함으로써 더욱 두드러졌다. 한편 대만기업의 이러한 산업의 군집화 중 가장 큰 특징은 IT 및 반도체 산업을 중심으로 이루어지고 있다는 점과 주장(珠江)삼각주지역, 그중에서도 상하이 인접지역인 쟝쑤성(江蘇省)을 중심으로 나타나고 있다는 점이다. 특히 쟝쑤성의 쿤산(昆山)지역은 2005년 말 현재 649개의 전자정보업체가 진출해있는 등 대만 전자정보산업의 최대 군집지역으로 발전하였다.22) 이는 상하이지역이 전자정보산업 투자지로서 노동력의 수준이나 시장개척 등 모든 면에서 우위에 있지만, 토지가격이나 임금 등이 비교적 높기 때문에 상하이와 지근거리에 있으며 물류가 편리한 쟝쑤성 남부지역을 선택한 것으로 보인다. 현재 대만의 대형 IT 업체, 예컨대 훙지(宏碁), 훙리(宏力), 런바오(仁寶), 광다(廣達), 화쒀(華碩), 화위(華宇), 따중(大衆), 룬페이(倫飛), 훙하이(鴻海), 타이다뎬(台達電), 롄뎬(聯電), 잉예다(營業達), 중신(中芯), 타이룽(泰隆) 등 상당수 기업들이 상하이 포동지역에서 쟝쑤성의 우쉔(吳縣)지역에 이르는 직경 120km 이내에 투자하고 있는 것으로 알려지고 있다.23)

---

22) 劉震濤·江成岩·王建芬·張娟 編著, 『招商引資 — 對台經濟合作方法和策略』(淸華大學出版社), 2006, p.65.
23) 이와 관련된 내용은 http://bbs.wswire.com/(검색일: 2007. 4. 23.) 참조.

2) 투자 진출 기업의 현지화 가속

대중국 진출 초기 대만기업의 대중국 투자는 주로 '양두재외'의 '삼래일보' 형식의 가공무역형의 투자가 중심이었기 때문에 기업의 현지화는 그리 크게 이루어지지 못했다. 그러나 최근 들어, 특히 2000년 이후에는 원부자재의 조달을 비롯한 제품의 판매, 간부의 채용, 경영자금의 확보 및 제품의 연구개발 등 다양한 영역에서 적극적으로 현지화가 추진되고 있다.

구체적으로 우선 원자재의 경우, 1995년까지는 대만으로부터 50.47%를 제공받고 나머지 중 35.41%를 중국에서 그리고 12.22%를 기타 국가에서 수입하였지만, 그 추세가 점점 변하여 2005년에는 대만에서 제공받는 비중이 35.62%로 감소하고 중국에서의 조달은 52.71%로 증가되었다. 부품 및 반제품의 경우도 비슷한 수준의 증감세를 나타내고 있다([표 4-5] 참조). 이러한 이유는 중국의 공업생산 체계의 개선과 조달제품의 품질제고 그리고 가격이 저렴하다는 이유도 있지만, 최근 대만기업의 대중국 투자 진출 특성이 어떤 하나의 산업분야에 진출했을 때 관련 상하유기업이 뒤따라 진입하여 생산기지를 건설하고 나아가 산업의 집적지를 형성하고 있는 것이 크게 작용한 것으로 보인다. 이는 [표 4-5]의 원재료의 현지조달 비중 중에서 현지 대만기업이 제공하는 비중이 높은 데서 충분히 유추할 수 있다.

[표 4-5] 대중국 투자 대만기업의 원자재 및 부품·반제품의 조달 현황

단위: %

연 도			1995	1996	1997	1998	1999	2003	2004	2005
원자재		대만제공	52.47	50.31	45.15	49.80	43.16	39.32	35.06	35.62
	현지조달	계	35.41	37.06	41.99	37.95	43.80	47.85	51.83	52.71
		현지 대만기업 제공	17.22	17.57	21.02	18.06	21.85	25.52	25.93	26.18
		현지 비대만기업 제공	18.19	19.49	20.97	19.89	21.95	22.33	25.90	26.53
	기타 국가로부터 수입		12.12	12.63	12.86	12.25	13.04	12.93	13.11	11.67
부품 및 반제품		대만제공	56.26	53.04	47.99	52.86	46.56	46.11	40.88	39.65
	현지조달	계	37.04	39.09	44.05	39.15	45.52	46.62	51.44	52.61
		현지 대만기업 제공	18.26	18.56	22.06	20.56	23.98	24.87	25.00	26.49
		현지 비대만기업 제공	18.78	20.53	21.99	18.59	21.54	21.75	26.44	26.12
	기타 국가로부터 수입		6.80	7.86	7.97	7.98	7.92	7.27	7.68	7.74

자료: 臺灣 經濟部 統計處『製造業對外投資實況調查報告』; 洪德生, (2006)(http://www.tier.org.tw)
  [검색일: 2007. 10. 3]에서 필자 정리.

한편 대중국 투자 대만기업의 이러한 원자재 현지조달 추이는 중국의 경제적 환경변화와 대만기업의 진출 추이, 즉 관련 상하유기업의 동반진출 등으로 인해 앞으로 더욱 증가할 것으로 보인다. 그러나 이러한 현상은 또 다른 측면에서 대만경제에 부정적인 영향을 미칠 수 있다는 우려가 제기되고 있기도 하다. 즉 대중국 투자기업의 원자재 현지조달 증가는 그동안 대만이 대중국 투자로 누렸던 수출 효과를 감소시킬 수밖에 없고, 또 양안경제가 분업과 보완관계에서 경쟁관계로 발전될 수밖에 없다는 점 때문이다.[24]

---

24) 洪德生, "台商大陸投資經營變遷與風險," 『臺灣經濟研究院』
  (http://www. tier.org.tw)[검색일: 2007. 10. 3].

대만기업의 현지화는 제품판매에서도 두드러지게 나타나고 있다. 예컨대 2005년도 대만기업의 내수시장 비중은 48.4%로 1993년의 35.4%보다 13%포인트 증가한 반면, 대외수출은 1993년의 52.6%에서 2005년에는 34.3%로 감소되는 등 대만기업 제품의 내수시장 비율이 대폭 증가되었다.[25] 그러나 대만기업의 중국 내수시장 진출 성과는 진출 비중에 비해 아직 이상적이지 않은 것으로 조사되고 있다. 예컨대 대만전국공업총회(臺灣全國工業總會)의 설문조사에 따르면, 설문자의 70.3%가 중국의 내수시장 진입에 어려움을 피력한 반면 성공적이라고 답한 응답자는 24.1%로 대부분이 중국 내수시장 개척에 어려움을 피력하고 있다.[26] 이에 따라 최근 대중국 투자 대만기업의 제품 중 대만으로 수입되는 경우가 점진적으로 증가하고 있는 것으로 나타나고 있다. 이러한 현상은 대만이 중국의 반제품 수입을 확대하는 정책과 밀접한 관계가 있지만, 또 다른 측면에서 대만의 산업공동화 현상을 불러올 수 있는 요인으로도 지적되어 대만에서 논의의 중심이 되고 있기도 하다.[27]

또한 대만기업의 현지화는 기업간부의 고용에서도 나타나고 있다. 즉 과거 대만기업의 대중국 투자에서 기술 인력이나 관리업무는 모두 대만인이 담당하고 있었지만, 최근 들어서는 중간관리자의 경우 상당수준 중국인으로 대체되고 있다. 예컨대 동관의 한 기업의 경우

---

25) 高長 · 蔡依帆, "台商投資大陸與兩岸産業分工發展趨勢," 『兩岸經貿』, 第183期, 2007, p.4.
26) 洪德生, 앞의 글 참조.
27) 高長 · 蔡依帆, 앞의 글 참조.

원래 대만 국적의 간부가 10명이었으나 현재는 기업의 규모가 확대되었음에도 불구하고 대만 간부는 3명에 불과한 데 반해 부총경리(副總經理) 및 총공정사(總工程師) 이하의 간부는 모두 중국인으로 대체되었으며, 심지어 일부 대만기업 중에는 훈련을 거쳐 동남아 국가 등에도 배치하는 경우도 있는 것으로 알려지고 있다.[28] 대만기업의 이러한 중간간부의 현지인 고용은 중국의 인력수준 제고와 저렴한 임금 외에 현지시장 개척에 중국인의 간부가 필요했기 때문으로 분석된다. 그러나 중국인의 간부들이 금전적 유혹에 따른 공금횡령과 기업 내에서 어느 정도 실력을 쌓은 후 더 나은 조건을 요구하거나 또는 사직하고 창업하는 경우 등이 있어 현지화의 어려움이 존재하고 있는 것으로 조사되고 있다.[29]

이 밖에도 대중국 투자 대만기업의 현지화는 경영관리에서도 이루어지고 있다. 즉 경영자금의 조달에서 규모는 작지만 전체 대중국 투자 대만기업의 43%가 중국 현지에서 조달하는 것으로 조사되고 있고,[30] R&D에서도 상당 수준 현지화가 이루어진 것으로 조사되고 있다. 특히 R&D의 현지화는 대만기업의 내수시장 비중이 높아지면서 더욱 가속화되고 있는데, 그 이유는 현지의 소비자 기호에 더 가까이 가기 위한 개발 때문으로 분석된다. 특히 중국은 지역이 넓

---

28) 珠海의 한 대만기업은 직원 1,000명 정도 규모의 기업을 베트남의 호치민시에 건립하면서 3명의 대만기업 간부만 제외하고 30여 명의 중간계층 간부를 모두 珠海 공장의 중국 국적 간부로 비치하고 있는 것으로 알려지고 있다(車曉蕙 2007) 참조.

29) 이와 관련된 내용은 http://www.seftb.org[검색일: 2007. 10. 4] 참조.

30) 孫升亮, "台商投資路線圖(2)," (http://finance.memail.net)[검색일: 2007. 12. 1].

을 뿐 아니라 지역 간의 빈부격차가 크고 또 소비자의 다양한 요구 등이 나타나고 있는 관계로 이 부문에 대한 현지화를 적극 추진하고 있는 것으로 분석된다. 즉 내수시장 개척을 위한 R&D의 현지화가 추진되고 있다. 이는 상당수 R&D에 박차를 가하고 있는 기업들이 캉스프(康師傅)와 통이(統一)의 사발면, 왕왕(旺旺)의 과자, 뤄마(羅馬)의 사기벽돌, 허청(和成)의 위생용기, 잉화(櫻花)의 주방기구, 제안터(捷安特)의 자전거, 다푸닌(達芙您)의 여성용 신발, 홍지·화쑤오(宏碁·華碩)의 컴퓨터 등이 중국실정에 맞는 연구개발의 결과로 성공한 것으로 인식하고 있기 때문으로 분석된다.[31] 현재 대중국 진출 대만기업의 R&D 현지화는 아직 대중국 투자 대만기업의 기술지원 중 8할 이상을 대만기업으로부터 제공받고 있을 정도로 현지화 수준이 높지 않다.[32] 그러나 베이징과 상하이 등을 비롯한 광범한 지역에 많은 R&D센터를 많이 설립하고 있어 대만기업의 R&D 현지화는 빠른 속도로 발전 할 것으로 보인다.

3) 투자산업의 분업구도 변화

대만기업의 대중국 투자는 기본적으로 산업의 수직분업 구도가 중심이었다. 예컨대 전통산업인 석유화학산업의 경우 그동안 대만이 원자재 공급기지로서 역할을 한 반면 중국에서는 제조생산이 중심

---

31) 高長·蔡依帆, 앞의 글, p.4.
32) 이와 관련된 내용은 http://www.moea.gov.tw[검색일: 2007. 10. 7] 참조.

이었고, 방직업 및 의류업 등도 대만에서는 R&D와 시장개발을 담당한 반면 대륙에서는 제조생산이 중심이었다. 물론 하이테크 산업 같은 경우 대중국 투자 진출 이후에도 대만의 산업과 여전히 밀접한 분업관계가 유지되고 있었기 때문에 기본적으로 수평분업의 형태를 띠고 있기도 했다. 즉 소량의 고기술 및 고가제품의 생산은 대만에서 생산하고 저기술 및 저가제품은 대륙에서 생산하는 형태였다. 그러나 그런 가운데 하이테크산업에서도 내부적으로는 수직분업의 형태가 존재하고 있었다. 예컨대 제품의 생산과정을 여러 단계로 나누어 대만과 중국이 갖는 각각의 우위조건에 따라 분업 생산하고 마지막으로 대만에서 완성품을 생산하는 형태가 존재하고 있었다. 소프트웨어와 IC(integrated circuit)산업 등의 분업은 모두 이러한 분업 모델을 채택한 경우이다.[33] 이러한 수직적 분업체계는 양안간의 교역 폭을 확대시켜 대만의 대중국 무역의존도를 높이는 요인이 되기도 하였다([표 4-6] 참조). 즉 대중국 투자 대만기업들이 대만으로부터 원재료 등을 구입하게 됨으로써 대만의 대중국 수출을 증대시킨 반면에 중국에 투자한 대만기업들이 제조한 부품과 반제품 그리고 심지어 완제품의 일부까지 대만으로 수출되어 대만의 대중국 수입을 촉진시키는 역할이 되었다.

---

33) 高長·蔡依帆, 앞의 글 참조.

[표 4-6] 대만의 대중국 무역의존도

단위: %

	1995	1996	1997	1998	1999	2000	2001	2002	2003	2004	2005
수입의존도	4.76	4.65	5.18	5.79	5.98	6.01	7.24	8.61	9.97	11.18	12.02
수출의존도	23.70	23.64	24.07	23.19	23.48	23.97	25.84	31.23	34.51	36.69	37.82
무역의존도	14.58	14.72	14.91	14.72	15.13	15.24	17.16	20.74	22.98	24.15	25.18

자료: 대만무역통계

그러나 최근 들어 양안 간의 이러한 투자 분업구조는 '대만주문'(臺灣接單)과 '대륙생산'(大陸生産)의 구조로 전환되고 있다. 즉 대만기업들이 중국을 총체적 생산기지로 정하고 생산라인을 중국으로 이전하는 가운데 대만 본사의 생산영역을 점진적으로 축소시키고 판매, R&D, 자금관리 등에 집중하는 형태로 전환되고 있다. 대만 경제부 통계처 조사자료에 의하면 대만의 대외수출품 중 중국에서 생산된 제품이 2005년도에 이미 40%에 육박하는 것으로 나타나고 있다. 화장품, 플라스틱 제품, 정밀기기 등 소수 제품을 제외한 대부분의 제조업 수출 주문품의 중국생산 비중이 증가하는 추세에 있으며, 특히 목죽가구의 경우는 수출주문의 73%가 이미 중국에서 생산되고 있는 것으로 조사되고 있다.[34] 이러한 현상은 대만기업의 생산라인이 중국으로 이전되고 있는 것을 잘 보여주는 예라 하겠다.

대만기업의 생산라인 중국이전 현상은 전자정보산업에서도 두드러지게 나타나고 있다. 예컨대 대만의 전자정보관련 하드웨어 생산

---

34) 蔡宏明, "中國高科技産業發展及台商大陸投資," 『經濟情勢暨評論季刊』, 第11卷第1期, 2005, pp.25-57.

은 1995년에 195억 달러였지만 2005년에는 800억 달러로 3.1배 증가되어 전 세계에서 미국 다음의 두 번째 생산국이 되었지만 대만에서의 생산은 1995년의 72%에서 2005년에는 6.8%로 감소되고 중국에서의 생산은 14%에서 79.5%로 증가되는 등 대대적인 이전이 이루어졌다.[35] 한편 전자정보산업의 대중국 생산라인 이전은 R&D의 이전까지 촉진시켰다. 그러나 전자정보산업의 이전에 따른 R&D의 이전은 대만 본사의 R&D와 중국 현지의 R&D와 차이를 보이고 있다. 구체적으로 대만 본사의 R&D는 대체로 국제시장 진출과 개발단계의 제품개발에 중점을 두고 있는 반면 중국의 R&D는 내수시장 개척과 이미 성숙단계에 있는 제품개발에 중점을 두고 있다. 즉 대만 본사는 비교적 하드웨어와 제품개발 그리고 제품의 생산과정에 중점을 두고 있는 반면 중국에서의 연구개발은 소프트웨어와 기초연구 그리고 제조과정의 조정 및 인증 등 부문에 중점을 두고 있다.[36] 이러한 연구개발의 분업은 대만과 중국이 각각 갖는 비교우위를 어느 정도 반영한 것으로 볼 수 있다.

한편 대만기업의 대중국 생산라인 이전은 따중컴퓨터회사(大衆電腦公司)같이 대만의 생산라인을 완전히 정리하고 중국과 해외로 모두 이전한 경우도 있으며,[37] 그 비중이 점차 증가하고 있는 것으로 조사되고 있다.[38] 이러한 현상은 대만의 산업 공동화를 부추겨 대

35) 高長・蔡依帆, 앞의 글, p.5.
36) 中華經濟硏究院 編, 『兩岸投資環境變化及我國投資政策之因應與調整』(中華經濟硏究院), 2004, p.43.
37) 金伯生・聶平香, 앞의 글 참조.
38) http://2k3dmz2.moea.gov.cn[검색일: 2007. 10. 4] 참조.

만경제에 상당한 타격을 가져다줄 것으로 보인다. 대만의 산업공동화 가능성 예측은 양안 두 지역에서 생산 활동을 하고 있는 기업인들의 제품 인식에서 쉽게 알 수 있다. 즉 대만제품이 중국제품보다 고급이라는 인식을 가진 대만기업인들은 2000년에는 1/3 이상이었으나 2005년에는 19%로 줄어들었으며, 특히 정밀기계업 생산업자들의 경우 대만제품이 고급이라는 견해가 10% 이하로 낮게 평가하는 등 두 지역에서 생산된 동일제품의 품질수준 평가에서 대만제품과 중국제품 간의 수준차이가 점점 줄어드는 것으로 여기고 있다.[39] 이는 대만의 제조업이 더욱 빠른 속도로 생산라인을 중국으로 이전될 수 있음을 암시하는 것으로 향후 대만 제조업의 공동화 현상에 직접적 영향이 될 것으로 보인다.

3. 대만기업의 대중국 투자 효과와 향후 발전 전망

1) 대중국 투자 효과 평가

대만기업의 대중국 투자가 대만경제에 미친 효과는 무엇보다 우선 수출의 증대를 들 수 있다. 주지하는 바와 같이 대만의 대중국 수출은 대만기업의 대중국 투자 초기인 90년대 초에는 69.28억 달

---

[39] 封小云, "關於台商投資的調研報告,"(http://report.drc.gov.cn/drcnet/series.nsf) [검색일: 2007. 10. 21].

러(1991년) 정도에 불과하였으나 2006년 말 현재는 633.32억 달러로 10배 가까이 증가하였다.[40] 대만의 이러한 대중국 수출 증가는 [표 4-7]에서 알 수 있듯이 대만기업의 대중국 투자가 직접적인 요인이 되었음을 충분히 보여주고 있다. 즉 대중국 투자 대만기업이 중국 생산에서 필요한 중간제품 수출이 80% 이상으로 절대적 비중을 차지하고 있지만,[41] 내구 소비재를 포함한 기타 수출품의 비중이 각각 전체 수풀품의 비중에서 대부분 1% 미만을 차지하고 있기 때문이다([표 4-7] 참조). 한편 이처럼 대만기업의 대중국 투자 진출 확대로 증대된 대만의 수출증대는 대만의 경제성장에 적지 않은 기여를 한 것으로 평가되고 있다. 예컨대 칭화대학(淸華大學) 대만 연구소의 연구에 따르면 2003년도 대만의 대중국 무역수지 흑자가 대만의 GDP성장에 기여한 공헌은 14.06%이며([표 4-8] 참조), 이는 1인당 1,788달러에 해당하는 금액으로 대만의 경제성장을 1.9% 포인트 증가시킨 것으로 추정되는 수치이다.[42]

---

40) 兩岸經貿編輯部, "回台投資, 租稅獎勵," 『兩岸經貿』, 第190期, 2007, p.54.
41) 대만의 대중국 수출 증가가 대만기업의 대중국 투자에 의해 대부분 이루어 졌다는 초기에 많이 진입한 [표 4-7]의 기계설비의 수출 비중이 점차 감소하는 데서도 충분히 알 수 있다.
42) 劉震濤·江成岩·王建芬·張娟 編著, 앞의 글 참조.

[표 4-7] 대만제품의 대중국 구조

		1993	1994	1995	1996	1997	1998	1999	2000	2001	2002	2003	2004	2005
농림어업목축수렵제품		0.35	0.42	0.30	0.25	0.21	0.18	0.18	0.15	0.11	0.08	0.06	0.05	0.07
식품가공제품		0.22	0.21	0.24	0.18	0.14	0.12	0.15	0.18	0.14	0.10	0.11	0.09	0.10
음료 및 연초 제품		0.02	0.03	0.01	0.01	0.00	0.00	0.01	0.01	0.01	0.00	0.00	0.00	0.00
광업 및 에너지관련 제품		0.07	0.07	0.09	0.14	0.13	0.16	0.17	0.11	0.07	0.04	0.04	0.05	0.06
건축자재		0.08	0.09	0.11	0.10	0.13	0.08	0.08	0.06	0.04	0.04	0.04	0.03	0.02
중간제품	중간제품 계	63.67	69.65	74.41	73.80	79.21	81.05	79.91	78.82	78.61	78.55	80.39	82.96	84.51
	중간제품 A	22.54	26.31	30.12	30.90	33.94	34.65	33.84	34.34	34.82	31.61	29.07	26.16	25.88
	중간제품 B	41.13	43.34	44.29	42.95	45.27	46.40	46.07	44.48	43.79	46.94	51.32	56.80	58.63
비내구재 소비재 제품		3.54	3.50	3.40	3.23	3.03	3.10	2.53	2.06	1.71	1.66	1.46	1.55	1.78
내구 소비재 제품		0.78	0.72	0.61	0.46	0.51	0.59	0.61	0.60	0.81	0.87	0.79	0.40	0.31
기계설비		30.55	24.49	20.56	21.61	16.52	14.62	16.17	17.88	18.38	18.54	16.92	14.83	13.12
운수설비		0.71	0.83	0.27	0.18	0.12	0.09	0.18	0.13	0.14	0.13	0.18	0.02	0.03

주: 중간제품 A는 가공을 통해야 소비재 혹은 생산재로 사용할 수 있는 제품이며, 중간제품 B는 가
공하지 않고 직접 소비재 혹은 생산재로 사용할 수 있는 중간제품임.
자료: 臺灣經濟研究院 자료.

[표 4-8] 대만의 GDP 구성 구조

단위: %

연도	국내총생산 (GDP)	민간소비	정부소비	국내총투자	대외무역흑자	대중국무역수지 흑자
1992	100.00	55.96	16.73	25.52	1.78	2.64
1994	100.00	58.38	14.57	25.38	1.67	4.81
1996	100.00	59.13	14.30	23.20	3.37	4.79
1998	100.00	59.67	14.32	24.91	1.10	4.60
2000	100.00	61.90	12.90	22.89	2.13	6.98
2001	100.00	63.56	13.05	17.69	5.70	8.22
2002	100.00	63.08	12.64	16.87	7.41	11.21
2003	100.00	62.82	12.61	17.64	6.93	14.06

자료: 劉震濤·江成岩·王建芬·張娟 編著, 앞의 글에서 인용.

그러나 대만기업의 대중국 투자로 인한 수출증대는 [표 4-9]에 보여주는 바와 같이 기존의 대외수출 구조를 변화시키고 대중국 수출의존도를 증대시키고 있어서 중국경제의 리스크에 노출될 수 있는 문제점을 가지고 있다. 즉 그동안의 양안 간 교역구조는 상호보완적인 분업구조로 불가피한 현상이 있었지만, 중국의 경제적 환경변화와 양안의 경제교류의 변화 등으로 인해 대중국 수출이 둔화될수 있는 문제가 있다. 실제로 최근 들어 이러한 증상이 나타날 기미를 보이고 있다. 앞에서 이미 언급했던 바와 같이 대만기업의 대중국 투자기간이 길어지고 또 현지화의 비율이 높아짐에 따라 대만으로부터 원자재 수입 비중이 지속적으로 감소하고 있기 때문에 중간제품이 대중국 수출의 중심을 이루고 있는 대만으로서는 큰 타격으로 나타날 가능성이 크다.

[표 4-9] 대만의 대외수출 구조

단위: %

연도	미국		일본		EU		중국	
	증가율	점유율	증가율	점유율	증가율	점유율	증가율	점유율
1999	5.2	25.4	27.6	9.8	3.5	16.7	11.0	23.7
2000	12.7	23.5	39.5	1.2	16.7	16.0	24.4	24.2
2001	−20.6	22.5	−23.1	0.4	−1.7	16.1	−10.8	26.0
2002	−3.2	20.5	−6.0	9.2	−6.3	14.2	28.7	31.2
2003	−3.1	18.0	−0.5	8.3	10.9	14.2	22.1	34.5
2004	8.4	16.2	10.8	7.6	14.6	13.5	28.3	36.7
2005(1−10)	1.6	15.3	8.0	7.7	−0.7	12.3	8.4	37.4

자료: 臺灣經濟硏究院(2005); 劉震濤·江成岩·王建芬·張娟 編著(2006)에서 재작성.

대만기업의 대중국 투자는 산업구조 조정에서도 많은 기여를 하였다. 대만기업의 대중국 진출 초기 대만의 산업구조는 전형적인 노동집약적 산업구조였다. 그러나 대만기업의 대중국 진출이 그동안 노동집약적이고 초보적인 가공업을 중심으로 진출했기 때문에 대만의 산업구조를 가일층 고도화시키는 역할이 되었다. 예컨대 대만 경제부가 발표한 통계자료에 의하면 신타이삐(新台幣) 2억 원 이상 투자한 민영기업 중 기술집약적 산업이 차지하는 비중은 1995년에 14% 정도였으나 2000년도에는 57%로 증가하였고 노동집약적 산업은 42%에서 8%로 하락하였다.[43] 그러나 이러한 추세는 최근 대중국 투자 대만기업의 현지화 추세, 특히 산업 군집화 형성에 따른 전반적 산업의 대중국 이전 추세로 산업구조의 고도화를 넘어서 산업의 공동화가 나타날 우려가 제기되는 등 문제점도 안고 있다.

2) 향후 대중국 투자의 발전 전망

이상에서 살펴본 바와 같이 대만기업의 대중국 투자는 진출 초기인 1988년에 1억 달러 정도에 불과하였으나 2006년 말 현재는 누계기준으로 440억 달러에 이르는 등 빠른 발전을 해왔다. 또한 투자업종도 노동집약적 산업 중심에서 기술집약적 하이테크 산업으로 발전하고 있고, 진출지역도 광둥성과 푸젠성 중심에서 창장삼각주지역을 비롯한 환발해만지역과 중서부내륙지역 등 다양한 지역으로

---

43) http://www.moea.gov.tw/[검색일: 2007. 10. 7] 참조.

확산되고 있다. 대만기업의 이러한 대중국 투자 발전 추세는 대만기업의 대중국 투자 진출 구조와 양안 간의 경제적 의존관계 심화 그리고 대만기업의 해외투자 중 대중국 투자가 갖는 우위요인 등을 고려할 때 지속적으로 발전할 수밖에 없을 것으로 보인다. 이는 앞장에서 이미 살펴본 바와 같이 중국이 대만기업의 생산기지로 확고하게 자리잡아가고 있는 상황에서 양안 간의 경제적 상호의존 관계가 더욱 심화될 것이 분명하기 때문과 대부분의 대만기업들이 중국은 언어와 문화적으로 동질성을 갖고 있을 뿐 아니라 생산비용의 절감과 성장하는 시장의 개척 측면 등에서 다른 해외지역의 투자보다 매력이 있는 것으로 인식하고 있기 때문이다.44) 그러나 향후 대만기업의 대중국 투자는 중국의 투자환경 변화와 대중국 투자 진출에 따른 대만경제의 영향 등을 직접적으로 받으며 발전할 것으로 보인다.

첫째, 중국의 투자환경 변화에 따른 영향이다. 이는 비단 대만기업뿐만 아니라 중국에 진출하고 있는 모든 외국인 투자기업에게 해당되는 사항이지만 대만기업이 상대적으로 다른 외국인 기업에 비해 더 많은 영향을 받을 것으로 예상된다. 왜냐하면 대만기업의 대중국 투자는 아직도 생산비용의 절감과 생산 제품의 수출이 중심인 데 반

---

44) 대만경제부 통계처에서 조사 분석한 『2007年製造業對外投資實況調査結果分析』(2007年5月調査)에 의하면 대만기업의 대중국 투자는 아직도 저렴한 노동력과 토지비용이 중심으로 이루고 있는 가운데 내수시장 개척과 조세 등을 비롯한 우대조치, 외국바이어의 요구, 현지 원재료 이용 등과 동일업종의 중국투자에 따른 동반이전 등이 주요 요인으로 작용하고 있다. http://www.moea.gov.tw/[검색일: 2007. 10. 7]

해 중국의 투자환경은 토지비용과 임금이 빠르게 상승하여 생산비용을 증가시키고 있을 뿐 아니라 대만기업이 중국에서 생산된 제품의 수출에 불리한 위안화의 평가절상 등이 나타나고 있으며, 중국정부의 외자유치 또한 고도화를 추구하고 있기 때문이다. 따라서 향후 대만기업의 대중국 투자는 과거 전형적인 생산비 절감의 노동집약적 산업 중심에서 기술집약적 산업으로 상당 수준 전환될 것으로 전망된다. 실제로 현재 대만기업의 대중국 투자는 앞에서 살펴본 바와 같이 상당 수준 하이테크산업을 중심으로 한 자본집약적 산업으로 전환되고 있는 가운데 노동집약적 산업의 경우 중국에서 베트남 등 지역으로 이전되는 현상을 나타내고 있다.45) 물론 대만기업의 베트남이전 투자는 생산비용의 절감 차원 등을 비롯한 경제적인 요인 외에 대만기업의 과도한 중국 투자에 따른 위험분산의 효과를 기대하기 위한 요인도 상당부분 작용한 것으로 평가되고 있기도 하다.46)

둘째는 대중국 투자 진출로 인한 대만경제에 대한 부정적인 영향이다. 이미 앞 절에서도 살펴보았듯이 대만기업의 대중국 투자는 대만의 산업구조 고도화와 수출의 확대 등 대만의 경제발전에 상당한 기여를 하였다. 그러나 대만기업의 대중국 투자가 [표 4-10]에서 보여주는 바와 같이 증가됨과 동시에 대만의 해외투자에서 차지하는 비중도 점점 높아짐에 따라 부정적인 영향도 적지 않게 나타날 것으로 예상된다. 대표적으로 산업 공동화의 촉발가능성과 대중국 투자의존도 가속으로 인해 대만경제의 부정적 영향이 예상된다.

45) 康榮寶, 앞의 글, p.4.
46) 康榮寶, 앞의 글, p.15.

대만의 산업공동화 촉발가능성은 이미 2000년도에 대만기업이 국내외에서 생산된 PC관련 기기의 총생산액 중 약 40%가 중국에서 생산되고 있는 가운데 중국의 PC 및 주변기기 생산 중 70% 이상이 대만계 기업에 의해 생산되고 있다는 점에서 어느 정도 예상되고 있다.[47] 특히 과거 대만기업의 대중국 투자가 비교열위에 있는 업종이 중심이었으나 최근에는 비교우위에 있는 업종까지 적극적으로 진출하고 있는 것을 비롯하여 생산라인 전체를 이전하는 경우도 있어 공동화 현상의 촉발가능성은 더욱 크다 하겠다. 대만기업의 이

[표 4-10] 대만기업의 대외투자 중 대중국 투자비중 변화

단위 : 백만 달러/%

연도	대만의 대외투자 총액(A)	대중국 투자액(B)	대중국 투자를 제외한 대만의 대외 투자액(C)	대만기업의 대중국 투자 비중(B/A×100)	대중국 투자와 대외투자 비교(B/C)
1997	4,508.37	1,614.54	2,893.83	35.81	0.56
1998	4,815.51	1,519.21	3,296.30	31.55	0.46
1999	4,521.79	1,252.78	3,269.01	27.71	0.38
2000	7,684.20	2,607.14	5,077.06	33.93	0.51
2001	7,175.80	2,784.15	4,391.65	38.80	0.63
2002	7,228.81	3,858.76	3,370.05	53.38	1.15
2003	8,563.58	4,594.99	3,968.59	53.66	1.16
2004	10,322.68	6,940.66	3,382.02	67.24	2.05
2005	8,454.40	6,006.95	2,447.45	71.05	2.45
2006	11,957.77	7,642.34	4,,315.43	63.91	1.77

자료: 臺灣 經濟部 統計資料에서 필자 정리.

---

47) 魏艾・范錦明・趙顯垵, 앞의 글, p.63.

러한 산업공동화 현상 촉발가능성은 아직 생산 측면에서는 나타나고 있다고 볼 수는 없지만 고용 측면에서 제조업 종업원의 감소 경향이 1980년대 말부터 이미 나타나고 있기 때문에 실질적 공동화가 나타나고 있다고 볼 수 있다.

한편 대만의 대중국 투자의존도 가속은 중국진출 대만기업이 중국에서 안정적인 경영확보의 어려움과 장기적으로는 대만경제의 대중국 종속도 예상할 수 있을 뿐만 아니라 현재 대중국 투자 진출 대만기업이 국제시장에서 필요로 하는 제품을 중국에서 생산하여 직접 수출하고 있는 경우가 점점 증가하고 있기 때문에 장기적으로 중국의 대외수출에 상당한 타격을 가져다줄 수도 있다. 실제로 대만은 이러한 문제에 대응하기 위하여 대중국 진출기업의 귀국투자를 장려하고 있으며,[48] 이에 따라 2002년부터 2005년 사이 귀국 투자한 기업이 46개 업체에 달하는 것으로 조사되고 있다.[49] 물론 귀국기업 모두가 대만정부의 장려 및 중국에서 경영상의 어려움으로 귀국 투자한 경우는 아니다. 그러나 대만의 산업 공동화 촉발가능성이 제기되고 있는 가운데 대중국 투자 대만기업의 귀국투자는 대만경제에 상당한 의미가 있다 하겠다.[50]

---

48) 대만정부는 대중국 투자 대만기업의 귀국투자를 유도하기 위해 2006년 11월 '대만기업의 귀국투자 촉진을 위한 전문소조'(促進台商回台投資專案小組)를 설치하여 귀국 투자를 돕고 있을 뿐 아니라 귀국투자 기업에게 조세 등 다양한 우대조치를 제공하고 있다. 兩岸經貿編輯部, 『兩岸經貿』, 第190期(10月號), 2007, pp18-21 참조.

49) 呂國禎, "四十六個商人返響故事," 『商業週刊』, 第28期(http://www.businessweekely.com.tw/)[검색일: 2007. 10. 5]

하지만 대만기업의 대중국 투자 진출에서 그동안 주로 대만에서 제기되고 있는 체제와 이데올로기적인 요인으로 인한 장애는 지금까지 양안 간의 첨예한 대립과 제한에도 불구하고 지속되었다는 점으로 미루어 판단할 때 거의 없을 것으로 보인다. 다만 양안 간의 제도적 제한, 즉 삼통(通商, 通航, 通郵)문제의 미해결과 간접투자 및 간접교역 등 형식으로 이루어지고 있는 양안 간의 경제교류 형태는 진일보적 경제교류 발전에 분명한 제한이 될 것으로 보인다.

50) Fujita, Masahisa and Nobuaki Hamauuchi, "The Coming Age of China－plus－One: The Japanese Perspective on East Asian Production Networks," Second draft for The World Bank－IPS, Research Project on the Rise of China and India, 2006.

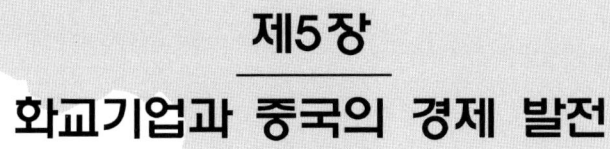

제5장

화교기업과 중국의 경제 발전

1. 중국의 경제발전과 화교기업의 기여

1978년 개혁개방 이후 중국이 유치한 외국인직접투자 규모는 2006년 말 현재 누계기준으로 669,667건에 7,916.95억 달러이다. 이는 1993년 이후 개발도상국 중 가장 많은 유치규모이며 전 세계에서도 미국 다음이다. 이처럼 중국이 유치한 방대한 규모의 외국인직접투자는 지금까지 중국경제의 발전과정 중 자금보전과 기술이전 그리고 무역확대 및 고용창출 등 다양한 분야에서 상당한 기여를 한 것으로 평가되고 있다.[1] 특히 화교기업의 투자가 가장 많은 기

---

[1] 외국인직접투자가 중국의 경제발전에 대한 기여는 조현준, "중국 FDI 정책목표: 전개, 성과 및 과제," 『국제지역연구』, 14권3호, 2005, pp.1 −39; Zhang, K. Honglin," "How does foreign direct investment effect economic growth in China," *Economic of Transition,* Vol.9(3), 2001, pp.679−693; Shan,. J., G. Tian & Sun, "Causality Between FDI and Economic Growth," in Yanrui Wu ed., *Foreign Direct Investment and Economic Growth in China.* 1999, pp.140−154; Wei S−J, "Attracting foreign direct investment: has China Reached its

여를 한 것으로 평가되고 있다. 그 이유는 화교기업은 중국의 개혁
개방 초기 가장 먼저, 그것도 적극적으로 진출하여 다른 외자기업의
중국진출을 유도하는 선도적 역할을 하였을 뿐 아니라[2] 지금까지
중국이 유치한 외국인직접투자 가운데 건수 면에서 70% 정도와 액
수 면에서 60% 이상을 차지할 정도로 절대적 비중을 차지하고 있
기 때문이다.[3] 물론 화교기업의 이러한 투자규모에 이의를 제기하
는 견해도 있다. 예컨대 최근 들어 중국기업들이 중국정부가 외자기
업들에게 제공하는 각종 우대조치를 향유하기 위해 홍콩에 진입한

Potential?," *China Economic Review 6*, 1995, pp.187－199; Chung,
Chun, L. Chang & Y. Zhang, "The Role of Foreign Direct
Investment in China's Post 1978 Economic Development," *World
Development*, Vol.23. No.4 1995, pp.691－703 등 참조

2) 중국이 개혁개방을 추진한 초기부터 외국인 직접투자가 활성화되었던
   것은 아니다. 개혁개방 초기에 중국은 외국인 직접투자를 유치할 만한
   기본적인 여건, 즉 인프라시설의 열악함은 물론 정치적으로도 체제의 상
   이(相異)에 따른 불안과 두려움이 존재하고 있는 상황이었기 때문에 외
   국인 투자기업의 중국 진출은 상당히 저조할 수밖에 없었다. 그러나 그
   런 가운데서도 화교기업은 중국의 개혁개방 초기부터 지금까지 중국이
   유치한 외국인직접투자 중 가장 많은 비중을 차지할 정도로 외국인투자
   기업의 중국진출을 유도하고 있다. 따라서 중국의 외국인직접투자 유치
   에서 화교기업이 중요한 역할을 했다고 평가할 수 있을 것이다.

3) [표 5－1]에서 보는 바와 같이 화교기업이 경제의 중심을 이루고 있는
   화교권 국가의 대중국 직접투자는 건수 면에서 62.49%, 액수 면에서
   53.23%를 차지하고 있지만 최근 대중국 직접투자의 규모가 급속도로
   증가하고 있는 버진군도 등 자유무역항의 직접투자 중 95% 이상이 화
   교기업의 자본이라는 점을 감안하면 화교권 국가의 대중국 직접투자규
   모는 건수기준으로 70% 정도, 금액기준으로 60% 이상을 차지할 정도
   로 상당히 높다.

후 다시 중국에 우회투자(round tripping)하는 기업들이 늘고 있어 화교기업의 대중국 투자는 과대평가되었다는 것이다.4) 그러나 이러한 것을 감안하더라도 화교기업의 대중국 투자가 외자기업 중 가장 많다는 것은 부인할 수 없는 사실이다([표 5-1] 참조). 또한 화교기업들은 자신들의 고향을 중심으로 도로 및 교량 건설과 교육·위생사업 등 다양한 영역에서 많은 지원을 아끼지 않고 있기 때문에 화교기업의 대중국 경제적 지원은 결코 과소평가할 수 없다.5) 이러한 점은 또한 중국의 개혁이 러시아의 개혁보다 성공할 수 있었던 요인의 하나로 평가되고 있기도 하다.6)

---

4) 2000년도 이후 중국기업이 홍콩을 통해 round tripping하는 경우는 중국이 홍콩에서 도입한 외자총액의 25-40%에 이르는 것으로 평가된다는 견해도 있다. 『中華會計網校』(http://www.chinaacc.com)[검색일: 2007. 7. 6].

5) 예컨대 연해지역 푸젠성의 경우 廈門大學이 싱가포르 화교의 거부 陳嘉庚에 의해 설립된 것을 비롯하여 거의 城鎭마다 교량, 학교, 병원, 교회 혹은 절 등이 화교들의 기증으로 건립된 것이 많이 있다. 『華夏經緯網』(http://www.huaxia.com)[검색일 2007. 4. 5].

6) 미국의 전 국무장관 키신저는 중국과 러시아의 경제개혁과 외자도입 상황을 비교한 후 중국의 성공 요인에 대하여 상당부분 해외 화교들의 적극적인 참여로 보고 있고, 러시아는 해외 러시아인(기업인)이 없음을 지적하고 있다. 『中國金融網』(http://www.zgjrw.com)[검색일: 2007. 4. 5].

[표 5-1] 중국의 고정자산투자 중 외자기업 및 주요 화교권 국가의 투자 비중

단위: 억 人民幣/(%)

연도	중국의 고정자산투자 총액	중국의 고정자산투자 중 외자기업의 투자	중국의 고정자산투자 중 주요 화교권 국가 기업의 투자	외자기업의 대중국 고정자산투자 중 주요 화교권 국가 기업의 비중
1995	20,019.3(100.0)	2,228.9(11.2)	673.6(3.4)	30.2
1996	22,913.5(100.0)	2,711.5(11.8)	835.4(3.7)	30.8
1997	24,941.1(100.0)	2,893.0(11.6)	937.1(3.8)	32.4
1998	28,406.2(100.0)	2,973.9(10.5)	1,334.3(4.7)	44.9
1999	29,854.7(100.0)	2,651.5(8.9)	1,218.1(4.1)	46.0
2000	32,917.7(100.0)	2,606.3(7.9)	1,293.1(3.9)	47.5
2001	37,213.5(100.0)	2,998.8(8.1)	1,583.3(4.3)	52.8
2002	43,499.9(100.0)	3,450.7(7.9)	1,765.3(4.1)	51.2
2003	55,566.6(100.0)	4,908.8(8.8)	2,375.1(4.3)	48.4
2004	70,477.4(100.0)	6,967.5(9.9)	3,113.5(4.4)	44.7
2005	88,773.6(100.0)	8,424.4(9.5)	3,767.3(4.2)	44.7
2006	109,998.2(100.0)	10858.2(9.9)	4745.1(4.3)	43.7

주: 외자기업의 투자금액과 비중은 화교기업을 포함한 수치이며, 주요 화교권 국가의 기업은 홍콩, 대만, 마카오 기업만을 지칭함.
자료: 中國統計年鑑(2007)에서 필자 정리.

1) 경제발전에 필요한 자금보전 및 기술제공

화교기업의 중국경제에 대한 기여는 무엇보다 경제발전에 필요한 자금보전(資金補塡)을 들 수 있다. 주지하는 바와 같이 중국은 개혁개방 이후 경제발전 과정에서 가장 큰 문제는 자금의 부족이었다. 특히 1990년대 이후 개혁개방이 심화되고 대규모 건설이 전면적으

로 추진되면서 자금부족 문제는 더욱 심각한 상황이었다. 그런 가운데 화교기업의 대중국 투자는 중국의 경제발전에 필요한 자금과 기초시설 건설 부문에 필요한 자금을 상당부분 보전해주는 역할이 되었다. 예컨대 [표 5－1]에서 보여주는 바와 같이 중국의 기초시설 건설에 해당하는 고정자산투자 경우, 화교기업은 단지 홍콩·마카오·대만 등 화교권 국가만도 중국 전체 고정자산투자의 4% 정도를 투자하였다. 이는 그동안 중국의 경제발전 과정에서 상당한 기여를 한 것으로 평가되고 있는 외자기업의 고정자산투자 중 40%가 넘는 규모로 중국의 기초건설 부문에 필요한 자금보전 역할이 되기에 충분했다.

화교기업의 자금보전은 공업생산을 통한 자본형성과 세수제공을 통한 재정수입의 증대에서도 이루어졌다. 공업생산의 경우 화교기업은 2006년도에 일정 규모 이상 기업을 대상으로 조사한 결과에서 33759.87억 위안을 기록하여 중국의 공업총생산액 중 10.7%를 차지하고 있을 뿐 아니라 외자기업 공업생산총액의 50% 이상을 차지하고 있다. 이는 같은 해 중국 GDP의 15% 이상을 차지하는 수치로 중국의 자본형성에 상당한 기여를 하고 있음을 보여주는 것이다([표 5－2] 참조).

[표 5-2] 중국의 공업생산총액에서 외자기업 및 주요 화교권 국가 기업의
비중(2006)

단위: 億 元(人民幣)/(%)

기업 종류	기업 수(개)	공업총생산액 (해당연도 가격기준)	자산총액	이윤총액
총 계	301,961 (100.0)	316,588.96 (100.0)	291,214.51 (100.0)	19,504.44 (100.0)
중국기업	241,089 (79.8)	216,512.45 (68.4)	214,105.86 (73.5)	14,120.39 (72.4)
주요 화교권 국가 기업	2,9181 (9.7)	33,759.78 (10.7)	27,290.67 (9.4)	1,796.45 (9.2)
외국인투자기업	31,691 (10.5)	66,316.73 (20.9)	49,817.98 (17.1)	3587.60 (18.4)

주: 1) 중국기업은 국유기업을 비롯한 중국자본기업의 총칭이며, 주요 화교권 국가의 기업은 홍
콩·마카오·대만기업을 지칭함.
2) 본 자료는 당해 연도 일정규모(영업수익 500만 위안 이상)이상의 기업만을 포함한 것임.
자료: 중국통계연감(2007)에서 필자 정리.

한편 화교기업의 세수제공 규모는 통계자료의 미비로 정확하게
파악할 수는 없지만 외자기업이 중국에 제공한 세수와 홍콩·마카
오·대만기업으로 대표되는 화교권 국가기업의 세수 비중을 통해
어느 정도의 기여도는 파악할 수 있다. 1990년대 중반까지 외자기
업의 세수는 중국의 전체 세수 중 1% 정도였지만 2000년대 이후에
는 3% 이상으로 확대되었고, 기업소득세는 1994년의 7.0%에서
2000년대 이후에는 20%대로 대폭 증대되었다. 특히 중국의 세수
중 중요한 부분을 차지하고 있는 섭외세수(涉外稅收)에서 외자기업
의 세수제공 비중은 95% 이상을 차지하고 있어 외자기업의 대중국
세수공헌은 절대적이라 할 수 있다.[7] 2004년도 기준으로 화교기업

을 포함한 외자기업의 대중국 세수 공헌도는 국세에서 25.7%를 차지하고 있고 지방세에서는 11.60%를 차지하고 있다. 그 중 화교권 국가기업이 전체 세수 중 국세의 경우 7.63%를, 지방세의 경우 4.19%를 차지하고 있다([5-3] 참조). 이를 다시 전체 외자기업 중에서 차지하는 비중으로 계산할 경우 화교권 국가의 세수공헌은 국세 30%와 지방세 36%를 차지하고 있다. 따라서 화교기업의 대중국 세수공헌도는 상당한 수준으로 평가할 수 있으며, 특히 지방세에 대한 공헌도가 높게 나타나고 있다.

한편 중국에서 외자기업의 세수 기여도가 1990년대 중반 이후 증가하게 된 이유는 외자기업 중 많은 기업이 그 이전까지는 중국이 제공하는 세제상의 우대를 누리고 있었을 뿐 아니라 경영성과도 그다지 좋지 않았지만 1990년대 중반 이후에는 상당수 외자기업이 세금우대조치 기간도 끝났고 또 기업의 경영성과도 양호하게 나타났기 때문으로 분석된다. 또한 이 시기부터 외자기업의 대중국 진출이 급속하게 증가한 것도 중국의 세수증대의 중요한 요인 중의 하나로 분석된다.[8]

---

7) 趙晉平 編著, 『利用外資與中國經濟成長』(北京: 人民出版社), 2001, p.87.
8) 이재유, 허흥호, "外國人 投資企業의 對中國 進出과 經濟·社會的 役割," 『新亞細亞』, 제9권4호, 2002, pp.19-20.

[표 5-3] 중국진출 홍콩·마카오·대만 및 외국인 투자기업의 세수 현황(2004년)

단위: 元(人民幣)

	전체		홍콩·마카오·대만기업		외국인투자기업		외자기업(홍콩·마카오·대만 포함)의 세수 비중(%)	
	국세	지방세	국세	지방세	국세	지방세	국세	지방세
합계	173,246,897	76,434,935	13,215,838(7.63%)	3,203,113(4.19%)	31,362,775(18.10%)	5,660,393(7.41%)	25.73%	11.60%
부가세	125,936,461	na	9,604,899(7.63%)	na	24,025,477(19.08%)	na	26.70%	na
소비세	15,504,837	na	347,768(2.24%)	na	1,793,888(11.57%)	na	13.81%	na
영업세	1,230,152	34,605,657	2,470(0.20%)	1,816,157(5.25%)	17,318(1.41%)	2,190,733(6.33%)	1.61%	11.58%
기업소득세	16,758,091	14,666,521	na	na	na	99,088(0.68%)	0.00%	0.68%
외국인 투자기업과 외국기업의 소득세	8,742,986	582,155	3,255,550(37.24%)	318,896(54.78%)	5,487,436(62.76%)	263,259(45.22%)	100.00%	100.00%
개인소득세	3,289,739	14,072,282	3,311(0.10%)	728,134(5.17%)	37,581(1.14%)	2,583,412(18.36%)	1.24%	23.53%
자원세	2,984	985,051	na	4,370(0.44%)	3(0.10%)	18,846(1.91%)	0.10%	2.36%
도시유지건설세	57,742	6,682,874	1(0.00%)	8,631(0.13%)	67(0.12%)	19,357(0.29%)	0.12%	0.42%
부동산세	na	3,661,498	na	261,919(7.15%)	na	334,454(9.13%)	na	16.29%
인지세	1,723,905	1,178,897	1,839(0.11%)	65,006(5.51%)	1,005(0.06%)	151,244(12.83%)	0.16%	18.34%

주: ( ) 안의 비중은 전체 세수 중의 국세 및 지방세의 비중.
자료: 中國稅務年鑑(2005)에서 필자 정리 작성.

화교기업이 중국의 경제발전에 대한 기여에서 기술이전도 중요한 역할을 하였다. 화교기업의 대중국 기술이전은 화교기업의 대중국 투자가 노동집약적 가공업을 중심으로 기술수준이 높지 않은 업종을 중심으로 이루어졌기 때문에 기술이전의 효과를 평가하기는 쉽지 않다. 그러나 화교기업이 중심적으로 진출한 노동집약적 가공업은 중국의 개혁개방 초기 중국의 산업발전 수준에 적합한 실용적인 생산기술이었기 때문에 중국의 초보적 기술향상에 적지 않은 기여를 했다고 평가할 수 있을 것이다. 특히 화교권기업 중 대만기업은 중국 측 합작파트너나 하청생산업체들이 중소규모의 향진기업들이 대부분이어서 향진기업의 기술수준을 향상시켜 도농 간 기술격차를 줄이는 데 상당한 기여를 한 것으로 평가되고 있기도 하다.[9]

이 밖에도 화교기업의 중국진출은 개혁개방 초기 아직 자본주의적 사고에 익숙하지 않은 중국에 자본주의적 기업관리 방식과 가치관 그리고 생활방식의 제공을 통해 경제성장을 촉진하는 역할을 한 것으로 평가되며, 특히 시간효율과 공정경쟁의 개념 등 현대화된 경영관리 이념을 중국사회에 제공함으로써 중국의 경제성장에 일조한 것으로 평가된다.

---

9) Chiu, Lee-in Chen & Chin Chung, "An Assessment of Taiwan's Indirect Investment in Mainland China," *Asian Economic Journal,* 1993, p.8.

2) 대외무역의 확대와 고용창출

화교기업이 중국의 경제발전에 제공한 기여 중 또 다른 기여는 대외무역 확대의 촉진을 들 수 있다. 화교기업이 중국의 대외무역확 대에 기여한 공헌도 앞 절의 세수기여도와 마찬가지로 이 부분에 대한 통계수치의 미비로 정확하게는 파악할 수 없다. 그러나 [표 5 -4]에서 보여주는 바와 같이 중국의 대외무역 중 외국인 투자기업 이 중심적 위치를 차지하고 있는 가운데 화교기업이 가장 많다는 점과 중국의 수출입구조가 화교기업의 진출이 가장 많은 가공업 제 품의 비중이 높다는 점으로 미루어볼 때 화교기업의 기여도가 적지 않음을 알 수 있다.

[표 5-4] 2006년도 중국의 수출입 현황

유 형	항 목	수 출		수 입	
		금액 (억 달러)	비중 (%)	금액 (억 달러)	비중 (%)
	총 액	9,690.8	100.0	7,916.1	100.0
무역방식별	일반무역	4,163.2	43.0	3,331.8	42.1
	가공무역	5,103.8	52.7	3,215.0	40.6
	기타무역	423.8	4.3	1,369.3	17.3
기업유형별	국유기업	1,913.5	19.7	2,252.4	28.5
	외국인투자기업	5,638.3	58.3	4,726.2	59.7
	기타기업	2,139.0	22.0	937.5	11.8

자료: 中國海關統計(2007)에서 필자 정리.

화교기업의 중국의 무역확대에 대한 기여는 화교기업이 집중적으로 분포되어 있는 홍콩·마카오 및 대만과 ASEAN과의 교역관계에서도 파악할 수 있다. 주지하는 바와 같이 중국의 대외무역은 개혁개방 이후 지금까지 다양한 국가로 확대 발전하고 있는 가운데 2006년도 수출의 경우 미국을 중심으로 홍콩, 일본, 한국 등이 많으며, 수입은 일본을 중심으로 한국, 대만이 중심으로 이루고 있다 ([표 5-5] 참조).

[표 5-5] 중국의 주요 수출입 국가(2006년)

중국의 주요 수출국가				중국의 주요 수입국가			
순위	국가	수출액 (억 달러)	점유비중 (%)	순위	국가	수입액 (억 달러)	점유비중 (%)
1	미국	2,034.7	31.3	1	일본	1,157.2	21.4
2	홍콩	1,553.9	23.9	2	한국	897.8	16.6
3	일본	916.4	14.1	3	대만	871.1	16.1
4	한국	445.3	6.8	4	중국	733.6	13.5
5	독일	403.2	6.2	5	미국	592.1	10.9
6	화란	308.6	4.7	6	독일	378.8	6.9
7	영국	241.6	3.7	7	말레이시아	235.7	4.4
8	싱가포르	231.9	3.6	8	호주	193.2	3.6
9	대만	207.4	3.2	9	태국	179.6	3.3
10	이탈리아	159.7	2.5	10	필리핀	176.7	3.3

주: 점유비중은 10대 교역국가 중에서 차지하는 비중임.
자료: 中國海關統計(2007)에서 필자 정리.

그러나 중국의 전체 대외무역 중 화교권 국가와의 교역을 하나로 묶어 계산할 경우 중국의 대외무역은 이들 지역이 가장 많다. 즉 수출의 경우 중국의 10대 수출국 중 1위인 미국이 2,034.7억 달러로 31.3%를 차지하고 있으나 화교권 국가인 홍콩, 대만, 싱가포르 등 국가로의 수출은 1,993.2억 달러로 30.7%를 차지하고 있으며,[10] 수입은 가장 많은 일본이 1,157.2억 달러로 21.4%를 차지하고 있으나 화교권 국가에서의 수입은 1,463.1억 달러로 27.1%를 차지하고 있다. 따라서 중국의 대외교역 중 여전히 화교권 국가가 중심임을 알 수 있다.

이 밖에도 화교기업의 대중국 경제발전에 대한 기여는 고용창출을 통한 사회 안정의 기여를 들 수 있다. 개혁개방 이전 중국의 고용제도는 기본적으로 국가가 일괄적으로 취합하고 분배하는 '통빠오통페이'(統包統配)의 안전고용제도를 실시하였다. 즉 국가가 기업에게 직공의 임용권과 해고권을 주지 않고 국가의 노동관련 부문이 필요한 노동력을 전부 독점하고 계획경제의 필요에 따라 일괄적으로 취합하고 분배하는 방식을 채택하였다. 따라서 이 시기 중국은 최소한 명분상의 실업이 존재하지 않았으며, 여타 국가들처럼 실업으로 인한 사회불안도 존재하지 않았다. 그러나 이러한 완전고용제도는 기업의 과잉고용 문제로 이어져 노동생산성과 경영효율을 저하시키는

---

10) 아세안을 모두 화교권 국가로 분류하여 교역규모를 계산하는 데는 사실상 무리가 있으나 아세안과 중국의 교역이 동남아 화교권 국가의 화교기업들을 중심으로 이루어지는 경우가 대부분이기 때문에 대략적 규모를 파악하는 데는 전혀 무리가 없다.

결과를 초래하였다.[11] 이처럼 완전고용제도하에서 과잉고용 문제로 철저하게 생산단위에 은닉되었던 중국의 잉여 노동력이 실업으로 나타나게 된 것은 1978년 개혁개방이 추진되면서부터이다. 특히 1990년대 이후 사회주의 중국에서 정치, 경제, 사회적으로 중요한 의미를 갖고 있는 국유기업[12]에 대하여 경영효율 증대와 노동생산성 증대를 위해 시장화 개혁을 본격적으로 추진하면서부터 현저하게 나타나기 시작하였다.

2006년 말 현재 중국의 공식 도시 실업인구는 847만 명으로 실업률은 4.1%이다. 그러나 이러한 수치는 중국의 실업현황을 전적으로 반영한다고 볼 수 없다. 중국에는 실업과 유사한 '샤깡인원'(下崗人員)이 2006년 말 현재 700만 명이 넘고 있기 때문이다.[13] 물론 '하강인원'은 여전히 원래 소속기업과 고용관계를 유지하며 일정 정도 급여도 지급받는 휴직 직공이기 때문에 엄밀한 의미에서 실업이라고 단정할 수는 없다. 그러나 근무단위에서 이미 물러난 국유기업의 휴직공일 뿐 아니라 샤깡된 자의 임금이 정상 임금의 절반이거나 심지어 기본 생활비에도 못 미치는 100元 정도의 생활 보조비

---

11) 1990년대 중반까지만 해도 중국의 국유기업은 전 종업원의 30-40%가 잉여 노동력으로 심각한 과잉고용 상태에 처해있었다. 張爲民·張洪吉, 『中國經濟何處去』(北京: 中國物資出版社), 1997. p.55.
12) 중국의 국유기업은 정치적으로 사회주의 실현의 지표로, 경제적으로는 재정수입의 근원으로 그리고 사회적으로는 도시인구의 주요 취업 장소로 역할을 하여 왔다. 유세희·허흥호, "중국 국유기업의 개혁환경 — 제한요인을 중심으로," 『중소연구』(22권4호, 통권 제80호), 1998/9 겨울, p.16.
13) 中國勞動統計年鑑(2007年)(http://www.molss.gov.cn)[검색일: 2008. 3. 27].

성격의 임금을 받고 있고, 또한 원래의 근무지(崗位)로 복귀되는 예가 거의 없어 사실상의 실업으로 간주할 수 있다. 따라서 중국의 실제 도시 실업인구는 적어도 10%에 육박할 것으로 판단된다.[14) 여기에다 외국인 투자기업이 창출한 고용인원이 없었을 경우를 가정하면 중국은 그야말로 실업대국이 되어 사회 안정에 막대한 영향을 주었을 것이다. 따라서 외국인 투자기업이 중국의 사회 안정에 기여한 공헌은 지대하다 평가할 수 있을 것이다.

외국인 투자기업이 중국에 제공한 고용창출은 직접적인 고용창출만 하더라도 [표 5-6]에서 보여주는 바와 같이 2006년 말 현재 중국 전체 도시고용의 5%에 육박하는 비중을 차지하고 있다. 여기에다 하청관계를 통한 고용창출, 수송서비스 및 기타 서비스의 수용을 통한 고용서비스 등 간접적인 고용창출까지 포함할 경우 외국인 투자기업이 중국에 공헌한 고용창출 효과는 상당히 크다 하겠다. 특히 외국인 투자기업 가운데 화교기업은 중국에 가장 많이 진출하였을 뿐 아니라 상당부분이 중소기업의 노동집약형 가공업이 많기 때문에 고용창출 효과가 더욱 큰 것으로 조사되고 있다.[15) 현재 중국진출 화교기업 중 홍콩·마카오 및 대만기업에 고용된 중국인은 전체

---

14) 張俊才, "實際失業人數到底多少: 中國經歷第三次就業高峰," 『中國經濟週刊』, 2006年 6月 19日.

15) 중국은 매 1억 달러 수출할 때마다 15,000만 개의 일자리를 창출되고 있는 것으로 조사되고 있다. 따라서 2003년도의 경우 수출이 4,384억 달러를 수출했기 때문에 6,576만 개의 일자리를 창출된 것으로 평가되며 그중 가공업이 흡수한 노동력은 3,500만 명 이상으로 조사되고 있다. 『中國金融網』(http://www.zgjrw.com)[검색일: 2007. 4. 5].

외국인 투자기업이 고용한 중국인의 절반 정도를 차지하고 있을 정
도로 큰 비중을 차지하고 있으며, 이러한 현상은 계속 증가되고 있
는 추세에 있어 앞으로 중국의 고용창출에 지속적으로 기여할 것으
로 보인다([표 5−6] 참조).

[표 5−6] 대중국 투자 홍콩·마카오, 대만기업 및
외국인 투자기업의 중국인 취업 현황

단위: 만 명

	2000	2001	2002	2003	2004	2005	2006
총 도시취업인구수	23,151	23,940	24,780	25,639	26,476	27,331	28,310
홍콩·마카오 및 대만기업 취업인구	310	326	367	409	470	557	611
외국인 투자기업 취업인구	332	345	391	454	563	688	796
외국인 투자기업의 취업비중 (홍콩·마카오 및 대만기업 포함)	2.77	2.80	3.06	3.37	3.90	4.56	4.97

자료: 中國統計年鑒(2007)

2. 중국기업의 해외진출(走出去)과 화교기업의 역할가능성

1) 중국기업의 해외진출에서 화교기업의 역할필요성

중국기업의 해외직접투자 진출(이하 해외진출)은 2000년 이전까
지만 하더라도 미미한 수준이었지만, 최근 들어서는 [표 5−7]에서
보여주는 바와 같이 빠른 속도로 증가하고 있다. 특히 2003년부터

큰 폭으로 증가하기 시작한 중국기업의 해외진출은 2004년도에 전년대비 93%나 증가하였으며 2006년 말 현재는 161.2억 달러로 대폭 확대되었다.

[표 5-7] 중국의 대외직접투자(2002-2006년)

연도	실투자액(억 달러)	전년대비 증가율(%)
2001	7.9	
2002	9.8	25.2
2003	28.5	19.0
2004	55.0	93.0
2005	69.2	25.8
2006	161.3	31.6
1979-2006년 누계	733.3	

주: 금융기업은 제외.
자료: 中國投資指南(http://www.fdi.gov.cn)[검색일: 2007. 10. 6]에서 필자 정리.

중국기업의 이러한 해외진출 추이는 최근 중국정부가 90년대 중반 이후 8% 이상의 고도성장을 지속하고 기업의 경쟁력을 강화하기 위해서는 무엇보다도 해외 에너지·금속자원, 첨단기술, 브랜드 파워의 확보가 중요하다고 여기고 적극적으로 해외진출[走出去] 정책을 추하고 있을 뿐만 아니라,16) 중국경제 또한 개혁개방 이후 지금까지 연평균 9% 이상의 고속성장과 수출 및 외국인직접투자

---

16) 김익수, "중국 기업의 국제화 전략: 추진배경, 기대효과 및 한계," 『현대중국연구』(현대중국학회), 제7권2호, 2006, p.8.

(FDI) 유입이 지속적으로 증가함에 따라 경상수지 흑자와 외환보유고가 늘어나는 등 해외진출 확대의 여력을 충분히 갖추어 나가고 있기 때문에 빠르게 확대될 것이 분명하다. 실제로 중국의 수출입은 지난 10년 동안 매년 평균 30% 정도의 속도로 증가하여 2005년에는 세계 3위의 무역대국으로 부상하였고, FDI는 2004년 이후 매년 600억 달러 이상을 유치하고 있다. 또한 외환보유고는 2005년 2월 일본을 제치고 세계 1위를 차지한 이래 2006년 말 현재는 1조 2020억 달러를 보유하여 세계에서 유일하게 1조를 이상을 보유한 국가가 되었다. 이는 중국이 더 이상 자본이 부족한 국가가 아니라는 것을 의미한다고 하겠다.

중국기업의 해외진출 확대 요인에는 이러한 중국경제의 해외진출 여력의 확보 외에 1인당 GDP 수준의 향상과 중국의 산업·기술구조 및 소비수요 구조의 고도화 그리고 가전, 섬유, 의류 산업의 설비 과잉 등도 촉매제가 될 것으로 보이며, 특히 아시아 금융위기 이후 국유기업 구조조정에 따른 내수부진, 연해지역의 빠른 인건비 상승, 과잉설비와 가격경쟁의 심화 등으로 인해 점차 레드 오션(red ocean)화되고 있는 국내시장을 피해 해외시장으로 눈을 돌리게 될 수밖에 없는 요인이 크게 작용할 것으로 보인다.[17] 또한 중국제품의 국제시장 진출에서 무역장벽의 회피와 부족 에너지 및 금속자원의 확보 등 향후 중국경제가 발전하는 데 걸림돌로 작용할 수 있는 문제의 해결필요성도 크게 작용할 것으로 보인다.[18]

---

17) 김익수, 앞의 글, p.5.
18) 김익수, 앞의 글, pp.7 - 8. 참조.

하지만 현재 중국기업의 해외진출은 2005년 말 현재 누계기준으로 572억 달러로 전 세계 해외직접투자의 0.59%에 불과할 뿐만 아니라,[19] 다른 나라들과의 비교에서도 상당히 낮은 수준에 있으며 경험 또한 일천한 상황이다([그림 5-1] 참조). 따라서 해외진출의 필요성이 증대되고 있는 중국기업으로서는 해외진출의 정보와 경험 등을 제공해줄 수 있는 협력기업이 필요한 실정이다. 이러한 상황에서 중국과 혈연 및 문화적 연관관계가 있는 화교기업이 가장 적합한 협력자가 될 것으로 보인다. 왜냐하면 우선 화교기업 경영자들은 비록 장기간 해외에 거주하고 있거나 정주(定住)하여 거주국의 국적을 취득한 경우가 많으나 대부분 중국 민족의 특성인 가족, 종족, 친척, 국가를 중시하는 관념을 가지고 있고,[20] 또한 문화적으로도 대체로 거주국의 교육을 받았음에도 불구하고 가치관, 사고방식, 생활방식, 언어 및 풍습 등에서 중국의 전통문화를 간직하고 있는 경우가 대부분이어서 중국기업과 비교적 교류협력을 쉽게 할 수 있다는 판단 때문이다.[21]

---

19) ≪2005년도 중국의 해외직접투자 통계 공보≫(2005年中國對外直接投資統計公報), 中國 商務部(http://hzs.mofcom.gov.cn)[검색일: 2007. 10. 12].
20) 林其錟, "五緣文化與亞洲未來," 『上海社會科學院學術季刊』, 1990年, 第2期, p.126.
21) 潘翎, 『海外華人百科全書』(香港三聯書局), 1998年, p.84.

[그림 5-1] 중국과 주요 선진국의 해외직접투자 비교
(2005년 말 누계기준)

자료: 中國商務部經濟合作司, 『2005年度中國對外直接投資統計公
報』(http://has.mofcom.gov.cn)[검색일: 2007. 3. 30].

다음으로 화교기업은 중국의 전통문화 요소를 간직하고 있는 가운데 네트워크를 중시한 기업경영을 추진하고 있다는 점이다. 화교기업의 네트워크는 동남아 국가의 화교들 사이에서 혈연(血緣), 지연(地緣), 업연(業緣) 등을 기초로 형성되기 시작하였으며 최근에는 지역을 초월한 전 세계에 분포되어 있는 중화민족 전체를 대상으로 확대 발전해나가고 있다. 예컨대 1991년 싱가포르에서 제1차 대회가 개최된 이래 2년마다 개최되고 있는 세계화상대회가 바로 화교

기업 네트워크가 확대 발전되고 있는 대표적인 예이다([표 2−7]
참조). 이러한 점에서 화교기업의 네트워크는 일종의 전 세계적 경
영커넥션의 네트워크로 불리기도 한다.22) 또한 화교기업의 네트워
크는 화교경제가 발전함에 따라 화교기업과 화교가 거주하고 있는
국가의 원주민 기업과의 연계도 지속적으로 확대되고 있으며 심지
어 국제자본과도 합작을 하고 있다. 따라서 화교기업의 네트워크는
더 이상 화교들 간의 네트워크로만 볼 수 없으며 일종의 개방화된
국제경제무역 네트워크의 한 축이라 할 수 있다. 이러한 점에서 화
교기업 네트워크는 향후 중국기업의 해외진출에서 직간접적인 역할
이 있을 것으로 기대된다. 중국정부가 화교기업 네트워크인 세계화
상대회를 적극적으로 지원하는 것은 바로 이러한 이유 때문으로 분
석된다.23)

2) 해외진출에서 중국기업과 화교기업의 협력 기대효과

중국기업의 해외진출과정에서 화교기업과의 협력으로 기대되는
효과는 다양한 것들이 있겠지만 대표적으로 다음 몇 가지를 들 수

---

22) 省勤福 編,『中國走出去戰略硏究報告』(中共中央黨校出版社), 2004, p.78.
23) 중국정부는 『世界華商大會』 대하여 1991년 싱가포르에서 개최된 제1
    차 대회부터 2007년 일본 고베에서 개최된 9차 대회까지 지대한 관심
    과 지원을 아끼지 않았다. 특히 2001년에 개최된 제6차 대회는 난징
    (南京)에서 유치까지 하였다. 『世界華商網絡』(http://www.wcbn.sg)[검
    색일: 2007. 9. 4].

있을 것이다. 우선 중국기업은 화교기업 자신이 보유하고 있는 해외
진출경험과 노하우를 제공을 받음으로써 해외진출의 맹목성과 위험
을 줄이는 효과를 기대할 수 있을 것이다. 주지하는 바와 같이 화
교기업들은 장기간 해외생활과 국제경제 활동으로 거주국은 물론
기타 여러 나라들의 정치, 경제, 사회, 법률, 금융, 세무 등의 상황
파악은 물론 해외의 시장운용 메커니즘과 투자환경 그리고 진출 대
상국의 유관법률 등을 중국기업보다 잘 이해하고 있다. 또한 화교기
업은 중국과의 문화적 동질성과 그동안의 대중국 진출경험을 통해
중국 상품의 장단점과 해외시장에서 중국 상품에 대한 수요 및 중
국기업이 해외에 진출하고자 하는 구체적 의도 등도 다른 외국인기
업들보다 잘 파악하고 있다. 따라서 화교기업은 해외에 대한 경험적
정보와 폭넓은 중국 이해를 바탕으로 중국기업이 해외진출과정에서
나타날 수 있는 맹목성과 위험성을 줄여줄 수 있을 것으로 판단된
다. 특히 해외진출 경험이 일천한 중국기업에게 화교기업은 경험부
족과 정보부족으로 나타날 수 있는 손실을 방지하거나 줄어들게 하
여 해외진출의 효과를 제고시킬 수 있을 것이다.

실제로 중국기업들 중에는 화교기업이 해외진출의 교량적 역할을
하고 있다고 판단하고 화교기업과의 협력관계를 유지하며 적극적인
해외진출을 추진하고 있는 경우가 있다. 예컨대 중국의 대표적 화교
고향 중의 하나인 푸젠성의 진쟝시(晉江市)는 세계에서 생산되는
매 10켤레의 신발 중 2켤레를 생산할 정도로 중국에서 신발제조업
이 집중되어 있는 지역인데, 이 지역에서 생산된 신발의 상당부분이
해외 화교가 설립한 해외 판매센터를 통해 국제시장에 진출하고 있

을 뿐 아니라 해외 화교들을 협력을 통해 해외생산기지 설립을 추진하고 있다.24) 이 밖에도 상당수 중국기업들이 화교기업이 많이 분포되어 있는 홍콩과 동아시아지역에 많이 진출하고 있다.([그림 5 -2] 참조).

[그림 5-2] 중국기업의 대외직접투자진출 지역 분포(2006년 말 현재)

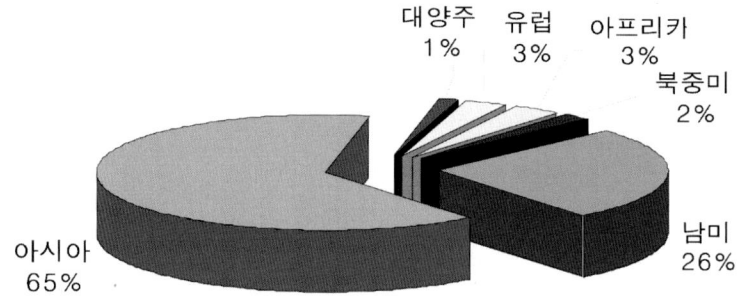

대륙별	아시아	남미	북중미	아프리카	유럽	대양주
투자금액	479.8억 달러	196.9억 달러	15.9억 달러	25.6억 달러	22.7억 달러	9.4 억 달러
주요 투자국가	홍콩, 한국, 마카오, 싱가포르, 월남, 태국 등	케이만군도, 버진아일랜드, 페루 등	미국, 캐나다	수단, 알제리, 나이지리아, 남아프리카 공화국, 잠비아 등	러시아, 타지키스탄, 독일, 스페인, 영국 등	호주, 뉴질질랜드, 파퓨아뉴기니아 등

자료: 중국투자지남(http:www.fdi.gov.cn)[검색일: 2008. 3. 30]에서 필자 정리.

둘째는 화교기업과의 협력진출을 통해 화교의 충분한 자금을 이용하여 자금부담의 경감효과를 기대할 수 있을 것이다. 현재 해외

---

24) 江門新聞網(http://www.jmnews.com.cn)[검색일 2007. 4. 5].

진출을 추진하고 있는 대다수의 중국기업들은 기술이나 상품수출을 중심으로 이루어지고 있으며, 자본수출은 아직 보편화되고 있지 않다.25)([그림 5-3] 참조) 따라서 향후 중국기업의 해외진출은 상당기간 국내기술과 외국자본의 결합방식으로 추진될 것으로 보이며, 특히 이런 가운데 혈연과 지연관계가 있고 문화적으로도 동질성을 가지고 있는 화교기업과 자본결합을 통한 진출이 예상된다. 그 이유는 현재 화교자본 규모는 화교의 특성과 그들이 처해있는 환경적 요인으로 인해 정확하게는 파악할 수 없지만 상당규모를 축적하고 있는 것으로 평가되고 있고,26) 또 화교기업도 세계경제의 구조조정이 가속화되고 있음에 따라 새로운 투자영역을 찾고 있기 때문이다.27)

---

25) 중국기업들은 국제화 추진에 있어서 대부분 수출 혹은 기술수출로 해외시장에 대한 경함을 쌓은 다음 합작투자나 단독투자 방식으로 진출하는 경우가 많다. 김익수, 앞의 글, P.13참조

26) 화교자본은 화교들 중 상당수가 거주국의 국적을 취득하여 거주국에 동화되어 있을 뿐 아니라 거주국에서 토착민들 사이에 나타나고 있는 반화교(反華僑) 및 화교배척(排華僑) 정서로 인해 화교들 자신도 재산공개를 꺼리고 있으며 특히 화교자본은 전 세계 금융네트워크를 통해 신속하게 이동되는 특성을 가지고 있기 때문에 더욱 그러하다. 이재유 · 허흥호, 앞의 글, pp.78-80 참조.

27) 肖勤福 編, 앞의 책, p.77.

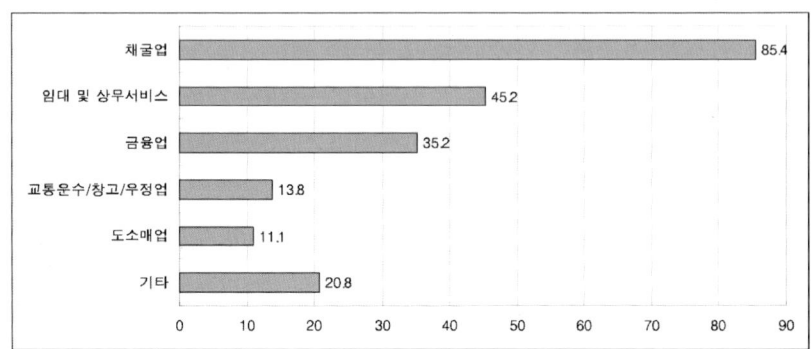

[그림 5-3] 중국기업의 업종별 해외직접투자 현황(2006년)

단위: 억 달러

자료: 中國投資指南(http://www.fdi.gov.cn)[검색일: 2008. 3. 30]에서 필자 정리.

2004년 말 현재 추정치이기는 하지만 화교자본은 현금과 채권형 태로 1조 5,000억 달러, 주식과 자산으로 5,000억 달러 이상을 보유하여 유동자금 규모가 2조 달러가 넘는 것으로 추산되고 있다.[28] 이는 이미 제2장에서 언급한 바와 마찬가지로 같은 시기 중국의 국

---

28) 화교자본 규모에 대한 평가에서 중국은 가능한 한 작게 평가하고 있고, 구미나 일본에서는 비교적 크게 평가하고 있다. 이러한 이유는 중국의 경우 화교자본이 크게 평가될 경우 최근 급속도로 확대되고 있는 중화경제권과 함께 국제사회로부터 견제받을 것에 대비한 방어 심리가 존재하는 것으로 보이며, 구미나 일본의 경우는 화교가 중국의 경제발전과 함께 상당한 위협으로 나타날 수 있다는 우려의 경계심 때문으로 분석된다. 한편 국내언론에서는 영국의 'Economist'지와 미국 오하이오주립대의 해외화인연구센터의 추정치를 참고해 2조 달러로 보고 있다. 홍원선, "세계경제 주무르는 화교의 힘," http://www.donga.com/docs/magazine[검색일: 2006년 3월 13일].

내총생산액(GDP)보다 1.5배가 넘는 규모일 뿐만 아니라 미국, 일본, 독일의 GDP 다음으로 거대한 자본규모이다([표 2-3] 참조). 화교기업의 이러한 자본규모는 1990년대 후반에 아시아지역에서 발생한 금융위기 이후 위축되기는 하였지만 여전히 이들 국가의 경제에서 중요한 위치를 차지하고 있으며 최근에는 서방선진국에서도 빠른 성장을 하고 있는 것으로 조사되고 있다. 예컨대 미국의 경우 화교가 설립한 기업의 자산총액이 1,400억 달러 이상인 것으로 조사되고 있고 유럽도 이보다는 작은 규모이지만 중소기업이 중심을 이루고 있는 가운데 400억 달러가 넘는 것으로 알려지고 있다.[29] 따라서 화교기업의 이처럼 방대한 자본규모는 중국기업의 해외진출과정에서 협력을 통해 자금부담의 경감 효과를 가져다주는 역할과 함께 중국의 상품과 기술수출에도 상당한 기여를 할 것으로 판단된다.

셋째는 서방 선진국에 광범위하게 분포되어 있는 우수한 화교인력자원의 지원을 받을 수 있을 것이다. 현재 전 세계에는 다양한 전문분야에 많은 중국계 화교들이 분포되어 있다. 예컨대 미국의 첨단기술연구단지인 실리콘벨리(Silicon Valley)의 경우, 약 2000여 개의 기업이 화교가 설립하거나 관리하고 있는 것으로 조사되고 있을 뿐 아니라 6만여 명의 기술개발 인력이 근무하고 있는 것을 알려지고 있다. 또한 2001년 실리콘벨리의 영업수익상의 10개 하이테크산업 기업 중 5개가 중국계 화교가 고위직 관리로 근무하고 있는 것으로 알려지고 있다.[30] 해외에 이처럼 방대하게 분포되어 있는 중

---

29) 肖勤福 編, 앞의 책, p.77.
30) 肖勤福 編, 앞의 책, p.78.

국계 고급인력들은 향후 중국기업의 해외진출 경영에서 부족한 고급기술 인력과 관리 인력으로 활용할 수 있을 것이다.

마지막으로 넷째는 화교를 통해 진출대상국의 인맥관계 형성을 구축하여 진출대상국과의 원활한 관계를 유지시켜 경제외적으로 발생할 수 있는 문제의 해결에 도움을 받을 수 있을 것이다. 일반적으로 중국에서 꽌시(關係)는 비즈니스의 통로로 활동되어 왔을 뿐 아니라 하나의 자원으로 인식되어 왔다. 이러한 인식은 중국의 문화를 간직하고 있는 화교도 예외는 아니다. 따라서 해외거주 화교들은 다른 민족들보다 꽌시 형성을 비즈니스의 중요한 부분으로 인식하고 적극적으로 추진하고 있다.[31] 즉 화교들은 해외에서 생활과 비즈니스과정 중 현지의 주민과 정부관원, 경제기구, 화교사회 등 다양한 영역에 광범한 인맥관계를 적극적으로 형성하고 이를 통해 비즈니스를 확대하고 있다. 특히 최근 들어서는 신세대 화교들의 교육수준 제고와 중국이 개혁개방을 추진한 후 학업 등을 이유로 국외에 이주한 우수한 '신화교'들이 증가되면서 거주국의 주류사회에 진출한 후 정계나 재계에 인맥관계를 형성한 경우가 많다. 미국의 HR 인재컨설팅 회사의 통계에 의하면, 서방 다국적기업의 아태지역 본부 혹은 중국대표부에 중국인 후예(華裔)들이 대부분이며, 미국회사에서 파견한 대표의 65%가 신이민자들로 알려지고 있다.[32] 이들은

---

31) 중국의 꽌시(關係)에 관한 구체적인 내용은 鄭錫元, "中國 國民性 硏究 — '關係'(Guan-XI)의 出現 背景," 『중소연구』(한양대학교 아태지역연구센터), 제23권3호, 1999, pp.189-199 참조.
32) 肖勤福 編, 앞의 책, p.78.

본사의 고위층과 밀접한 관계를 가지고 있을 뿐 아니라 정보와 경제무역계의 중요 인물들과 광범위한 연계를 가지고 있기 때문에 중국기업의 해외진출 과정에서 중요한 교량적 역할은 물론 현지경영에서 음양(陰陽)의 지원이 있을 것으로 판단된다.

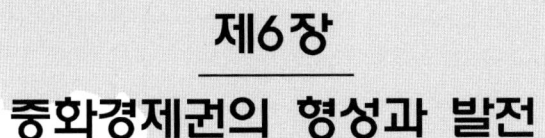

제6장

중화경제권의 형성과 발전

1. 중화경제권의 개념과 형성

1) 중화경제권의 개념

중화경제권은 지금까지 중국의 대외경제교류 중 가장 활발한 지역이었을 뿐 아니라 개혁개방 후 중국의 경제발전에 결정적 기초를 마련해준 지역이기도 하다. 중화경제권은 지리적으로 중국을 중심으로 화인들 사이에 경제교류가 이루어지고 있는 권역을 지칭하며 좁게는 중국, 대만, 홍콩(마카오 포함) 등 지역을 지칭하고, 넓게는 이들 지역 외에 싱가포르, 말레이시아, 태국, 인도네시아 등 동남아 화교경제권을 포함하고 있다. 따라서 중화경제권의 실체 및 향후의 발전방향을 이해하기 위해서는 무엇보다 동남아지역 국가들의 화교자본과 이들의 특성을 이해하는 것이 우선 되어야 하겠다.

동남아지역은 전 세계적으로 화교가 가장 많은 지역으로 해외화교 총수의 85%를 차지하고 있다. 또한 이들이 소유하고 있는 자본은 해외 화교 총자본의 2/3를 차지할 만큼 절대적이다. 그러나 이들이 소유하고 있는 자본은 제2장에서 언급한 바와 같이 '화교'라는 용어의 정의에 따라 현지인의 자본으로 분류되는 경우가 많기 때문에 중화경제권을 형성하고 있는 동남아지역 국가의 화교분포와 그들이 소유하고 있는 자본을 정확하게 파악하기는 어렵다. 그러나 포괄적인 조사이지만 지금까지 밝혀진 바에 의하면 상당한 경제력을 가지고 있는 것은 분명하다. 예컨대 [표 2-2]와 [표 2-5]에서 보여주는 바와 같이 인구구성 중 중국인이 70% 이상을 차지하고 있어 중국인 국가라고 볼 수 있는 싱가포르의 경우는 물론, 화교의 비중이 절대적으로 낮은 인도네시아와 필리핀마저도 해당국가에서 화교자본이 절대적 비중을 차지하고 있다.

화교자본이 동남아지역 각국에서 낮은 인구비율임에도 불구하고 이처럼 막강한 경제력을 차지할 정도로 발전한 데는 그들의 경영기법에서 기인된 것으로 평가되며 다음과 같은 요인을 들 수 있다. 첫째, 화교기업은 혈연, 지연, 업연이라는 광범위한 유대관계를 가지고 있다는 것이다. 이러한 네트워크는 거주 국가에서뿐만 아니라 해외에서 투자 및 기업매수에도 활용된다. 둘째는 첫 번째 강점과 연관된 것으로 화교 비즈니스는 중국의 전통문화 혹은 가치관에 의해 강한 영향을 받고 있다는 것이다. 예를 들어 가족관계를 중시하는 점이나 근면·절약정신 등이 바로 그것이다. 셋째는 화인기업은 가족기업이 많고 기업을 소유하는 가족이 직접 경영한다는 것이다. 표면상은 소유와 경영이 분리된 기업이라도 실제로는 소유자가 경영에 직접 참여하는 경우가 많다. 이러한 경영체제하에서는 소유자인 경영자가 큰 권한을 갖고, 따라서 투자 등의 의사결정이 빠르다. 넷째는 화교기업은 시장체제가 잘 기능하지 않는 환경 속에서 성장해왔기 때문에 이러한 환경에 적응하기 위한 기업경영, 자금운영 및 리스크의 평가와 분산 등 노하우를 가지고 있다. 마지막으로 화교기업은 Conglomerate형 다국적 기업인 경우가 많다는 것이다. 이 경우 많은 업종과 여러 지역에서 사업을 전개할 수 있기 때문에 리스크를 분산하기 쉽다.[1]

화교기업은 비록 거주 국가에 상당히 동화된 형태를 띠고 있기는 하지만 중국의 전통적 문화와 경영특성을 대부분 유지하고 있는 상태에서 성장해왔기 때문에 중국과 경제교류를 통한 중화경제권 형성에 유리하게 작용한 것으로 평가된다. 그러나 중화경제권은 아직 뚜렷한 조직과 일정한 체계를 갖추고 있는 조직은 아니며 화인들 간의 경제협력을 위한 광범위한 일종의 네트워크로 존재하고 있는 실정이다.

2) 중화경제권의 형성 배경

중화경제권의 형성은 중국이 1978년 개혁개방을 추진한 이후 경제발전에 필요한 외국인 자본유치와 대외경제교류를 확대하는 과정에서 중화경제권의 화교기업들이 대거 중국에 진출하면서 시작되었다. 중화경제권의 화교기업들이 중국에 대거 진출한 데는 중국의 개혁개방정책과 다양한 요인이 복합적으로 작용하여 이루어졌다.

---

1) 이재유 앞의 책, pp.167－168.

첫째, 우선 지리적 인접성을 들 수 있다. 중국의 남부지방과 중화 경제권 국가들은 지리적으로 상당히 인접해있다. 이러한 지리적 인접 성은 중국과 동남아 여러 국가들을 역사적으로 밀접하게 하였을 뿐 아니라 동남아 국가에 화교사회가 형성되는 요인이 되게 하였다. 중 국은 이러한 지리적 이점을 이용하기 위해 개혁개방의 첨병인 경제 특구를 이들 국가들과 가까운 광둥과 푸젠성에 설치하였으며, 이에 따라 중화경제권의 화교기업들이 중국에 진출하는 계기가 되었다.

둘째는 민족적/동향적 요인이다. 중국과 대만 그리고 홍콩은 기본 적으로 인종, 문화적 측면에서 같으며 동남아 화교들도 중국의 문화 를 대부분 그대로 유지하고 있다. 뿐만 아니라 대만, 홍콩 그리고 동남아 화교들은 [표 2－7]에서 보여주는 바와 같이 중국의 남부지 역 출신이 절대다수를 차지하고 있다. 이러한 이유에서 화교기업들 은 중국의 초기 개혁개방 지역인 광둥성 및 푸젠성에 비교적 자연 스럽게 진출할 수 있게 되었다. 또한 중국인 특유의 동향에 대한 귀소 본능도 중국 진출을 촉진시키는 요인이 되게 하였다.

셋째는 중국의 화교기업에 대한 정책적 우대를 들 수 있다. 중국 은 중화경제권 내 기업들을 적극적으로 유치하기 위해 이들 기업에 게 외자기업에 주는 일반적 우대조치 외에 다양한 법률과 규정을 반포하여 많은 우대조치를 제공하였다.[2] 예컨대 조세감면의 경우

---

2) 중국은 해외 중국계 자본을 적극적으로 유치하기 위해 「대만동포의 투 자 장려를 위한 규정」(1988), 「화교와 홍콩, 마카오동포의 투자 장려를 위한 규정」(1990), 「대만동포투자보호법」(1994) 등 법률과 규정을 반포 하여 기타 외국인 기업보다 많은 우대조치를 제공하였다.

다음과 같은 우대조치를 실시하였다.

(1) 화교, 홍콩, 마카오, 대만동포의 투자기업은 투자총액 내에서 기업이 필요로 하는 기계설비, 생산용 차량과 사무실 설비 및 개인이 기업업무에 사용하는 것과 적당량의 생활용품과 교통기구에 대하여 수입관세 및 공상통일세를 감면하고 수입허가증 수령을 면제시켜 준다.

(2) 화교, 홍콩, 마카오, 대만동포가 투자한 기업이 생산수출제품의 원자재, 연료, 부속품, 원기자재 등을 수입하여 사용하는 경우에는 수입관세, 공상통일세를 면제하고 수입허가증도 면해주며, 세관으로 하여금 감독을 하도록 한다. 그러나 이러한 수입재료들을 국내 판매 제품에 사용하게 되면 국가에서 규정하는 수입수속의 규정에 따라 세금을 납부해야 한다.

(3) 화교, 홍콩, 마카오, 대만동포가 투자한 기업에서 생산된 수출제품은 정부에서 제한하지 않는 것 외에 수출관세와 공상통일세를 면제한다.

이 밖에도 중국은 중앙정부 차원의 법규와 규정 외에 지방정부에게도 적당히 방관된 정책 아래 특수한 우대조치를 화인기업에 제공해줌으로써 화인기업의 자본유치를 가속화시켰다. 예를 들어 중국이 대만동포의 자금유치를 가속화하기 위하여 1994년 3월 전인대(全人大) 상무위원회에서 「대만동포투자보호법」을 통과시킨 후 중국의 많은 지역에서 대만기업의 투자보호를 보장하는 규정을 제정하였는데, 그중 샤먼(廈門), 푸저우(福州), 푸순(撫順), 쓰촨성(四川省), 난징(南京), 쟝시성(江西省) 등에서 대만기업에게 내수비율을 확대하

도록 허가해준 것은 좋은 예이다.3)

넷째는 중화경제권이 중국과 적극적으로 경제교류를 실시한데는 상호경제적 보완관계를 들 수 있다. 즉 중국의 저렴한 노동력과 중화경제권지역 국가들의 자본과 기술의 상호보완적 역할은 경제교류를 밀접하게 했다. 특히 홍콩의 경우 급속한 경제성장과 함께 생산원가 상승으로 생산원가를 절감할 수 있는 지역을 찾아 나서야 할 입장에서 인건비와 원료비가 저렴한 중국으로 생산지를 이전하게 되었다.

이처럼 다양한 요인에 의해 형성되고 있는 중화경제권은 1994년에 이미 대외무역 총액이 세계 전체 교역의 8.5%를 차지하는 등 빠른 속도로 성장하고 있으며, 역내 상호교역도 전 세계 교역의 2.5%를 차지하고 있다. 또한 중화경제권 핵심지역인 중국, 홍콩, 대만의 외환보유고가 2003년 1/4분기 현재 5900억 달러가 넘어서는 등 막강한 경제력을 자랑하고 있다.4) 이에 따라 중화경제권은 2010년 세계 순 수입시장에서 차지하는 비중이 8.5%를 차지할 것으로 예상됨과 동시에 세계 GDP에서 차지하는 비중도 8.4%를 차지할 것으로 전망되고 있다([표 5-1] 참조). 특히 중화경제권은 세계 전체 인구의 21%를 차지하는 점 등으로 인해 향후 명실상부한 세계 제1의 거대시장으로 부상할 것이 분명히 예견되고 있다.

---

3) 魏艾, "中國의 華僑政策과 海外 華人의 經濟協力," 『대중화경제권과 21세기 아태경제』(한양대학교 출판부), 1999, pp.107-108 참조.
4) http://www.kotra.or.kr/main/trade/country/main.jsp[검색일: 2003. 8. 19].

[표 5-1] 중화경제권의 경제규모와 기타 경제권의 비교

지역/국가	인구(백만 명)			경상GDP(10억 달러)			상품수입규모(10억 달러)		
	1998년	2005년	2010년	1998년	2005년	2010년	1998년	2005년	2010년
중화경제권	1,271	1,374	1,473	1,383.3	2,703	3,714	429.4	786	1,146
중국	1,242	1,343	1,405	959.0	1,623	2,674	140.2	355	572
대만	22	23.4	24.6	260.6	505	726	104.7	186	274
홍콩	7.0	7.3	7.4	163.7	237	314	184.6	245	300
NAFTA	401	428.2	454.5	9,778.6	14,456	18,893	1,131.8	2,144	2,870
미국	271	288.0	299.7	8,759.9	12,765	16,447	971.2	1,548	1,975
EU	374	380.8	382.7	8,405.7	12,987	15,877	2,097.1	3,553	4,755
일본	126	127.8	126.6	3,808.0	5,003	5,523	280.0	556	710
ASEAN5개국	366	407.10	434.8	427.5	942	1,495	262.6	444	780

자료: DRI, *The World Outlook,* 2000/2

　　　WEFA, *World Economic Outlook,* The third quarter 2000.

　　　양평섭, 『중국의 WTO가입 이후 산업별 개방과 그 영향』(대외경제정책연구원), 2000.
12. p.24에서 재인용.

2. 중화경제권의 경제교류 현황과 발전추이

1) 중화경제권의 경제교류 현황

　중화경제권의 경제교류는 기본적으로 중국을 중심으로 이루어지고 있다. 즉 앞에서 살펴본 바와 같이 1978년 중국이 개혁개방을 추진한 후 중국의 화교기업에 대한 우대조치와 경제적 보완관계가 지리적, 민족적, 동향적 요인과 함께 작용하여 나타나고 있다. 그러나 중화경제권 지역의 모든 국가들이 중국과 적극적인 경제교류를

이루고 있는 것은 아니며, 홍콩과 대만이 중심으로 이루고 있다. 구체적으로 [표 5-2]에서 보여주는 바와 같이 중화경제권 국가들의 대중국 투자는 홍콩(마카오 포함)과 대만이 90%에 가까운 비중을 차지하고 있는 실정이며, 수출입 또한 이들 지역이 절대적 비중을 차지하고 있는 실정이다([표 5-3] 참조).

[표 5-2] 중화경제권 국가의 대중국 직접투자 추이

단위: 억 달러

국가 및 지역	2001년까지 누계		2002년		2003년		2004년		2005년		2006년		2006년까지 누계	
	건수	실투자액	건수	실투자액	건수	실투자액	건수	실투자액	건수	실투자액	건수	실투자액	건수	실투자액
계	314,260 (100.0)	2,963.32 (100.0)	17,873 (100.0)	255.02 (100.0)	20,836 (100.0)	243.47 (100.0)	21,592 (100.0)	255.71 (100.0)	21,498 (100.0)	236.38 (100.0)	22,011 (100.0)	260.06 (100.0)	418,070 (100.0)	4,213.96 (100.0)
홍콩/마카오	232,916 (74.1)	2,277.65 (76.9)	11,363 (63.6)	183.29 (71.9)	14,213 (68.2)	181.17 (74.4)	15,434 (71.5)	195.44 (76.4)	15,538 (72.3)	185.49 (78.5)	16,364 (74.3)	208.37 (80.1)	305,828 (73.2)	3,231.41 (76.7)
대만	60,186 (19.2)	364.87 (12.3)	4,853 (27.2)	39.71 (15.6)	4,495 (21.6)	33.77 (13.9)	4,002 (18.5)	31.17 (12.2)	3,907 (18.2)	21.52 (9.1)	3,752 (17.0)	21.36 (8.2)	81,195 (19.4)	512.4 (12.2)
아세안 5개국	21,158 (6.7)	320.8 (10.8)	1,657 (9.2)	32.02 (12.5)	2,128 (10.2)	28.53 (11.7)	2,156 (10.0)	29.1 (11.4)	2,053 (9.5)	29.37 (12.4)	1,895 (8.7)	30.33 (11.7)	31,047 (7.4)	470.15 (11.1)

주: ( ) 안은 중화경제권 국가 전체에서 차지하는 비중임.
자료: 中國投資指南(http://www.fdi.gov.cn)[검색일: 2007. 4. 12]에서 필자 정리.

[표 5-3] 중화경제권 국가의 대중국 교역 현황

단위: 억 달러

국가 및 지역	2004년			2005년			2006년		
	수출	수입	수출입총액	수출	수입	수출입총액	수출	수입	수출입총액
중국총계	5,933.7	5,614.2	11,547.9	7,620.0	6,601.2	14,221.2	9,690.7	7,916.1	17,606.8
계	1,531.4	1,367.9	2,899.3	1,907.4	1,590.9	3,498.3	2,399.9	1,846.4	4,246.3
홍 콩	1,008.8	118.0	1,126.8	1,244.8	122.3	1,367.1	1,553.9	107.9	1,661.8
마카오	16.1	2.2	18.3	16.1	2.6	18.7	21.8	2.6	24.4
대 만	135.5	647.8	783.3	165.5	746.8	912.3	207.4	871.1	1,078.5
필리핀	42.7	90.6	133.3	46.9	128.7	175.6	57.4	176.7	234.1
태 국	58.0	115.4	173.4	78.2	139.9	218.1	97.6	179.6	277.2
말레이시아	80.9	181.7	262.6	106.1	201.0	307.1	135.4	235.7	371.1
싱가포르	126.9	140.0	266.9	166.3	165.2	331.5	231.9	176.7	408.6
인도네시아	62.5	72.2	134.7	83.5	84.4	167.9	94.5	96.1	190.6

자료: 中國商務部(http://zhs.mofcom.gov.cn)[검색일: 2007. 10. 22]에서 필자 정리.

이처럼 중국을 중심으로 홍콩 및 대만과 이루어지고 있는 경제교류 현황을 다시 구체적으로 살펴보면, 우선 중국과 홍콩의 경우 중국의 개혁개방 초기인 1980년에 교역총액이 49.23억 달러에 불과하였으나 2006년도에는 [표 5-3]에서 보여주는 바와 같이 1661.8억 달러를 차지하고 있다. 또한 투자부문에서는 1979년부터 2006년 현재까지 홍콩(마카오 포함)의 대중국 투자는 누계기준으로 3,231.41억 달러로 전체 외국인 대중국 투자의 40.82% 차지하여 전 세계에서 단연 1위를 차지하고 있다.

한편 중국과 대만의 교류인 양안경제교류는 교역부문에서 1979년 7천780만 달러 정도에 불과했으나 2006년 말 현재는 무려 1,000배 이상 증가한 881.15억 달러에 달하여 이미 상호간에 일본, 미국, 홍콩, 한국에 이어 다섯 번째 교역상대국으로 발전하였다([표 5-4] 참조). 또한 투자부문에서는 2006년 한 해만도 21.36억 달러가 중국에 투자되어 중국은 대만의 첫 번째 투자대상국으로, 대만은 중국의 5번째 투자유치국이 되고 있다.5)

[표 5-4] 양안 간 홍콩경유 간접교역 현황

단위: 억 달러/%

연도	총교역량		대만의 對대륙 수출		대륙의 對대만 수출	
	금액	증감률(%)	금액	증감률(%)	금액	증감율(%)
1979	77.8	-	21.5	-	56.3	-
1991	80.54	-	69.28	66.1	11.26	47.1
1992	108.16	34.3	96.97	40	11.19	-0.6
1993	137.43	27.1	127.28	31.3	10.15	-
1994	165.11	20.1	146.53	15.1	18.58	83
1995	209.89	27.1	178.98	22.1	30.91	66.3
1996	222.07	5.8	191.48	7	30.59	-1
1997	244.33	10.0	205.18	7.2	39.15	28
1998	224.91	-7.9	183.8	-10.4	41.11	5
1999	257.47	14.5	212.21	15.5	45.26	10.1
2000	323.85	25.8	261.62	23.3	62.23	37.5
2001	299.63	-7.5	240.61	-8	59.02	-5.2
2002	373.93	24.8	294.46	22.4	79.47	34.7
2003	463.19	23.9	353.57	20	109.62	37.9
2004	616.38	33.1	449.6	27.2	166.78	52.2
2005	717.01	16.3	517.73	15.2	199.28	19.5
2006	881.15	22.9	633.32	12.5	247.83	23.3

자료: 『兩岸經貿』(臺北), 2003년 6월호.

---

5) 한편 대만 측에서 발표한 자료에 의하면 2006년도 대만의 대중국 투자는 허가기준으로 1,090건에 76.42억 달러로 되어 있다. 이처럼 두지역 간의 발표수치가 다른 점은 대만의 투자가 제3국을 통한 간접투자의 형식을 띠고 있어 파악이 어렵기 때문이다.

중화경제권의 경제교류가 중국을 중심으로 홍콩과 대만이 주축을 이루는 것은 여타 중화경제권 국가들의 경제적 여력의 문제를 들 수 있으나 보다 근본적인 것은 중국의 개혁개방과 홍콩, 대만의 경제적 이해관계가 상호부합됐기 때문으로 분석된다. 왜냐하면 홍콩의 경우 개혁개방 초기 중국의 경제발전에 필요한 자본과 기술을 가지고 있었고, 중국은 홍콩이 80년대 초반부터 인력부족 및 생산원가의 상승으로 해외투자를 고려해야 할 입장에 있는 상태에서 이를 충분히 해결해줄 만한 유인요인을 제공해줄 수 있었기 때문이다. 한편 대만은 80년대 중반부터 대내적으로는 노동력 부족과 임금상승, 노사분규 빈발, 지가상승, 환경보호 의식 대두 등 대만기업의 투자의욕을 약화시키는 요인이 발생하였고, 대외적으로는 선진국의 보호주의 대두와 환율인상 등 요인으로 경쟁력을 상실한 노동집약적 산업의 해외이전이 절실히 요구되고 있는 상황이었다.[6] 반면 중국은 방대한 인구로 인한 풍부한 노동력과 저렴한 공장부지 그리고 급속히 성장하고 있는 거대한 시장을 가지고 있어 노동집약적 산업투자의 최적지로 평가받고 있는 상태였다. 이러한 상황에서 대만기업은 동일한 언어를 사용하여 의사소통이 자유롭고 또한 민족 및 문화적으로 동질성을 갖고 있으며 지리적으로 가까운 중국으로 자연스럽게 진출하게 되었다.[7]

---

6) 高長·蔡慧美, "海峽兩岸投資與貿易關係硏究," 黃天中·張五岳 編, 『兩岸關係與大陸政策』(臺北: 五南圖書出版公司), 1993年, p.341.
7) 서석홍, "대만기업의 대중국투자와 양안 경제통합,"『중소연구』(한양대 중소연구소), 21권1호(통권73호), 1997년, p.132.

2) 중화경제권의 교류발전 추이

중국을 중심으로 홍콩 및 대만과의 교류관계로 확대발전하고 있는 중화경제권의 경제교류는 빠른 속도로 발전하여 일체화 현상을 보이고 있다. 예컨대 홍콩기업의 대중국 진출은 그동안 지역적으로 광둥성과 푸젠성 중심으로 이루어졌을 뿐만 아니라 투자규모도 소규모였고 업종 또한 노동집약적인 제조업이 중심이었다. 그러나 최근 들어서는 중국 전역으로 진출이 확대되고 있을 뿐만 아니라 투자규모도 커지고 있고, 기술수준 또한 이전에 비해 상당히 높아지고 있다. 특히 투자기간의 장기화 추세가 두드러지게 나타나고 있어 중국과 홍콩 두 지역 간에 경제적 일체화 현상이 가속되고 있다.

중국과 홍콩 간의 경제교류 일체화 현상은 중국기업의 홍콩진출 확대에 의해서도 빠르게 이루어지고 있다. 2006년 말 현재 중국기업이 홍콩에 진출한 자본은 422.69억 달러로 전 세계에서 가장 많이 진출해있다([표 5 - 5] 참조). 그 결과 현재 홍콩에서 중국기업이 이룩한 무역액이 이미 홍콩 무역총액의 22%를 넘어섰으며, 중국자본에 의해 설립된 은행이 흡수한 저축액만도 홍콩은행 저축총액의 23%를 차지하고 있는 것으로 밝혀지고 있다.[8] 또한 진출업종에 있어서도 금융, 물류, 컨설팅, 건축 등 전문 서비스업에서부터 제조업까지 다양한 분야에 깊숙이 진출한 것으로 나타나고 있다.[9] 이러한

---

8) 『經濟導報』(홍콩), 2002. 8. 26. p.19 참조.
9) 홍콩한국무역관, 『홍콩기업의 중국투자 동향과 시사점』(전략보고서), 2001. 12 참조.

점에서 홍콩과 중국과의 경제통합은 상당한 수준으로 이루어졌다고
평가할 수 있을 것이다.

[표 5-5] 중국의 주요 국가별 대외직접투자 추이

단위 : 억 달러

	2003년 이전까지	2003년	2004년	2005년	2006년	2006년까지 누계
홍콩	281.41	11.49	26.28	34.20	69.31	422.69
케이만군도	-8.61	8.06	12.68	51.63	78.33	142.09
버진군도	2.97	2.10	3.86	12.26	5.38	47.50
미국	6.23	0.65	1.20	2.32	1.98	12.38
한국	1.39	1.54	0.40	5.89	0.27	9.49
러시아	1.69	0.31	0.77	2.03	4.50	9.30
호주	3.58	0.30	1.25	1.93	0.88	7.94
마카오	5.88	0.32	0.27	0.08	-0.43	6.12
수단	2.08	-	1.47	0.91	0.51	4.97
독일	2.13	0.25	0.28	1.29	0.77	4.72

주: 마이너스는 직접투자 회수금액임.
자료: 中國投資指南(http://www.fdi.gov.cn)[검색일: 2007. 11. 3]에서 필자 재작성.

한편 양안 간 경제교류는 중국과 홍콩의 관계와 달리 정치·군사
적으로 첨예하게 대립되어 있는 상태이지만 정치·군사적으로 대립
되어 있는 분단국이라는 사실이 의심스러울 정도로 경제를 비롯한
문화, 학술, 체육 등 분야에서는 활발한 교류관계가 유지되고 있다.
특히 경제교류는 현재 중국이 교류하고 있는 어느 국가들과의 비교
에서도 결코 뒤지지 않을 정도로 교류가 진행되고 있다. 양안 간의
이러한 경제교류 확대는 지금까지 양안 간의 경제교류가 상호간에
상당한 경제적 효과를 가져다주었고 또 향후에도 상당부분 유효하

게 작용할 것이기 때문에 지속적으로 확대될 것으로 보인다.

양안경제교류가 가져다준 경제적 효과로는 대만의 경우 첫째, 성장촉진의 효과(growth effect)이다. 전통적으로 대만경제의 성장은 대외무역에 의해 이루어져왔으며, 이 또한 미국과 일본을 중심으로 이루어져 과거 대만경제는 미·일 경제의 부침에 의해 크게 영향을 받아왔다. 그러나 중국과 무역교류가 시작된 후부터 이러한 현상이 크게 완화되었다.

둘째는 미국시장 의존도 감소로 인한 전향(轉向)의 효과(diversion effect)이다. 과거 대만의 대미수출은 대만 전체 수출의 절반 정도를 차지할 정도로 미국의 의존도가 높았다.[10] 따라서 그동안 대만은 미국의 인위적인 대만화폐(新臺幣)의 평가절상 압력과 '301조'의 위협 그리고 각종 제한 등으로 미국의 견제를 받아왔다. 그러나 중국시장 개척 후에는 대만의 대미 수출의존도가 대폭적으로 낮아졌다. 구체적으로 대만의 대미 수출의존도는 1984년의 48.8%에서 10년이 지난 1994년에는 26.2%로 낮아졌으며, 1995년 1/4분기에는 홍콩이 미국시장을 앞서 대만 제1의 수출시장이 된 적도 있다.[11] 이러한 현상은 대만화폐가 미 달러에 대한 평가절상 압력이 대폭 줄어들고 외환시장의 수요조절에 의해 조절되게 하여 대만경제의 안정적인 성장에 중요한 역할을 하였다.

셋째, 대만기업의 대중국 투자는 산업구조의 전환과 고도화를 가

---

10) 1984년까지만 해도 대만의 대미 수출은 전체 수출량의 48.8% 정도를 차지할 정도로 대미의존도가 상당히 높았다.
11) 鄭竹園, 『大陸經濟改革的進程與效果』(臺北: 致良出版社), 1997年, p.242.

속시킨 전형(轉型)의 효과(transformation effect)를 가져다주었다. 최근 몇 년간 대만에서 중국으로 이전한 기업은 대체로 노동집약적이고 초보적인 가공공업이었다. 이러한 형태의 대중국 기업이전은 대만 내의 자금을 대만의 기술집약적 산업에 집중시키는 역할을 하게 하였다. 예컨대 대만 경제부가 발표한 통계에 의하면, 대만화폐 2억 원 이상 투자한 민영기업 중 기술집약적 공업이 차지하는 비율이 1995년의 경우 14%이었으나 1996년에는 54%로 증가하였고 노동집약적 공업은 42%에서 10%로 하락하였다. 또한 대만의 중화학 공업 제품의 수출비중은 1988년의 41.3%에서 1995년 1/4분기에는 56.5%로 증가하여 6년간 15%포인트 증가되었다. 따라서 대만의 산업구조 전환이 이미 현저하게 전환되었음을 알 수 있다.

한편 양안경제교류가 중국의 경제발전에 미친 효과로는 교역보다 대만기업의 대중국 투자로 인해 현저하게 나타나고 있다. 그러나 대만기업의 대중국 투자는 제3국을 통해 이루어져왔기 때문에 정확한 투자 진출 현황과 성과를 파악하기가 쉽지 않다. 따라서 본문에서는 일반적인 성과만을 살펴보고자 한다.

첫째는 대만기업의 대중국 진출은 중국의 경제발전에 필요한 자금부족 해결에 공헌을 하였다. 예컨대 2001년도의 경우 중국이 경제발전을 위해 도입한 외자총액 468.5억 달러 중 대만기업이 중국에 투자한 금액은 31.6억 달러로 6.7%에 불과하다. 그러나 대만기업의 투자가 집중된 지역, 특히 광둥성지역을 살펴보면 대만자본과 홍콩자본이 80% 이상을 차지할 정도로 중국경제 발전에 상당한 공헌을 했음을 알 수 있다. 구체적으로 대만기업이 집중적으로 진출한 광둥성의 경우, 2003년 상반기 현재 14,784개사가 진출했으며 투자 금액(계약액 기준)도 235억 달러에 달하고 있다.[12]

둘째는 고용창출로 중국인민들에게 취업기회를 제공하는 역할을 하였다. 통계에 의한 1989년 대만기업에 의해 고용된 중국의 취업 인원은 24만 명으로 같은 해 중국의 삼자기업(三資企業)에서 고용한 총인원의 16%를 차지하고 전체 중국 직공 수의 0.17%를 차지하는 것으로 나타났다.[13] 만약 이것을 이용하여 매 기업의 투자 고용수가 불변한다는 조건하에서 1991년 대만기업이 중국에서 창출한 취업기회를 계산하면 71만 개의 고용기회가 발생한다. 따라서 중국에서 외환수익이나 자본형성의 효과가 뛰어난 대만기업의 고용창출은 앞으로도 계속될 것으로 보인다. 특히 푸젠성의 경우 1989년 대만기업은 9만 2천4백 명의 취업인구를 흡수하여 省 전체 공업취업 인구의 3.6%를 차지하고 있어 대만기업의 고용창출 효과를 단적으로 보여주고 있다.

셋째는 초보적 기술의 이전효과를 가져다주었다. 중국에 투자한 대만기업은 대부분 노동집약적인 가공업 위주로서 기술수준이 그리 높지 않은 실정이다. 따라서 기술이전의 효과를 측정하기는 그리 쉽지 않다. 그러나 그 기술이 실용적인 생산기술로서 단기간 내에 흡수되어 나타내는 것이어서 개혁개방초기 중국의 초보적 기술향상에 기여한 것으로 평가된다. 특히 대만기업의 중국 측 합작파트너나 하청생산기업들이 중소규모의 향진기업(鄉鎮企業)들이 대부분이어서

---

12) 『兩岸經貿』(대만), 7월호, 2003. 8. 10. p.24.
13) 伍星都, "臺灣對大陸投資之分析," 『國際貿易』, 第5期, 1991年, p.15.

향진기업의 기술수준을 향상시켜 도시와 농촌의 기술격차를 줄이는 데 기여한 것으로 평가되고 있다. 하지만 대만의 대중국 투자기업들이 중국 내의 관련 산업과 연계를 최소화하고 있어 기술이전이 확산되는 데는 한계가 있는 것으로 평가되고 있다.[14]

이 밖에 대만기업의 대중국 투자는 대만의 기업관리 방식과 가치관 그리고 생활방식도 제공하였다. 특히 시간효율과 공정한 경쟁 개념 등 현대화된 기업경영관리 이념은 중국사회에 생기를 불어넣는 데 긍정적이고도 적극적인 역할을 하였다.

그러나 양안경제교류는 이처럼 경제적 보완성을 중심으로 이루어지고 있지만, 본질적으로는 상호간에 정치적 의미가 농후한 입장에 의해서 이루어지고 있다. 즉 대만은 양안경제교류 확대로 인한 경제적인 이익은 수용하면서 다른 한편으로는 중국이 양안경제교류 발전을 통하여 관철하고자 하는 정치적 의도를 경계하고 있다. 반면 중국은 양안경제교류를 경제적 목적 외에 정치적 목적을 달성하기 위한 조치로 보고 있으며, 양안경제교류 확대가 가져올 효과를 다음과 같이 지적하고 있다. 첫째, 양인의 경제적 결합을 심화시켜 대만이 주장하는 '삼불정책'(三不政策)을 타파한다. 둘째, 쌍방의 무역거래로 대만의 분리 독립 움직임을 억제한다. 셋째, 조국의 평화통일뿐만 아니라 중국의 4개 현대화 건설에도 유리하다. 넷째, 대만의 자금을 대량으로 이용하여 서방국가들의 대중국 제재를 타파하는 데 적극적인 의미를 갖는다. 한편 중국은 양안경제교류의 확대는 대

---

14) 김시중, 『대만기업 중국투자의 현황과 파급효과』(대외경제정책연구원), 1993, p.83.

만에서 중국과 밀접한 관계를 갖는 이익집단이 출현할 것으로 보고 양안경제교류의 발전은 평화통일을 촉진하는 데 결정적인 효과를 가져다줄 것으로 여기고 있다.[15]

따라서 양안 간 경제교류발전은 상호간 정책적 조치에 따라 영향을 받는 취약성을 가지고 있으며, 이는 양안경제교류가 언제든지 위축될 가능성이 있음을 시사하는 것일 뿐만 아니라 중국, 홍콩, 대만을 중심으로 한 제도적 통합으로의 발전에 중대한 장애가 될 것으로 판단된다. 그러나 후술하는 바와 같이 최근 중국이 지역경제 협력과 중화경제권에 대한 인식이 바뀌고 있어 전혀 불가능하다고 판단할 수는 없을 것이다.

3. 중국의 지역경제협력 인식 변화와 중화경제권의 전망

1) 중국의 지역경제협력 인식 변화

중국은 그동안 지역패권주의를 반대한다는 대외정책의 기본원칙에 입각하여 지역경제협력에 미온적 태도를 보여 왔을 뿐만 아니라 어떠한 전략적 방안도 드러내지 않았다. 특히 중화경제권에 대해서는 중화경제권의 구성이 중화민족들이라는 특수성 때문에 정치적

---

15) 黎建, "中共發展兩岸經貿往來的目的與最新擧措," 『中國大陸』(臺北), 1991, 1월호, p.13.

입장을 고려 입장조차도 밝히기를 꺼려 왔다.

그러나 중국은 최근 들어 세계경제의 흐름, 즉 세계화의 흐름 속에서 두드러지게 나타나고 있는 지역경제협력 내지 통합의 움직임을 주시하며 지역경제 협력에 대한 관심을 나타내고 있다. 특히 중국은 1997년 동아시아지역의 외환·금융위기가 자국 경제에 상당한 영향을 미치자 재발을 방지하기 위한 협의체 구성이 필요하다고 인식하고 지역경제협력에 보다 전향적인 태도를 나타내고 있다. 중국이 이처럼 지역경제 협력에 관심을 보이고 있는 데는 세계화와 지역화 등 급변하고 있는 국제경제 환경에 능동적으로 대처하면서 국제적 위상을 제고한다는 요인이 있지만, 무엇보다도 중국의 현 단계 경제발전이 대외경제와 밀접한 관계가 있기 때문에 이에 따른 영향을 최소화하려는 것으로 분석된다.

주지하다시피 중국은 1978년 개혁개방 후 지금까지 빠르고도 지속적인 경제성장을 이룩해왔으며, 이러한 성장의 배경에 외국인 투자기업의 유치와 수출의 확대 등 대외경제교류가 결정적 역할을 해왔다. 왜냐하면 외국인 기업의 대중국 투자가 중국 고정자산 투자의 10% 정도를 차지하고 있을 뿐 아니라 공업생산액도 [표 5-6]에서 보여주는 바와 같이 중국 전체 공업생산액 중 30% 이상을 차지하고 있으며, 수출로 인한 무역수지 흑자가 경제성장의 25%를 차지하고 있기 때문이다.16) 특히 수출의 경우 국내경제의 성장촉진 외에 국제경제에서 중국의 위상과 영향력을 발휘할 수 있게 하였다.

---

16) 江小涓, 앞의 책, p.65.

구체적으로 중국의 수출은 1978년 말 세계무역 순위 32위에서 2006년 말 현재 3위로 뛰어올랐으며 세계교역 총액의 6% 이상을 차지하고 있다. 이에 따라 중국의 외자유치와 수출은 중국 경제성장의 쌍두마차로 평가되고 있다.[17]

[표 5-6] 삼자기업이 중국의 공업생산액에서 차지하는 비중

단위: 억 원(人民幣)

		2000	2001	2002	2003	2004	2005	2006
공업 증가액	전체	25,394.8	28,329.4	32,994.8	41,990.2	54,805.1	72187.0	91075.7
	삼자기업	6,090.4	7,128.1	8,573.1	11,599.6	15,240.5	20468.3	25545.8
	비중(%)	23.98	25.16	25.98	27.62	27.81	28.4	28.0
공업 총생산액	전체	85,673.7	95,449.0	110,776.5	142,271.2	201722.2	251619.5	316589.0
	삼자기업	23,464.6	27,220.9	32,459.3	44,357.8	65995.2	79860.2	100076.5
	비중(%)	27.39	28.52	29.30	31.18	31.43	31.7	31.6

자료: 中國統計年鑑 각 년판

그러나 중국경제는 대외경제교류에 의해 급속한 성장을 이루었지만, 중국의 수출입시장 구조가 [표 5-7]에서 보는 바와 같이 아시아지역에 55% 이상을 차지하고 있다. 이러한 지역적 편중구조는 한때(1997년) 태국으로부터 시작된 동아시아 금융위기 이후 중국의 대외교역에서 적지 않은 타격을 주기도 하였다. 당시 중국은 동아시아 금융위기 발생 이후 우려하던 런민삐(人民幣) 평가절하까지 가

---

17) 예컨대 97년의 경우 중국의 수출은 20.9%를 성장하여 경제성장률 8.8% 중 2%포인트를 기여하여 경제성장에 크게 기여한 것으로 평가되고 있다.

지는 않았지만, 그동안 중국경제 성장의 쌍두마차 역할을 해오던 외국인 직접투자유치와 대외수출이 급속도로 감소하여 경제성장률이 7%대로 하락하는 등 심각한 영향을 입었다.[18] 중국의 수출시장이 이처럼 아시아지역에 집중되어 있는 원인은 지리적 인접성 등 여러 가지 요인이 지적될 수 있으나, 가장 대표적인 원인은 이들 지역의 기업들이 중국에 진출해있는 외국인 투자기업 가운데 가장 많기 때문이다([표 5-2] 참조). 특히 중국의 대외수출지역 중 대홍콩 수출이 많은 이유는 중국에 진출한 외자기업 중 홍콩기업의 수가 가장 많다는 점과 홍콩이 중국의 중계무역지로서 중요한 역할을 하고 있기 때문이다([표 5-3] 참조).

---

18) 중국은 90년대 이후 평균 10%에 육박하는 경제성장률을 이룩하여 왔으나 동아시아 금융위기의 영향이 심한 1998년과 1999년에는 7.8%와 7.1%의 경제성장률을 기록했으며 동아시아 경제가 회복되기 시작한 2000년도에는 8.0%의 성장을 나타냈다. 또한 1997년 중국의 대외수출은 전년대비 21%나 증가하였으나 동아시아 금융위기의 직접적인 영향을 받은 1998년에는 불과 0.53% 증가하는 데 그쳐 人民幣 평가절하설이 제기되는 등 중국경제에 상당히 심각한 영향을 주었다. 특히 아시아 국가 중 중국의 주요 교역국이었던 홍콩, 일본, 한국 및 아세안 국가들의 금융위기가 비교적 심각하여 수출이 각각 387.5억 달러, 296.6억 달러, 62.7억 달러 및 109.2억 달러로 11.5%, 6.7%, 31.3% 및 13.6% 감소하여 수출부진의 결정적인 영향을 주었다. 洪淑芬, "一九九八年大陸的外貿表現: J曲線效應探討," 『中國大陸研究』(國立政大學國際關係研究中心), 第42卷第5期, 1999年, p.43 참조.

[표 5-7] 중국의 지역별 수출입 동향(2006년)

단위: 억 달러

지 역	수출입			수출			수입		
	금액	전년대비증감(%)	점유비중(%)	금액	전년대비 증감(%)	점유비중(%)	금액	전년대비증감(%)	점유비중(%)
총 계	17,606.4	23.8	100.0	9,690.8	27.2	100.0	7,915.6	20.0	100.0
아주지역	9,813.4	21.5	55.7	4,558.4	24.4	47	5,255.0	19	66.4
유럽지역	3,302.3	26.0	18.8	2,153.7	30	22.2	1,148.6	19.1	14.5
북미지역	2,860.6	23.9	16.2	2,191.4	25.5	22.6	669.2	19.2	8.5
남미지역	702.2	39.1	4.0	360.3	52.1	3.7	341.9	27.6	4.3
대양주지역	373.3	20.8	2.1	160.1	24.2	1.7	213.2	18.4	2.7
아프리카지역	554.6	39.6	3.1	266.9	42.9	2.8	287.7	36.6	3.6

자료: 中國商務部(http:www.mofcom.gov.cn)[검색일: 2007. 8. 20.)

이러한 상황에서 중국은 아시아의 금융위기는 공동대응이 미흡하여 위기가 심화되었다고 인식을 하고 2000년 11월 필리핀 마닐라에서 개최된 한·중·일 3국 수뇌회담에 통상, 관세, 투자, 금융, 산업, 농업, 어업, 에너지, 과학기술, 교통·물류·관광, 정보통신, 환경 등 10개 분야의 협력방안을 공동 연구키로 합의하였으며, 2001년 11월 6일 브루나이에서 개최된 'ASEAN+3' 회담에서는 10년 내에 자유무역지대 설치를 동의하였다. 그리고 2002년 11월 4일에는 캄보디아의 수도 프놈펜에서 ASEAN 수뇌들과 자유무역지대 창설에 서명하였다. 특히 2003년에는 대중화경제권 내에 자유무역지대 창설을 적극적으로 검토하기도 하였다.[19] 따라서 중국의 지역

---

19) 중국의 상무부 산하 '세계무역기구(WTO) 중국국가연구소'는 2003년 7월 30일 홍콩과 체결한 자유무역협정을 대만 및 마카오 등으로 확

경제 협력 인식은 현 단계 중국의 대외경제교류 중 지역적 편중으로 인해 발생하고 있는 문제를 우선 해결하고 장기적으로 국제경제에서 중국의 위상과 영향력을 확대하는 방향으로 발전시킬 것으로 평가된다.

2) 중화경제권의 제도적 실체 발전가능성

앞에서 살펴본 바와 같이 중화경제권의 경제교류는 중국을 중심으로 대만, 홍콩 등 3개 지역이 상호간 경제적 보완관계 속에서 빠르게 발전해왔다. 특히 1997년 홍콩이 중국으로 귀속된 후 더욱 빠르게 전개되는 추세를 보이고 있고 상호간의 교역의존도도 높아져 가고 있다. 그러나 중화경제권이 EU나 NAFTA 등과 같이 뚜렷한 조직과 일정한 체제를 갖춘 제도적 실체로 발전하는 데는 많은 제한적 요소가 있다.

첫째, 우선 이들 지역의 경제체제가 상이하다는 것을 들 수 있다. 중국이 비록 경제개혁과 대외개방정책을 추진하여 경제체제 면에서 상당한 변화가 이루어진 것이 사실이지만, 기본적으로는 중앙집권적 계획경제 성향이 농후한 사회주의 경제체제를 유지하고 있다. 따라서 각종 관세, 외환, 생산요소의 분배가 기본적으로 자유경제 체제와는 여전히 거리가 있기 때문에 실질적 경제협력체 구성 및 통합

대해 대중화권 자유무역지대를 창설해야 한다는 정책보고서 발표하였다.http://www.yonhapnew.net[검색일: 2003. 8. 1]

추진에는 어려울 것으로 전망된다.

둘째, 화인이라는 민족적 색채가 농후한 경제협력체 조직 및 경제통합은 오히려 해결하기 어려운 제도와 정치 측면의 한계가 존재한다고 할 수 있다. 즉 화인을 중심으로 형성된 중화경제권은 국제적으로 민족주의적 패권주의라는 비난을 불식시키기 어려움과 동시에 미국과 일본 등 서방선진국들로부터 견제와 간섭을 받을 우려가 있다.

셋째, 경제무역의 협력체 구성 및 통합은 '정치통합' 혹은 정치적 긴장완화를 선결조건으로 하고 있는데, 대중화경제권 구성국가 중 중심적 역할을 하고 있는 중국과 대만은 여전히 정치적 입장에서 현격한 차이를 가지고 있다. 즉 중국은 1) 대만은 중국과 분리될 수 없는 중국의 일부분이다. 2) 중화인민공화국이 중국을 대표하는 유일한 합법정부이다. 3) 하나의 중국이라는 전제조건하에서 대만이 UN에 가입하는 것은 국가의 주권을 분리하려는 망상이다. 4) 대만 독립의 움직임, 즉 '일중일대'(一中一臺) 혹은 두 개의 중국 조성을 강력히 반대한다. 5) 대만문제를 해결하기 위한 기본입장은 평화통일과 일국양제(一國兩制)이나 주권과 영토의 안정을 위해서는 군사적 수단도 배제하지 않는다. 6) 중국통일 후 대만은 특별행정구로 편성하여 고도의 자치권을 누리도록 한다는 입장이다.[20] 그러나 대만은 1) 하나의 중국을 견지하며 국가통일을 모색한다. 2) 평화통일을 견지하며 무력사용을 반대한다. 3) 대만지역 인민의 권익존중을 전제조건으로 한다. 4) 양안의 분열분치(分裂分治)를 직시한다. 5)

---

20) "臺灣問題與中國統一白皮書,"『文匯報』(홍콩) 1993년 9월 1일.

'일국양제'의 주장은 받아들일 수 없다는 입장이다.[21] 따라서 양안 간의 제도적 경제협력체 구성 및 통합에 분명한 한계가 있다고 할 수 있다.

그러나 탈냉전 후 국제정세는 과거의 이데올로기적 대립과 군사적 대치에서 경제교류를 중심으로 한 상호이익 관계로 빠르게 전환되고 있고, 중국 또한 최근 들어 중화경제권에 대한 인식이 바뀌고 있다. 예컨대 중국은 그동안 중화경제권에 대하여 어떠한 공식적 입장도 표명하지 않았다. 이는 중화경제권의 구성이 중화민족들이라는 특수성 때문에 정치적 입장을 충분히 고려한 행동으로 보인다. 그러나 중국이 이들 지역에 취하고 있는 정책적 내용을 살펴보면 내부적으로 상당한 관심을 갖고 적극적인 교류협력을 추진하고 있음이 분명히 나타나고 있다. 우선 중국은 개혁개방 후 경제발전 특히 동남 연안지역의 발전을 위해 홍콩, 대만 및 동남아 화교자본과의 연계를 꾸준히 추진해왔을 뿐 아니라 과거 문화대혁명 시기 중단되었던 화교에 대한 연구를 다시 활성화시키고 있다. 구체적으로 1981년 북경에 화교사학회(華僑史學會)를 설립하여 화교에 대한 연구를 시작하였으며, 푸젠성의 샤먼대학에는 남아연구소(南亞研究所)와 대만연구소를, 광둥성에는 화교연구소(華僑研究所)를 설치하여 화교의 정치·경제·역사 등 다양한 분야를 심도 깊게 연구하고 있다. 또한 중국은 화교들의 대중국 투자를 적극적으로 유치하기 위해 중국국제투자신탁공사(中國國際投資信託公司＝CITIC) 등 주요 협력기

---

21) "臺海兩岸關係說明書," 『中國時報』(臺北), 1999, 7. 6.

관을 설치하기도 하였다.22) 이 밖에도 중국은 화교를 전담하는 기관을 1978년부터 정비하기 시작하였으며 앞에서 언급한 바와 같이 화교기업들의 대중국 진출에 많은 우대정책을 실시하고 있다. 특히 최근에는 세계화상대회를 중국에 유치하여 화교기업과 연계를 통한 경제발전을 가속화하려는 모습을 공식적으로 나타내고 있을 뿐만 아니라23) 화교가 집중되어 있는 ASEAN 국가들과 FTA를 체결하는 등 지역경제협력체 구성에 적극적인 자세를 보이고 있다. 따라서 중국과 대중화 경제권 국가 간의 경제교류 협력은 향후 상당한 수준으로 발전할 것으로 보이며, 중화경제권 또한 하나의 제도적 지역경제협력체로 발전할 가능성을 완전히 배제하기는 어렵다.

---

22) 중국이 화교의 투자유치를 위해 설립한 주요 협력기관으로는 中國國際信託投資公司(CITIC) 외에 中國對外貿易信託投資公司, 中國新技術創業投資, 中國五金鑛山進出口總公司, 華潤集團, 首鋼總公司, 首鋼銀行, 上海萬國證券 등이 있다. 물론 이들 기관은 완전히 화교의 자본만을 유치하기 위해 설립된 기관은 아니다. 그러나 화교의 대중국 투자 유치에 적극적인 기관들이다. 예컨대 中國國際信託投資公司의 경우 해외자본 유치와 함께 해외에서 화교기업들과 공동으로 투자하여 새로운 기업을 창업하는 역할을 하기도 한다. 유세희, 김광용, "냉전체제 이후 국제정치·경제 질서와 大中華經濟圈,"『대중화경제권과 21세기 아태경제』(한양대학교 출판부), 1999. pp.35－36 참조.

23) 세계화상대회는 1991년 당시 싱가포르의 총리인 李光耀가 거대한 화교자본 세력을 싱가포르를 중심으로 결합하려는 계획하에서 시작되었으며 지금까지 격년으로 홍콩, 방콕, 오타와, 멜버른 등에서 개최되었다. 이번에 중국에서 개최된 회의는 제6차로 중국의 남경에서 9월17－19일까지 개최되었으며 전 세계77개국의 103개 화교단체에서 3천300여명의 화교가 참석하였고, 중국에서도 1천400명의 기업인이 참여하였다. (http://pressian.com)[검색일: 2003. 8. 10]

제7장

결 론

화교경제가 중국의 경제발전과 함께 관심의 대상이 되고 있는 것은 무엇보다 화교가 중국과 동일한 민족으로서 지금까지 중국의 경제발전과정 중 중요한 역할을 해왔고, 또 앞으로도 중국의 경제발전에 상당한 기여가 예상되기 때문이다. 뿐만 아니라 유동자금 규모가 2조 달러가 넘는 막강한 경제력을 가진 화교경제가 날로 거대화되고 있는 중국경제와 함께 세계경제에 상당한 영향력을 발휘할 수 있다는 점 그리고 화교기업의 대중국 진출이 다른 외국인 투자기업보다 성공적이었다는 평가를 중심으로 다음과 같은 이유 때문이다.

　첫째, 향후 화교경제는 중국경제와 함께 세계경제에 상당한 영향력을 행사할 가능성이 크다는 점이다. 주지하는 바와 같이 중국은 1978년 개혁개방을 추진한 이후 지금까지 연평균 9%대의 고속성장을 이룩하였다. 중국의 이러한 경제성장에는 외국인 직접투자자본 유치와 수출입이 중요한 역할을 한 것으로 평가되고 있다. 그런 가운데 화교자본이 중국이 유치한 전체 외국인 직접투자자본 중 50%이상을 차지하고 있고, 또 수출도 중국의 전체 수출 중에서 외국인 투자기업이 절반 이상을 차지하고 있는 가운데 화교기업이 그중

20% 이상을 차지하고 있을 정도로 상당한 기여를 해왔다. 화교기업의 이러한 중국의 경제발전에 대한 기여는 향후에도 상당히 예상된다. 예컨대 현재 중국이 적극적으로 추진하고 있는 세계시장 진출[走出去]에 있어서 화교기업은 중국과 동일한 민족으로 세계시장 진출의 경험을 제공 내지 연계를 통해 중국기업의 초기의 해외시장 개척 비용을 감소시켜 주는 역할을 할 수 있을 것이다. 특히 중국기업과 화교기업이 연계를 통한 세계시장 진출은 화교기업과 중국기업이 모두 중화민족 특유의 꽌시(관계)로 이루어진 네트워크를 중시하고 있다는 점에서 가능성이 크다 하겠다.

한편 화교경제는 중국의 경제발전에 대한 기여 외에 중국경제와 함께 세계경제의 한 축으로서 막강한 영향력을 발휘할 수 있을 것이다. 특히 화교가 중국과 동일민족이라는 공통점을 가지고 있을 뿐아니라 대부분 동아시아지역에 거주하고 있기 때문에 중국과 함께 현재 동아시아지역에서 잉태되고 있는 중화경제권을 제도적 지역경제협력체로 발전시켜 동아시아지역은 물론 세계경제에 막강한 영향력 행사가 예상된다. 물론 중화경제권이 지역경제협력체로 발전하기까지는 많은 한계가 있다. 예컨대 이들 지역의 정치체제의 상이성과 국제사회에서의 민족색채가 농후한 경제협력체라는 비난 그리고 중국과 대만의 정치적 입장차이 등이 바로 그것이다. 그러나 현재 화교권 국가와 중국의 경제교류가 나날이 확대되고 있는 가운데 통합의 방향으로 발전해가고 있고, 또 화교들을 중심으로 한 네트워크, 즉 세계화상대회가 대부분 이 지역을 중심으로 한 경제협력 내용이 다루어지고 있는 등 지역경제협력체로 발전할 수 있는 실질적 움직임이 있다. 특히 화교기업의 경영특성이 가족을 중심과 네트워크를 중심으로 하고 있다는 점에서 동일민족인 이들의 지역경제협력체로의 발전가능성은 충분하다 하겠다.

중화경제권이 제도적 규범을 갖춘 지역경제협력체로 발전할 경우 중화경제권은 2010년에 세계 순 수입시장에서 차지하는 비중이 8.5%로 예상됨과 동시에 세계 GDP에서 차지하는 비중도 8.4%를 차지할 것으로 예상되고 있다. 특히 중화경제권은 세계 전체 인구의 21%를 차지하고 있어 향후 명실상부한 세계 제1의 거대시장으로 부상할 것으로 예견되고 있다.[1] 따라서 중국과 화교권 국가들은 아태지역에서 우월한 지위확보는 물론 패권적 지위 구축이라는 결과를 초래할 가능성이 있다. 또한 해외의존도가 높은 우리나라의 입장에서는 거대한 시장진입의 제한 내지 상실을 의미하게 된다.

따라서 같은 동아시아지역에 위치하고 있는 우리나라로서는 중화경제권의 움직임을 예의 주시하고 대응책을 준비해야 할 것이다. 특히 중화경제권의 핵심국가인 중국은 물론 막강한 경제력과 독특한 경영특징을 갖고 있는 화교기업의 움직임도 간과해서는 안 될 것이다.

둘째, 화교기업은 다른 외자기업보다 중국진출에 있어서 성공적이었다는 점이다. 2006년 말 현재 중국이 유치한 외국인 직접투자자본은 7,916.95억 달러이다. 그 가운데 화교권 국가에서 투자된 자본은 4,213.96억 달러로 중국이 유치한 외국인 직접투자자본 중 53.23%를 차지하고 있다. 화교기업의 대중국 직접투자는 이처럼 방

---

1) WEFA, *World Economic Outlook,* The third quarter 2000.

대할 뿐만 아니라 일반적으로 다른 외국인 투자기업에 비해 성공적인 것으로 평가되고 있다. 이러한 요인은 중국이 개혁개방 후 경제발전에 필요한 화교자본을 적극적으로 끌어들이기 위해 화교기업에게 제공한 유화적 정책조치와 다양한 우대조치 그리고 화교권 국가와 중국 간의 경제적 보완성 및 민족·문화적 동질성 등 다양한 요인이 복합적 작용한 결과이다. 특히 중국이 다른 외자기업보다 화교기업에게 더 많은 우대조치를 제공한 점과 화교기업이 중국과 동일한 언어를 사용하고 문화적으로도 같은 동일민족이라는 점은 다른 외자기업에 비해 진출에서나 경제활동에서 유리할 수밖에 없었다.

그러나 화교기업의 성공적 대중국 진출이 이러한 환경적 요인에 의해서만 이루어졌다고 평가하기는 어렵다. 왜냐하면 화교기업은 어느 외국인 투자기업보다도 대중국 진출에서 철저한 준비와 대비 그리고 치밀한 전략 속에서 진출하고 있기 때문이다. 즉 화교기업은 사회주의 체제로서의 중국 이해가 부족한 초기에는 혈연과 지연관계가 있는 광둥성과 푸젠성을 중심으로 진출하여 인적네트워크를 활용하였을 뿐 아니라 그곳을 중국 이해의 학습장으로 삼은 후 혈연 및 지연관계는 약하지만 광둥성 및 푸젠성과 경제발전 수준이 비슷한 상하이 및 쟝쑤성지역으로 확대해나갔다. 그리고 중국이해가 충분히 이루어졌을 것으로 판단되는 현재는 서부지역 및 동북지역까지 진출의 속도를 가속시키고 있다. 또한 진출 업종 면에서도 화교기업은 제조업을 중심으로 진출하는 가운데 전통적으로 화교기업의 주력 업종인 부동산과 금융의 투자를 다른 외자기업에 비해 많은 투자를 하고 있을 정도로 소홀히 하지 않았다.

특히 전략에 있어서는 다른 외자기업과 확연하게 다른 접근방법을 추진하였다. 화교기업의 대중국 투자 중 가장 두드러진 전략은 거점을 통한 진출이다. 주로 화교기업의 네트워크 거점인 홍콩을 통해 진출해왔다. 화교기업이 홍콩을 거점으로 중국에 투자 진출하는 이유는 과거 동남아 화교기업들이 홍콩을 본국 송금의 거점으로 활용한 역사적 요인으로 인해 많은 화교기업이 홍콩에 이미 진출해있는 점과 홍콩이 지리적으로 중국과 인접해있으며 자유무역항으로서 규제가 느슨하며 금융시장의 발달로 자금조달이 용이하다는 점 그리고 동남아 경제발전을 지탱해온 화교기업이 공공연히 중국투자에 집중할 경우 동남아지역에 뿌리 깊게 남아 있는 反화교감정을 부추길 위험성이 있다는 점 등을 고려하는 가운데 추진된 것이다. 또한 최근 들어서는 대만기업과 홍콩기업을 중심으로 전개되고 있기는 하지만 버진군도 등 자유무역항을 통한 진출이 대폭적으로 이루어지고 있다. 이러한 진출전략은 모두 화교기업의 특성인 네트워크 활용과 경제적 이익의 최대화를 위한 조치이며, 다른 외국인 투자기업에서는 거의 찾아볼 수 없는 현상이다. 또한 화교기업의 대중국 투자 진출은 이러한 거점을 통한 진출방법 외에 다양한 기업들과 공동출자 혹은 합작의 방법으로 협력관계를 유지하며 진출하고 있다. 특히 중국기업 혹은 중국정부와 밀접한 관계가 있는 인사를 자사의 고문이나 임원으로 영입하여 협력관계를 강화하고 있다. 이러한 방법은 분명 화교기업으로 하여금 위험 분산과 중국 진출을 더욱 용이하게 할 것임과 동시에 화교기업으로 하여금 중국시장 접근을 유리하게 할 것이다.

따라서 화교기업과 경쟁관계에 있는 우리 기업들은 화교기업의 대중국 투자 경험에서 보듯이 보다 신중하고 철저한 준비 가운데 진출해야 할 것이다. 또한 사안에 따라서는 적극적인 협력도 추진해야 할 것이다. 구체적으로 투자지역의 선정에 있어서 충분한 검토와 신중한 진출이 요구되며, 진출업종도 중국의 특성을 철저하게 파악한 후 주력업종을 중심으로 진출하는 것을 고려해볼 필요가 있다. 특히 화교기업과의 제휴를 통한 진출은 화교기업이 대중국 투자에서 다른 외국인 투자기업에 비해 성공적인 것으로 평가되고 있는 점에 비추어볼 때 적극적으로 검토할 필요성이 있다고 판단된다.

셋째, 화교기업은 중국의 경제발전에 적잖은 기여를 제공했다는 점이다. 화교기업은 중국의 개혁개방 초기 가장 먼저 적극적으로 중국에 진출하여 다른 외자기업의 진출을 유도하는 선도적 역할을 하였을 뿐 아니라 경제발전에 필요한 지금의 보전과 기술이전 그리고 무역확대 및 교용창출 등 다양한 영역에서 적지 않은 기여를 하였다. 구체적으로 중국이 유치한 외국인직접투자 중 건수 면에서 70% 정도와 액수 면에서 60% 이상이 화교자본일 정도로 중국이 경제발전에 필요한 상당한 자금보전을 해주었으며, 중국의 절대적 비중을 차지하는 가공무역에서 절대적 비중을 차하여 중국의 대외무역 확대에 중요한 역할을 하였다. 또한 화교기업은 2005년 말 현재 550만 명 이상의 고용을 창출하여 중국의 사회안정에 상당한 기여를 하기도 하였다.

중국의 경제발전에 대한 화교기업의 이러한 기여는 화교기업의 자본력과 중국경제 사이에 존재하는 보완성 및 화교기업이 중국과 언어와 민족 그리고 문화적으로 동질성을 갖는다는 특수한 점을 미루어볼 때 향후에도 지속적일 수밖에 없을 것으로 보인다. 특히 최근 들어서 중국이 적극적으로 추진하고 있는 해외진출에서 상당한 역할이 기대된다. 이는 화교기업이 중국의 전통문화적 요소를 대부분 간직하고 있는 가운데 전 세계를 대상으로 네트워크를 중시한 기업경영을 추진하고 있을 뿐 아니라 유동자금 규모가 2조 달러가 넘을 정도로 방대한 자금규모를 가지고 있기 때문이다.

한편 화교기업과 중국기업 간의 교류확대는 현재 중국과 동남아 화교권 국가들 사이에서 발전되고 있는 중화경제권의 형성을 더욱 가속시켜 중국과 화교권 국가의 국제적 위상 제고는 물론 세계경제에 적지 않은 영향력을 가져다줄 것이다. 다시 말해 지금까지 중화경제권은 뚜렷한 조직과 일정한 체계를 갖춘 경제협력체가 아니라 중국을 중심으로 한 화교권 국가들 간의 네트워크 형태의 교류수준에 불과하기 때문에 세계경제에 대한 영향은 그리 크지 않았으며, 또한 중화경제권이 제도적 실체를 갖춘 지역경제협력체로서 발전하는 데는 많은 제한 요소가 있었던 것이 사실이다. 즉 중화경제권이 제도적 지역경제협력체로 발전하는 데는 이 지역의 정치경제 체제의 相異에서부터 화교경제권이 華人이라는 민족적 색채가 농후한 경제협력체라는 점 때문에 국제적으로 민족주의적 패권주의라는 비난 및 그것으로 인해 미국과 일본 등 서방선진국들로부터 견제와 간섭을 받을 우려 등으로 많은 한계가 분명히 있었다.

그러나 최근의 국제정세가 과거의 이데올로기적 대립과 군사적 대치관계에서 경제교류를 중심으로 한 상호이익관계로 빠르게 전환되고 있고, 그런 가운데 중국의 전통문화를 대부분 유지하고 있는 화교권 국가들의 기업들이 중국진출 외에 국제시장에서도 중국의 기업들과 교류를 확대하고 있기 때문에 제도적 실체를 가진 지역경제협력체로서의 발전은 어려울지는 몰라도 기능적 협력은 상당부분 진행되었을 뿐 아니라 더욱 확대될 것으로 판단된다. 그럴 경우 중국경제는 화교경제와 함께 세계경제의 한 축으로 동아시아 지역경제는 물론 세계경제에 상당한 영향력을 행사할 가능성이 클 것이다. 특히 중화경제권은 세계에서 유일하게 민족을 중심으로 한 경제협력체가 되기 때문에 여타 지역경제협력체보다 강력한 응집력을 가지고 영향력을 행사할 것으로 보인다.

넷째, 화교기업은 중화경제권 형성의 핵심이 되고 있다는 점이다. 1978년 중국의 개혁개방 이후 중국을 중심으로 형성되고 있는 중화경제권은 빠른 속도로 발전하고 있다. 특히 최근 들어서는 제도적 지역경제협력체로 발전할 가능성까지 나타나고 있다. 중화경제권이 제도적 지역경제협력체로 발전할 경우, 지금까지 여타 지역경제협력체가 보여준 바와 같이 역외국가에 대한 '차별대우'가 불가피하기 때문에 우리나라와 같이 해외의존도가 높은 상황에서는 시장진입 제한 혹은 상실을 가져다줄 것이다. 특히 중화경제권은 동일문화 및 민족이라는 점에서 더 큰 영향이 불가피할 것이다. 물론 중화경제권이 지역경제협력체나 통합으로 발전하는 데는 많은 한계가 존재하고 있다. 예컨대 지역경제협력체 형성이나 통합은 정치통합 혹은 정치적 긴장 완화를 선결조건으로 하고 있는데 중화경제권의 중심 국가 중 중국과 대만이 정치적으로 대립관계에 있다는 것이다. 또한 중화경제권은 화인(華人)이라는 중화민족들의 경제협력체가 된다는 점에서 국제적으로 민족주의적 패권주의라는 비난과 함께 견제를 받을 소지가 크기 때문이다. 그러나 최근의 국제정세는 과거 이데올로기적 대립관계에서 경제교류를 중심으로 한 상호간의 이익관계로 빠르게 발전하고 있고, 또한 중국의 입장 변화와 중화경제권 국가들 간의 경제적 의존도도 점점 높아지고 있기 때문에 완전히 배제할 수는 없다.[2] 특히 최근에는 중화경제권의 중심 국가인 중국이 그동안 지역경제협력체 구성에 대해 미온적인 태도에서 적극적인 자세로 전향하고 있어 그 가능성은 더욱 크다 하겠다.

따라서 중화경제권과 인접하고 중화경제권 구성 국가들과 교류비중이 높은 우리나라로서는 중화경제권의 성장과 발전 방향을 예의 주시하며 다각적인 대책을 강구하여야 할 것이다. 설령 중화경제권이 제도적 규범력을 가진 실체로 발전되지 못하더라도 현재 이들 지역의 교역규모나 경제력으로 볼 때 상당한 규모로 발전할 것이 예상되기 때문에 집중적인 관심을 가져야 할 것이다.

현재 중화경제권은 막강한 경제력을 자랑하고 있다. DRI 보고서에 따르면 2000년 말 현재 중화경제권의 GDP규모는 이미 1조 5천억 달러를 넘어섰지만, 2010년에는 3조 7천억 달러 규모가 되어 세

---

2) 중화경제권 내 무역의존도는 30%에 육박하는 것으로 평가되고 있다. 특히 역내무역의존도가 높은 것은 상호보완관계의 확대심화를 의미하는 것으로 중화경제권이 최소한 급속도로 통합되어가고 있음을 보여주는 것이라 할 수 있다. 안석교, "한국의 중장기 대중국경제정책," 『중소연구』, 21권4호, 1997/8, p.28.

계 GDP에서 8.4%를 차지할 것으로 전망되고 있다.[3] 또한 향후 중화경제권의 경제력 평가와 관련하여 세계은행이 평가한 바에 의하면, 중화경제권은 최근 전 세계 수출에서 차지하는 비중이 지난 4년간 6.9%에서 9.6%로 급증하여 이미 일본은 추월했고, 2007년에는 그 비중이 13.7%에 이르러 중화경제권 GDP가 12조 달러 규모로 EU를 추월할 것이라고 전망하고 있다. 또한 골드만 삭스 역시 앞으로 5년 뒤 역내 교역을 제외한 중화경제권의 총 수출입 규모가 2조 달러를 넘어 일본의 2배, 미국의 2/3에 달할 것으로 전망하고 있다.

---

3) DRI, *The World Outlook*, 2000/2.

참고문헌

[국문자료]

강경락. 2003. "화교자본의 형성과 그 특질". 『論文集』(강남대학교).
　　제41집.

居三元. 1996. "중국의 華僑政策과 在外華僑企業의 중국대륙 투자".
　　『중소연구』(한양대학교 중소연구소). 제20권1호.

金時中. 1993. 『臺灣企業 中國投資의 現況과 波及效果』(대외경제정책
　　연구원).

金時中. 1993. 『台灣企業 中國投資의 現況과 波及效果』(대외경제정책
　　연구원).

김영민. 1996. "변신하는 화교자본". 『LG주간경제』(LG경제연구소).

김익수. 2006. "중국 기업의 국제화 전략: 추진배경, 기대효과 및 한
　　계". 『현대중국연구』(현대중국학회). 제7권2호.

김화섭. 1997. 「東北아시아 中華經濟圈과 韓國經濟」(産業研究院).

盧哲和·金昌洙·徐錫興 共著. 1998. 『中國企業의 所有形態別 經營
　　特性』(集文堂).

대외경제정책연구원. 2003. 『2003 중국경제년보: 개혁개방의 현 단계』
　　(대외경제정책연구원).

서석홍. 1997. "臺灣企業의 對中國投資와 兩岸經濟統合". 『중소연구』. 제21권1호.

메리 F 소머스 하이두스. 박은경 역. 1993. 『동남아시아의 화교』(형설 출판사).

서석홍. 1997. "대만기업의 대중국투자와 양안경제통합". 『중소연구』 (한양대 중소연구소). 21권1호(통권73호).

吳日煥. 2000. "중국의 경제발전과 화교의 역할". 『중국연구』. 제26권.

魏艾. 1996. "中國의 華僑政策과 海外華人의 經濟協力". 『중소연구』 (한양대학교 중소연구소) 제20권1호.

魏艾·范錦明·趙顯垵. 2003. 『대만기업의 對중국투자 현황과 전략— 겸론: 대만경제에 대한 영향』(대외경제정책연구원).

유세희·김광용. 1999. "냉전체제 이후 국제정치·경제질서와 大中華經濟圈". 『대중화경제권과 21세기 아태경제』(한양대학교 출판부).

유세희·허흥호. 1998/9. "중국 국유기업의 개혁환경—제한요인을 중심으로". 『중소연구』(22권4호, 통권 제80호).

이덕훈. 1997. "화교의 자본형성과정과 경영전략". 『경영사학』. 제16집.

이승신. 2005. 『화교기업의 중국사업 전략과 시사점』(조사연구보고서). 무역연구소.

이재유. 1997. "대중화경제권과 동남아 화교자본". 『중소연구』(한양대 학교 중소연구소), 제21권제1호.

李載裕·金榮泰. 1998. 『동남아 화교자본의 경영특성과 이들과 제휴를 통한 중국시장 진출방안의 모색 — 일본기업의 사례를 중심으로』 (국제무역경영연구원).

이재유·허흥호. 2006. "화교기업의 발전과 경영특성". 『중소연구』(한양대학교 아태지역연구센터). 제30권2호.

鄭錫元. 1999. "中國 國民性 硏究 — '關係'(Guan－XI)의 出現 背景". 『중소연구』(한양대학교 아태지역연구센터). 제23권3호.

정성호. 2005. 『화교』(살림출판사).

정영록. 2002. "화교와 우리의 과제". 『화교네트워크와 우리의 기업활용 방안』(산업자원부).

조현준. 2005. "중국 FDI 정책목표: 전개, 성과 및 과제". 『국제지역연구』. 14권3호.

최덕경. 2000. "동남아 福建省출신 華僑의 出洋과 家鄕投資". 『大邱史學』. 第61輯.

최수웅・박상수. 1999. 『동아시아 화인경제와 우리의 화인자본 활용방안』(대외경제정책연구원).

허흥호. 2003. "중화경제권의 현황과 발전전망 — 중국의 지역경제협력 인식변화를 중심으로". 『중소연구』(한양대학교 아태지역연구센터). 제27권3호.

홍원선. 2006. "세계경제 주무르는 화교의 힘", (http://www.donga.com/docs/magazine)[검색일: 2006. 3. 13]

홍콩한국무역관. 2001. 『홍콩기업의 중국투자 동향과 시사점』(전략보고서).

[중문자료]

_____ 2007. "台灣在大陸投資的地域差別與因素分析". http://bbs.wswire.com/ (검색일: 2007. 4. 23.)

『兩岸經貿』(財團法人海峽交流基金會). 1997年 10月號, p.54.

葛劍雄 主編. 1997. 『中國移民史－第六卷』(福建人民出版社).

康榮寶. 2007. "台商利用越南平衡中國的投資風險". 『兩岸經貿』, 第190期(10月號).

康欽培. 2002. "台資中小企業在兩岸融構道". 『經濟導報』. 第2792期.

高長·蔡依帆. 2007. "台商投資大陸與兩岸產業分工發展趨勢". 『兩岸經貿』. 第183期.

高長·蔡慧美. 1993. "海峽兩岸投資與經貿關係研究". 黃天中·張五岳 編 『兩岸關係與大陸政策』(臺北: 五南圖書出版公司).

瞿海源. 1997. 『臺灣民眾與兩岸文教交流: 十年的影響評估』 (台北: 行政院大陸委員會).

群策會編. 2004. 『兩岸交流與國家安全』(台北: 財團法人群策會).

金伯生·聶平香. 2007. "台商在大陸投資現狀及發展趨勢". http://www.hhhtswj.gov.cn/jjhz(검색일: 2007. 7. 7.)

臺灣經濟研究院. 2005 『臺灣經濟預測』(臺灣經濟研究院).

陶潔. 1994. "華僑海外移民史略". 『華人經濟年鑑』.

童振源. 2003. "兩岸經濟整合與台灣的國家安全考慮". 『遠景基金會季刊』. 第4卷第3期.

童振源. 2003. "中共'十六大'後對台政策分析". 『中國大陸研究』. 第46卷第2期.

潘翎. 1998. 『海外華人百科全書』(香港三聯書局).

封小云. 2007. "關於台商投資的調研報告". http://report.drc.gov.cn/drcnet/series.nsf(검색일: 2007. 10. 21.)

蕭永堅. 1990. "戰後東南亞國家的華僑歸化政策及其影響". 『戰後海外華人變化』(北京: 中國華僑出版社).

邵宗海. 1998. 『兩岸關係: 兩岸共識與兩岸歧見』(台北: 五南圖書出版公司.

孫升亮. 2007. "台商投資路線圖(2)". http://finance.memail.net(검색일: 2007. 12. 1.)

沈丹陽. 2007. "華商企業對華投資基本情況, 新趨勢及引發的思考". 寧波市對外貿易合作局. http://www.nbfet.gov.cn(검색일: 2007. 4. 5.)

壓國土. 1984. "'華僑'一詞名稱考". 『南洋問題』. 第1期.

楊文賢. 2001. "台商彼岸上市的最佳策略". 『投資戰略』.

兩岸經貿編輯部. 2007. "回台投資, 租稅獎勵". 『兩岸經貿』. 第190期.

黎 建. 1991. "中共發展兩岸經貿往來的目的與最新舉措". 『中國大陸』(臺北). 1월호.

呂國禎. 2005. "四十六個商人返響故事". 『商業週刊』. 第28期. http://www.businessweekely.com.tw/(검색일: 2007. 10. 5.)

吳敬璉. 2004. 『當代中國經濟研究』(上海: 上海遠東出版社).

伍星都. 1991. "臺灣對大陸投資之分析". 『國際貿易』. 第5期.

吳重禮·嚴淑芬. 2001. "我國大陸經貿政策的分析: 論兩岸經貿互動對於臺灣地區經濟發展之研究". 『中國行政論』. 第10卷第2期.

姚志東. 2006. "台商投資大陸四面開花". 『台聲』. 第2期. http://www.tz.gov.cn(검색일: 2007. 10. 21.)

于光遠. 1993. "發展市場經濟與社會觀念變革". 『中國社會科學季刊』. 總第3期.

魏艾. 1990. "台海兩岸經貿關係的發展及其限制". (第十一屆中·韓學術會議發表論文).

劉震濤·江成岩·王建芬·張娟 編著. 2006. 『招商引資－對台經濟合作方法和策略』(清華大學出版社).

李軍曉 編. 1999. 『華僑史』(經濟日報出版社).

李明堃・李江濤. 1993. 『中國社會分層 — 改革中的巨變』(臺北: 臺灣
　　商務印書館).

林其鍒. 1990. "五緣文化與亞洲未來". 『上海社會科學院學術季刊』. 第2期.

林美姿. 2002. "台商爭相大陸上市 — 前進大陸, 根留臺灣?". 『遠見雜誌』.
　　第193期.

張爲民・張洪吉. 1997. 『中國經濟何處去』(北京: 中國物資出版社).

張俊才. 2006. "實際失業人數到底多少: 中國經歷第三次就業高峰". 『中
　　國經濟週刊』.

鄭竹園. 1997. 『大陸經濟改革的進程與效果』(臺北: 致良出版社).

趙晉平 編著. 2001. 『利用外資與中國經濟成長』(北京: 人民出版社).

朱英. 1994. "關于中國市民社會的幾点商確意見". 『中國社會科學季刊』.
　　總第7期.

中華經濟研究院 編. 2004. 『兩岸投資環境變化及我國投資政策之因應
　　與調整』(中華經濟研究院).

中華民國僑務委員會. 2007. 『中華民國95年僑務統計年報』(僑務委員會).

曾嘉・董會峰. 2007. "台學學者談台商投資大陸趨勢: 落戶生根意願漸
　　強". http://www.ce.cn/cysc/(검색일: 2007. 10. 21.)

陳達. 1939. 『南洋華僑與閩粵社會』(商務印書館).

陳博志等. 2002. 『台灣與中國經貿關係』(台北: 財團法人現代學術研究基金會).

陳翰笙 主編. 1980. 『華工出國史料2』(中華書局).

車曉蕙. 2007. "珠三角台商投資出現新模式". http://www.gd.xinhuanet.
　　com(검색일: 2007. 10. 21.)

蔡宏明. 2005. "中國高科技產業發展及台商大陸投資". 『經濟情勢暨評
　　論季刊』. 第11卷第1期.

肖勤福 編. 2004.『中國走出去戰略研究報告』(中共中央黨校出版社).

卓慧菀. 2004. "兩岸WTO互動策略研究".『問題與研究』. 第43卷第3期.

夏樂生. 1996.『中共現階段對臺經貿政策之研究(1979－1995)』(臺北: 國立政治大學東亞研究所碩士論文).

夏樂生. 2000. "'南向政策'與西進政策之比較 — 以台商投資菲國與大陸福建省爲例".『共黨問題研究』. 第26卷 第6期.

邢幼田. 1996. "台商與中國地方官僚聯盟: 一個新的跨國投資模式".『台灣社會研究』. 第23期.

洪德生. 2006. "台商大陸投資經營變遷與風險".『臺灣經濟研究院』. http://www.tier.org.tw(검색일: 2007. 10. 3.)

洪淑芬. 1999. "一九九八年大陸的外貿表現: J曲線效應探討".「中國大陸研究」(國立政治大學國際關係研究中心). 第42卷第5期.

黃安余. 1996. "臺商投資大陸的動因及現狀剖析".『經濟科學』, 第3期.

黃天中·張五岳 編. 1993.『兩岸關係與大陸政策』(臺北: 五南圖書出版公司).

丁亞東. "華人華僑─招商引資的重點之一".「山東菏澤商務之窗」(http://heze.mofcom.gov.cn)[검색일: 2007. 4. 5]

沈丹陽. 2006. "華商企業對華投資基本情況, 新趨勢及引發的思考". 寧波市對外貿易合作局(http://www.nbfet.gov.cn)[검색일: 2007. 4. 5] 참조.

聶傳清, "誰在引領外資投入新華商重新考慮進入中國途徑".「人民日報海外版」, 2006年 10月 31日.

李鴻階, "海外華人經濟社會的發展趨勢".「中國僑網」(http://www.hsm.com)[검색일: 2007. 4. 23]

홍원선, "세계경제 주무르는 화교의 힘". http://www.donga.com/docs/magazine [검색일: 2006년 3월 13일]

[영문자료]

Bouin, Oliver. 1998. "Financial Discipline and State Enterprise Reform in China in the 1990s", in *Different Paths to a Market Economy: China and European Economies in Transition*, ed. by Oliver Bouin, Fabrizio Coricelli, & Françoise Lemoine, OECD.

Cao, Yuan Zheng, Gang Fan, & Wing Thye Woo. 1997. "Chinese Economic Reforms: Past Successes and Future Challenges", in Wing Thye Woo, Stephen Parker, & Jeffrey D. Sachs.

Chai, Joseph C. 1997. *China: Transition to a Market Economy*, Oxford University Press.

Chang, Ha Joon, & Peter Nolan. 1995. "Europe versus Asia: Contrasting Paths to the Reform of Centrally Planned Systems of Political Economy", in *The Transformation of the Communist Economies: Against the Mainstream*, ed. by Ha Joon Chang & Peter Nolan, London: MacMillan Press.

Chao, Chien－min. 2003. "Will Economic Integration between Mainland China and Taiwan Lead to a Congenial Political Culture?", *Asian Survey*, vol.43, no.2.

Chiu, Lee－in Chen &Chin Chung. 1993. "An Assessment of Taiwan's Indirect Investment in Mainland China", *Asian Economic Journal.*

Chung, Chun, L. Chang & Y. Zhang. 1995. "The Role of Foreign

Direct Investment in China's Post 1978 Economic Development", *World Development*, Vol.23. No.4.

Fujita, Masahisa and Nobuaki Hamauuchi. 2006. "The Coming Age of China－plus－One: The Japanese Perspective on East Asian Production Networks", Second draft for The World Bank－IPS, Research Project on the Rise of China and India.

Hale, David and Hale, Lyric H. 2003. "China Takes Off", Foreign Affairs, November/December.

Hsing, You－tien. 1998. *Making Capitalism in China: The Taiwan Connection*(Oxford & New York: Oxford University Press).

J. Goody. 1990. *The Original, the Ancient and Primitive: Systems of Marriage and the Family in the Pre－industrial Societies of Eurasia*(Cambridge: Cambridge University Press).

Leng, Tse－Kang. 1995. "State, Business, an Economic Interaction across the Taiwan Strait", *Issues & Studies,* vol.31. no.11.

Leung Frankie Fook－Run. 1995. "Overseas Chinese Management: Myths and Realities", *East Asian Executive Reports.* Vol.17, Iss.2.

McMillan, John. 1994. "China's Nonconformist Reforms", in *Economic Transition in Eastern Europe and Russia*, ed. by Edward P. Lazear.

Miron Cohen. 1990. "Lineage Organization in North China", *The Journal of Asian Studies.*

Moran, Theodore H. 1991. "International Economics and National Security", *Foreign Affairs*, vol.69, no.5.

Ralph N. Clough. 1999. *Cooperation or Conflict in the Taiwan Strait?*, Lanhaam, MD.: Rowaman & Littlefield.

S. Gorden Redding. 1990. *The Spirit of Chinese Capitalism*(Berlin and New York: Walter de Gruyter).

Shan,. J., G. Tian & Sun. 1999. "Causality Between FDI and Economic Growth", in Yanrui Wu ed., *Foreign Direct Investment and Economic Growth in China.*

Suisheng Zhao(ed.). 1999. *Across the Taiwan Strait: Mainland China, Taiwan, and the 1995－1996 Crisis*, New York: Routledge.

Tung, Chen－yuan. 2003. "Cross－Strait Economic Relations: China's Leverage and Taiwan's Vulnerability", *Issues & Studies,* vol.39, no.3.

Wei S－J. 1995. "Attracting foreign direct investment: has China Reached its Potential?", *China Economic Review 6.*

Xiao, Geng. 1991. "Managerial Autonomy, Fringe Benefit, and Ownership Structure: A Comparative Study of Chinese State and Collective Enterprises", China Economic Review, spring.

Zhang, K. Honglin. 2001. "How does foreign direct investment effect economic growth in China", *Economic of Transition*, Vol.9(3).

[일문자료]

游仲勛・可兒弘名. 1995. "中國人社會の同鄕結合と社會關係ネツトワーク", 『華僑・華人』(東京: 東方書店).

[저널자료 및 인터넷 홈페이지]

亞洲週刊(2004년 10월 9일)

亞洲週刊(2005년 10월 19일)

『經濟導報』(홍콩), 2002. 8. 26.

"臺灣問題與中國統一白皮書", 『文匯報』(홍콩) 1993. 9. 1.

"臺海兩岸關係說明書", 『中國時報』(臺北) 1999. 7. 6.

『兩岸經貿』(대만), 7월호, 2003. 8. 10.

http://cntw2000.com

http://www.chinaqw.cn

http://www.cew.com.cn

http://www.fdi.gov.cn

http://www.chinaacc.com

http://www.huaxia.com

http://www.zgjrw.com

http://www.molss.gov.cn

http://www.zgjrw.com

http://hzs.mofcom.gov.cn

http://www.wcbn.sg

http://www.jmnews.com.cn

http://www.wcbn.sg

http://www.kccci.or.kr

http://www.kotra.or.kr

http://www.yonhapnew.net

http://pressian.com

http://www.chosun.com

http://www.kccci.or.kr

http://2k3dmz2.moea.gov.cn

http://2k3dmz2.moea.gov.cn

http://bbs.wswire.com

http://www.fdi.gov.cn

http://www.mac.gov.tw

http://www.moea.gov.tw

http://www.seftb.org

http://www.tier.org.tw

[부록] 2007년 전 세계 1000대 화상기업

단위: 100만 달러

순위	기업명칭	소재지	영업액			순수익				총자산	순자산
			2006년	2007년	성장률 (%)	2006	2007	성장률 (%)	순위		
1	中國石油化工股份有限公司	中國大陸	103,283.63	134,372.00	30.10	5,201.15	6,761.50	30.00	3	76,728.90	32,965.20
2	中國石油天然氣股份有限公司	中國大陸	69,238.46	86,409.60	24.80	16,732.93	17,837.30	6.60	1	109,384.10	73,579.30
3	鴻海精密工業股份有限公司	台灣	29,185.99	40,626.90	39.20	1,303.54	1,841.90	41.30	15	19,280.10	8,097.20
4	中國移動有限公司	中國大陸	30,487.98	37,042.90	21.50	6,715.98	8,280.80	23.30	2	62,040.80	40,008.30
5	台灣中油股份有限公司	台灣	20,554.26	23,904.60	16.30	256.82	-429.4	-267.20	997	17,568.90	9,969.70
6	和記黃埔有限公司	香港	23,401.79	23,565.60	0.70	1,838.15	2,567.90	39.70	11	86,861.00	35,101.80
7	中國工商銀行股份有限公司	中國大陸	21,531.66	22,780.50	5.80	4,709.15	6,178.40	31.20	4	941,725.10	58,502.50
8	中國電訊股份有限公司	中國大陸	21,237.52	21,959.60	3.40	3,502.16	3,404.10	-2.80	9	51,927.80	25,387.50
9	寶山鋼鐵股份有限公司	中國大陸	15,882.58	19,789.70	24.60	1,588.80	1,631.70	2.70	17	18,945.40	10,279.20
10	中國建設銀行股份有限公司	中國大陸	16,139.47	19,012.30	17.80	5,910.07	5,809.60	-1.70	5	683,336.00	41,401.30
11	中國人壽保險股份有限公司	中國大陸	12,316.87	18,475.30	50.00	1,167.35	2,502.80	114.40	12	95,868.10	17,516.40
12	華碩電腦股份有限公司	台灣	11,847.42	17,238.00	45.50	470.11	591.4	25.80	54	11,192.10	4,075.90
13	中國銀行股份有限公司	中國大陸	13,824.78	17,018.30	23.10	3,251.57	5,371.60	65.20	6	668,178.30	48,024.30
14	廣達電腦股份有限公司	台灣	14,745.10	16,544.00	12.20	336.01	397.5	18.30	83	6,989.90	2,227.60
15	台塑石化股份有限公司	台灣	13,697.32	16,354.60	19.40	1,761.26	1,368.50	-22.30	25	13,527.60	6,699.10
16	聯想集團有限公司	中國大陸	13,275.89	14,590.20	9.90	22.20	161.1	625.70	173	5,449.10	1,133.50
17	中國交通建設股份有限公司	中國大陸	10,440.58	14,408.00	38.00	275.36	401.2	45.70	81	15,921.90	3,991.40
18	中國聯通股份有限公司	中國大陸	10,919.76	11,826.10	8.30	618.23	468	-24.30	71	18,365.80	9,959.20
19	仁寶電腦工業股份有限公司	台灣	8,165.23	11,766.10	44.10	259.19	269.3	3.90	111	6,147.00	2,191.80
20	宏碁股份有限公司	台灣	9,790.26	11,356.70	16.00	260.91	314.4	20.50	98	5,800.00	2,277.80
21	中國海洋石油有限公司	中國大陸	8,708.43	11,155.50	28.10	3,176.74	3,878.80	22.10	8	19,473.20	13,516.40
22	中國平安保險(集團)股份有限公司	中國大陸	8,151.88	11,029.50	35.30	529.92	983	85.50	33	61,994.80	5,816.20
23	中國網通集團(香港)有限公司	中國大陸	10,772.13	10,901.40	1.20	1,742.12	1,625.40	-6.70	18	25,564.40	9,278.10
24	富士康國際控股有限公司	中國大陸	6,364.93	10,381.20	63.10	385.61	718	86.20	47	4,502.40	2,369.00
25	台灣積體電路股份有限公司	台灣	8,200.17	9,766.40	19.10	2,879.88	3,908.00	35.70	7	18,076.50	15,630.20
26	五礦發展股份有限公司	中國大陸	8,354.79	9,591.30	14.80	41.67	66.5	59.60	345	2,699.20	413.3
27	友達光電股份有限公司	台灣	6,690.43	9,018.70	34.80	480.45	280.1	-41.70	108	17,788.50	7,099.50
28	中國人民財產保險股份有限公司	中國大陸	8,270.15	8,948.30	8.20	117.88	261.1	121.50	114	13,309.80	2,599.50
29	利豐有限公司	香港	7,129.44	8,719.30	22.30	229.51	282.3	23.00	107	2,826.30	1,064.00
30	中國鋼鐵股份有限公司	台灣	8,744.49	8,569.60	-2.00	1,558.73	1,204.90	-22.70	28	10,653.00	6,262.60

순위	기업명칭	소재지	영업액			순수익				총자산	순자산
			2006년	2007년	성장률(%)	2006	2007	성장률(%)	순위		
31	南亞塑膠工業股份有限公司	台灣	7,716.52	8,503.60	10.20	1,229.27	1,461.60	18.90	22	13,343.20	7,629.70
32	華潤創業有限公司	香港	6,910.54	8,389.40	21.40	284.72	355.9	25.00	86	6,122.30	2,454.00
33	中國神華能源股份有限公司	中國大陸	6,550.24	8,056.80	23.00	1,958.68	2,189.80	11.80	14	20,461.50	8,374.20
34	統一企業股份有限公司	台灣	7,458.33	7,928.20	6.30	64.16	111	73.00	226	7,308.50	1,434.70
35	英業達股份有限公司	台灣	6,112.60	7,909.70	29.40	100.70	173.5	72.30	164	2,879.00	1,055.70
36	中國鋁業股份有限公司	中國大陸	4,744.99	7,762.80	63.60	880.98	1,473.00	67.20	21	9,783.10	5,546.50
37	國泰金融控股股份有限公司	台灣	7,882.58	7,646.10	-3.00	671.13	325.5	-51.50	96	106,077.30	6,681.40
38	冠捷科技有限公司	香港	5,053.73	7,176.30	42.00	149.56	151.8	1.50	182	3,060.90	1,099.10
39	住世達科技股份有限公司	台灣	5,441.25	6,992.00	28.50	—	-849.6	–	1000	3,718.40	599.5
40	鞍鋼股份有限公司	中國大陸	3,322.32	6,847.30	106.10	260.78	858.5	229.20	38	7,328.10	3,741.70
41	光寶科技股份有限公司	台灣	6,997.85	6,836.90	-2.30	268.71	258.5	-3.80	115	5,097.00	1,937.00
42	綠點高新股份有限公司	台灣	5,068.33	6,801.70	34.20	97.91	163.9	67.40	170	2,266.20	883.9
43	中國遠洋控股股份有限公司	中國大陸	6,016.46	6,395.50	6.30	699.73	254.7	-63.60	121	6,955.60	2,374.80
44	中國石化上海石油化工股份有限公司	中國大陸	5,763.85	6,346.00	10.10	232.24	105.9	-54.40	242	3,437.20	2,380.00
45	台灣化學纖維股份有限公司	台灣	5,299.50	6,311.70	19.10	1,226.13	999.3	-18.50	31	10,647.80	6,277.80
46	中信泰富有限公司	香港	3,405.93	6,031.90	77.10	511.33	1,060.50	107.40	29	9,828.20	5,962.80
47	中國南方航空股份有限公司	中國大陸	4,896.68	5,900.50	20.50	—	14.8	–	720	9,556.30	1,263.50
48	TCL集團股份有限公司	中國大陸	6,478.94	5,876.40	-9.30	—	-242.3	–	992	2,754.30	373.1
49	奇美電子股份有限公司	台灣	4,929.64	5,871.20	19.10	247.73	109	-56.00	232	13,127.90	5,793.30
50	大同股份有限公司	台灣	6,303.77	5,849.90	-7.20	—	-251.7	–	993	10,040.50	1,185.50
51	寶成工業股份有限公司	台灣	4,641.27	5,769.10	24.30	130.11	177.6	36.50	163	5,177.50	1,140.20
52	中華電訊股份有限公司	台灣	5,643.94	5,677.80	0.60	1,466.35	1,381.30	-5.80	23	14,196.80	12,308.20
53	中國國際航空股份有限公司	中國大陸	4,800.51	5,635.80	17.40	301.79	337.1	11.70	93	10,530.50	3,727.90
54	國浩集團有限公司	香港	1,898.52	5,634.80	196.80	413.86	722.6	74.60	46	7,349.60	4,733.10
55	華能國際電力股份有限公司	中國大陸	5,047.77	5,557.60	10.10	597.51	696.1	16.50	48	13,606.70	5,240.30
56	交通銀行股份有限公司	中國大陸	4,227.73	5,352.30	26.60	1,160.06	1,539.40	32.70	20	215,652.40	11,342.20
57	上海電氣集團股份有限公司	中國大陸	4,314.92	5,350.50	24.00	209.80	257	22.50	119	8,032.70	2,097.80
58	武漢鋼鐵股份有限公司	中國大陸	5,110.26	5,181.80	1.40	604.95	488.8	-19.20	63	4,990.10	2,736.20
59	山西太鋼不銹鋼股份有限公司	中國大陸	2,978.38	5,027.50	68.80	97.44	304	212.00	99	5,119.80	1,665.80
60	大東方控股	新加坡	4,466.73	4,980.40	11.50	234.64	300.1	27.90	102	26,448.00	1,847.30
61	台灣塑膠工業股份有限公司	台灣	4,881.72	4,779.20	-2.10	1,020.84	950.4	-6.90	35	9,402.40	5,924.50
62	長榮航運股份有限公司	台灣	4,331.80	4,617.70	6.60	373.53	12.7	-96.60	750	3,775.70	1,763.50
63	中國東方航空股份有限公司	中國大陸	3,309.03	4,616.10	39.50	7.59	-348.7	-4695.00	995	7,541.20	380.7

218

순위	기업명칭	소재지	영업액			순수익				총자산	순자산
			2006년	2007년	성장률 (%)	2006	2007	성장률 (%)	순위		
64	東方海外(國際)有限公司	香港	4,344.77	4,609.80	6.10	650.90	580.6	-10.80	55	5,600.00	2,727.20
65	遠東紡織股份有限公司	台灣	4,183.32	4,413.40	5.50	258.05	256.5	-0.60	120	7,716.10	2,530.80
66	聯強國際股份有限公司	台灣	4,293.53	4,379.40	2.00	87.59	81.9	-6.50	299	1,494.40	712.2
67	馬鞍山鋼鐵股份有限公司	中國大陸	4,022.71	4,304.30	7.00	357.32	285.5	-20.10	106	6,878.20	2,523.70
68	和記電訊國際有限公司	香港	3,123.50	4,279.20	37.00	—	25.8	–	590	10,220.30	2,135.80
69	中國國際海運集裝箱(集團)股份有限公司	中國大陸	3,884.03	4,159.80	7.10	334.87	347.6	3.80	89	2,875.00	1,394.30
70	湖南華菱管線股份有限公司	中國大陸	3,585.50	4,105.40	14.50	68.60	133.9	95.20	200	4,727.50	1,232.80
71	統一超商股份有限公司	台灣	3,691.88	4,090.60	10.80	112.43	117.6	4.60	220	1,514.90	491.8
72	中國外運股份有限公司	中國大陸	3,595.75	4,059.60	12.90	107.48	77.6	-27.80	311	2,000.80	941.9
73	新光金融控股股份有限公司	台灣	4,238.42	4,026.50	-5.00	217.14	182.4	-16.00	159	45,917.00	2,718.40
74	中華航空股份有限公司	台灣	3,642.79	4,018.00	10.30	19.84	22.7	14.40	624	7,708.40	1,706.60
75	新鴻基地產發展有限公司	香港	3,281.26	3,973.60	21.10	2,545.65	2,721.30	6.90	10	32,986.40	23,779.00
76	中華映管股份有限公司	台灣	3,180.00	3,895.50	22.50	—	-429.7	–	998	7,611.80	2,527.40
77	上海汽車股份有限公司	中國大陸	801.17	3,825.60	377.50	138.53	178.7	29.00	162	10,838.90	3,969.20
78	中海集裝箱運輸有限公司	中國大陸	3,558.60	3,825.50	7.50	449.17	107.8	-76.00	236	3,855.80	2,073.50
79	思捷環球控股有限公司	香港	2,994.48	3,800.00	26.90	479.15	664.1	38.60	51	2,183.20	1,548.80
80	華新麗華股份有限公司	台灣	2,310.77	3,796.60	64.30	47.90	261.4	445.70	113	3,196.30	1,951.00
81	中國中煤能源股份有限公司	中國大陸	3,772.04	3,790.90	0.50	419.18	397.8	-5.10	82	5,658.00	2,705.70
82	富邦金融控股股份有限公司	台灣	4,034.81	3,744.30	-7.20	327.63	258.5	-21.10	116	53,062.80	5,031.70
83	裕元工業(集團)有限公司	香港	3,155.65	3,657.40	15.90	297.89	353.6	18.70	87	3,378.80	2,091.30
84	哈爾濱動力設備股份有限公司	中國大陸	2,315.61	3,649.40	57.60	58.33	128.5	120.30	207	4,696.20	606
85	中銀香港(控股)有限公司	香港	2,762.02	3,585.10	29.80	1,743.50	1,795.80	3.00	16	119,096.50	10,853.20
86	大聯大投資控股股份有限公司	台灣	574.34	3,573.00	522.10	—	42.6	–	452	1,149.10	362.7
87	雲南銅業股份有限公司	中國大陸	1,680.75	3,519.50	109.40	61.90	151.1	144.10	183	1,869.40	444.3
88	唐山鋼鐵股份有限公司	中國大陸	3,048.73	3,472.50	13.90	142.22	179.2	26.00	160	3,590.20	1,137.20
89	聯華電子股份有限公司	台灣	3,085.32	3,446.30	11.70	216.22	1,003.70	364.20	30	11,312.40	8,958.90
90	上海物資貿易股份有限公司	中國大陸	2,441.83	3,421.00	40.10	4.31	8.7	101.70	806	341.6	70.5
91	卜蜂食品企業大眾有限公司	泰國	3,074.70	3,366.80	9.50	178.23	66.3	-62.80	346	2,527.30	1,112.40
92	陽明海運股份有限公司	台灣	3,012.32	3,301.50	9.60	286.18	35.2	-87.70	507	2,960.00	1,318.10
93	濟南鋼鐵股份有限公司	中國大陸	3,012.89	3,296.10	9.40	103.90	109.3	5.20	231	1,983.80	563.2
94	電訊盈科有限公司	香港	2,885.69	3,286.80	13.90	204.46	160.5	-21.50	174	6,336.70	55.1
95	宏碁國際電子股份有限公司	台灣	2,251.25	3,241.80	44.00	362.48	776.8	114.30	43	2,045.00	1,309.90
96	台達電子工業股份有限公司	台灣	2,486.48	3,237.40	30.20	232.40	348.6	50.00	88	2,741.80	1,532.90

순위	기업명칭	소재지	영업액			순수익				총자산	순자산
			2006년	2007년	성장률(%)	2006	2007	성장률(%)	순위		
97	英華達股份有限公司	台灣	3,703.66	3,237.00	-12.60	92.02	63.4	-31.10	356	1,159.00	347.8
98	重慶長安汽車股份有限公司	中國大陸	2,404.85	3,220.10	33.90	29.70	81.1	173.10	303	2,913.70	916.4
99	江西銅業股份有限公司	中國大陸	1,672.78	3,190.00	90.70	232.17	578.1	149.00	56	2,351.60	1,575.40
100	PPB 集團有限公司	馬來西亞	2,911.78	3,138.90	7.80	107.53	152.8	42.10	180	1,986.10	1,265.60
101	神州數碼控股有限公司	中國大陸	2,547.27	3,130.60	22.90	32.29	26.7	-17.30	571	882.7	251.5
102	興業銀行股份有限公司	中國大陸	2,180.91	3,129.60	43.50	328.10	476.4	45.20	66	77,465.60	2,031.70
103	蘇泊爾電器股份有限公司	中國大陸	1,998.91	3,126.30	56.40	43.96	90.3	105.40	276	1,110.20	386.8
104	招商銀行股份有限公司	中國大陸	2,410.05	3,118.60	29.40	470.25	852.1	81.20	39	117,152.30	6,918.00
105	大唐國際發電股份有限公司	中國大陸	2,257.10	3,114.80	38.00	295.99	339.5	14.70	92	11,171.50	2,844.90
106	國美電器控股有限公司	香港	2,252.36	3,101.50	37.70	62.51	102.7	64.30	251	2,655.90	646.1
107	本鋼板材股份有限公司	中國大陸	2,532.05	3,096.70	22.30	79.29	207.1	161.20	138	3,375.20	2,011.40
108	日月光半導體製造股份有限公司	台灣	2,585.77	3,090.00	19.50	—	535.9	–	59	4,216.60	2,031.40
109	萊蕪鋼鐵股份有限公司	中國大陸	2,484.28	3,050.70	22.80	52.14	93.6	79.50	268	1,878.20	686.1
110	長榮航空股份有限公司	台灣	2,844.59	3,049.40	7.20	40.80	-51.9	-227.20	970	4,628.00	1,419.70
111	大華銀行有限公司	新加坡	2,367.03	3,044.00	28.60	1,075.60	1,617.70	50.40	19	101,517.70	10,566.80
112	復星國際有限公司	香港	2,941.92	3,039.00	3.30	170.90	137.4	-19.60	196	4,762.50	354.3
113	珠海格力電器股份有限公司	中國大陸	2,291.10	2,985.30	30.30	63.60	78.8	23.90	309	2,005.90	390.4
114	新世界發展有限公司	香港	3,064.89	2,985.20	-2.60	135.85	552.9	307.00	57	18,474.20	7,754.80
115	中興通訊股份有限公司	中國大陸	2,707.22	2,888.60	6.70	149.85	101.3	-32.40	255	3,250.40	1,339.30
116	鹽倉集團	印尼	2,713.02	2,875.80	6.00	206.38	110	-46.70	230	2,372.90	1,436.50
117	力晶半導體股份有限公司	台灣	1,588.80	2,837.60	78.60	197.88	840.8	324.90	40	6,849.40	3,872.10
118	神達電腦股份有限公司	台灣	2,579.07	2,821.50	9.40	152.07	165.6	8.90	168	2,148.50	852.8
119	創科實業有限公司	香港	2,866.60	2,797.80	-2.40	130.61	137.4	5.20	197	2,733.40	897
120	甘肅鋼鐵股份有限公司	中國大陸	2,494.98	2,784.40	11.60	113.22	112.2	-0.90	225	2,968.10	1,379.60
121	北京首鋼股份有限公司	中國大陸	2,659.87	2,776.90	4.40	99.35	60.9	-38.70	363	2,122.90	726.6
122	C.P. Seven Eleven Public Company Limited	泰國	2,611.89	2,768.60	6.00	39.82	35.2	-11.60	508	1,134.40	229.9
123	中化化肥股份有限公司	香港	2,466.76	2,708.50	9.80	99.91	114.9	15.00	222	1,347.30	557.5
124	和泰汽車股份有限公司	台灣	3,283.48	2,702.30	-17.70	140.52	108.2	-23.00	235	1,920.80	561.3
125	上海建工股份有限公司	中國大陸	2,292.52	2,634.10	14.90	28.99	31.8	9.70	531	1,716.60	421.1
126	廈門建發股份有限公司	中國大陸	1,979.83	2,631.20	32.90	26.69	54.4	103.80	392	1,133.10	351.3
127	上海友誼集團股份有限公司	中國大陸	2,271.38	2,618.90	15.30	16.89	17.8	5.40	679	1,427.90	214
128	菲律賓長途電話公司	菲律賓	2,457.17	2,604.60	6.00	665.11	684.4	2.90	50	4,714.30	2,007.00
129	廣東美的電器股份有限公司	中國大陸	2,672.70	2,525.70	-5.50	47.89	63.4	32.40	355	1,560.40	436.8

220

순위	기업명칭	소재지	영업액			순수익				총자산	순자산
			2006년	2007년	성장률(%)	2006	2007	성장률(%)	순위		
130	中國人壽保險股份有限公司	台灣	2,310.58	2,511.60	8.70	20.69	21.6	4.40	633	7,295.30	363.3
131	長城科技股份有限公司	中國大陸	1,871.31	2,498.20	33.50	40.26	-15.3	-138.00	946	1,281.30	446.5
132	魏橋紡織股份有限公司	中國大陸	1,704.25	2,486.50	45.90	155.90	211.4	35.60	134	3,278.50	1,508.50
133	微星科技股份有限公司	台灣	2,285.65	2,484.50	8.70	36.19	38.4	6.10	488	1,327.10	652.2
134	第一太平有限公司	香港	1,986.20	2,474.80	24.60	103.01	164.5	59.70	169	2,883.90	582.7
135	青島海爾股份有限公司	中國大陸	2,069.81	2,461.00	18.90	30.01	39.4	31.30	477	1,063.10	725.7
136	遠東百貨股份有限公司	台灣	2,364.22	2,444.60	3.40	30.05	18	-40.10	677	2,522.50	641.9
137	凱業集團	馬來西亞	1,665.12	2,439.40	46.50	225.84	403.8	78.80	80	3,727.70	2,108.80
138	東方通訊股份有限公司	中國大陸	927.71	2,434.30	162.40	—	3.8	–	880	583.9	268.9
139	鴻準精密工業股份有限公司	台灣	1,459.28	2,429.70	66.50	109.65	195.4	78.20	148	1,833.20	877.1
140	北汽福田汽車股份有限公司	中國大陸	1,847.44	2,422.00	31.10	—	6	–	852	804.1	187.8
141	華僑銀行有限公司	新加坡	1,816.77	2,416.30	33.00	816.59	1,260.00	54.30	26	95,166.60	8,435.70
142	印多福食品有限公司	印尼	2,049.27	2,395.60	16.90	13.54	72.2	433.20	325	1,759.20	538.4
143	星獅集團	新加坡	2,195.50	2,388.70	8.80	186.20	201.1	8.00	143	6,086.70	2,265.90
144	上海浦東發展銀行股份有限公司	中國大陸	1,829.09	2,383.30	30.30	320.75	420.5	31.10	76	86,455.50	3,098.60
145	四川長虹電器股份有限公司	中國大陸	1,889.56	2,352.50	24.50	35.79	38.4	7.30	489	2,078.20	1,123.80
146	麗星郵輪有限公司	香港	1,967.34	2,343.10	19.10	17.90	-156.2	-972.60	987	6,139.70	1,943.30
147	安徽銅都銅業股份有限公司	中國大陸	1,217.33	2,338.50	92.10	62.81	73.3	16.70	323	1,305.10	504.4
148	康師傅控股有限公司	中國大陸	1,846.16	2,331.70	26.30	123.47	148.9	20.60	185	1,840.10	913.3
149	南亞科技股份有限公司	台灣	1,541.73	2,301.80	49.30	71.64	535.4	647.40	60	4,166.30	2,374.40
150	中糧糧油控股有限公司	香港	1,770.68	2,294.80	29.60	32.66	96.8	196.40	259	1,982.20	765.2
151	內蒙古包鋼鋼聯股份有限公司	中國大陸	2,378.82	2,290.80	-3.70	126.15	82	-35.00	298	1,737.50	980.7
152	中強光電股份有限公司	台灣	1,867.32	2,285.60	22.40	83.95	103.6	23.40	248	1,153.80	509
153	利星行有限公司	香港	1,705.41	2,268.20	33.00	36.66	40.4	10.20	470	1,797.10	739.9
154	中信銀行股份有限公司	中國大陸	1,712.41	2,248.40	31.30	386.81	483.9	25.10	65	88,635.10	3,974.30
155	萬科企業股份有限公司	中國大陸	1,324.56	2,238.50	69.00	169.30	270.2	59.60	109	6,083.70	1,866.50
156	精英電腦股份有限公司	台灣	1,225.37	2,236.30	82.50	15.57	-40.7	-361.40	958	1,332.60	659.7
157	湖南有色金屬股份有限公司	中國大陸	1,165.27	2,228.00	91.20	53.40	56.6	6.00	382	1,837.90	529.9
158	華寶通訊股份有限公司	台灣	1,193.24	2,205.10	84.80	98.71	161.1	63.20	172	857	378.7
159	中石化冠德控股有限公司	香港	1,558.06	2,184.40	40.20	17.37	20.1	15.70	651	534.7	216.9
160	中國民生銀行股份有限公司	中國大陸	1,607.56	2,170.20	35.00	343.26	471.3	37.30	68	90,938.30	2,421.80
161	建滔化工集團	香港	1,678.69	2,150.40	28.10	184.07	906.2	392.30	36	3,605.30	2,046.00
162	中國航空科技工業股份有限公司	中國大陸	1,789.74	2,145.90	19.90	14.80	-41.5	-380.40	959	3,111.70	542.9
163	中國石化儀征化纖股份有限公司	中國大陸	1,981.08	2,135.60	7.80	—	4.7	–	867	1,268.70	1,037.70

순위	기업명칭	소재지	영업액			순수익				총자산	순자산
			2006년	2007년	성장률(%)	2006	2007	성장률(%)	순위		
164	上海辰華重工機械(集團)股份有限公司	中國大陸	1,517.71	2,108.10	38.90	151.47	201	32.70	144	2,463.30	735.6
165	安陽鋼鐵股份有限公司	中國大陸	1,830.54	2,074.00	13.30	54.32	69.8	28.50	338	1,759.20	799.7
166	友尚股份有限公司	台灣	1,528.88	2,070.10	35.40	11.06	13.4	21.20	734	569.8	158.8
167	遠傳電信股份有限公司	台灣	2,212.30	2,068.50	-6.50	452.80	404.8	-10.60	79	2,888.60	2,274.70
168	聯華超市股份有限公司	中國大陸	1,795.21	2,062.70	14.90	30.06	30.3	0.80	540	1,116.30	257.3
169	內蒙古伊利實業集團股份有限公司	中國大陸	1,526.97	2,049.20	34.20	36.77	43.2	17.50	448	943.7	327.5
170	中國蒙牛乳業有限公司	香港	1,357.50	2,037.60	50.10	57.29	91.2	59.20	275	973.7	376.1
171	大秦鐵路股份有限公司	中國大陸	1,643.59	2,024.90	23.20	446.78	548.2	22.70	58	5,144.30	4,422.00
172	瀚宇彩晶股份有限公司	台灣	1,918.34	2,008.50	4.70	—	-149.8	–	985	2,997.30	1,639.40
173	台灣水泥股份有限公司	台灣	1,910.33	1,998.20	4.60	175.46	211.6	20.60	133	4,964.60	2,062.90
174	攀枝花新鋼釩股份有限公司	中國大陸	1,908.37	1,982.80	3.90	101.79	102.2	0.40	252	2,547.10	1,092.60
175	南京鋼鐵股份有限公司	中國大陸	1,863.77	1,970.00	5.70	51.49	50	-2.90	414	1,159.70	437.7
176	創業集團有限公司	新加坡	2,037.93	1,966.60	-3.50	126.58	150.5	18.90	184	1,894.20	1,107.00
177	中化國際(控股)股份有限公司	中國大陸	1,995.77	1,933.90	-3.10	89.24	48.1	-46.10	423	995.6	380.3
178	新創建集團有限公司	香港	1,607.58	1,929.10	20.00	212.30	257.1	21.10	118	5,100.30	2,204.70
179	安徽海螺水泥股份有限公司	中國大陸	1,358.03	1,912.10	40.80	48.40	186	284.30	155	2,793.30	867.7
180	河南雙匯投資發展股份有限公司	中國大陸	1,688.35	1,897.70	12.40	46.59	57.3	23.00	379	462.5	251.7
181	華電國際電力股份有限公司	中國大陸	1,667.57	1,897.70	13.80	127.33	140.7	10.50	192	6,774.40	1,677.70
182	龍邦開發股份有限公司	台灣	1,897.50	1,897.50	0.00	—	10.4	–	776	6,702.60	236.9
183	柳州鋼鐵股份有限公司	中國大陸	1,579.15	1,893.40	19.90	64.12	89.7	39.90	278	1,085.50	386.7
184	雲頂有限公司	馬來西亞	1,486.25	1,892.00	27.30	339.88	409.9	20.60	78	7,686.50	3,077.60
185	石家庄煉油化工股份有限公司	中國大陸	1,491.49	1,874.80	25.70	—	-200.9	–	990	350.2	-88.7
186	廈門國貿集團股份有限公司	中國大陸	1,690.77	1,868.30	10.50	17.35	25.4	46.40	595	597.2	146.4
187	茂德科技股份有限公司	台灣	918.05	1,856.30	102.20	—	447.2	–	73	4,388.00	2,698.80
188	中國航油(新加坡)	新加坡	13.03	1,847.10	14079.20	18.63	232.2	1146.60	124	457.6	107.4
189	中保國際控股有限公司	香港	1,147.95	1,843.60	60.60	—	65.5	–	349	5,135.10	535.7
190	台灣大哥大股份有限公司	台灣	1,847.60	1,812.50	-1.90	499.60	497.6	-0.40	62	3,643.50	2,765.20
191	天音通信股份有限公司	中國大陸	1,058.01	1,796.50	69.80	8.47	17.7	108.90	682	588	73.2
192	中國通訊服務股份有限公司	中國大陸	1,659.33	1,778.80	7.20	74.94	87.3	16.50	287	1,922.80	1,189.10
193	矽品精密工業股份有限公司	台灣	1,337.67	1,757.70	31.40	253.62	410.1	61.70	77	2,430.50	1,936.50
194	聯詠科技股份有限公司	台灣	1,624.81	1,735.30	6.80	562.14	694.8	23.60	49	2,361.40	2,077.70
195	精成科技股份有限公司	台灣	1,292.01	1,730.00	33.90	38.10	47.2	23.90	429	676.2	266.3
196	SM Investments Corp.	非律賓	1,052.01	1,729.50	64.40	156.42	206	31.70	140	4,425.50	2,013.30

순위	기업명칭	소재지	영업액			순수익				총자산	순자산
			2006년	2007년	성장률(%)	2006	2007	성장률(%)	순위		
197	香港中華煤氣有限公司	香港	1,198.82	1,726.30	44.00	677.12	751.6	11.00	45	4,636.20	2,653.00
198	九龍倉集團有限公司	香港	1,608.73	1,713.30	6.50	1,779.48	1,379.10	-22.50	24	15,291.90	9,636.20
199	卜蜂國際有限公司	香港	1,832.61	1,691.50	-7.70	4.80	-49.7	-1135.40	967	971.8	54
200	燦坤實業股份有限公司	台灣	1,563.03	1,691.20	8.20	13.99	-59.8	-527.50	972	847.3	111.8
201	甘肅酒鋼集團宏興鋼鐵股份有限公司	中國大陸	1,334.52	1,689.50	26.60	64.21	55.8	-13.10	386	969.2	521.3
202	巔峰控股 (約格森米)	菲律賓	1,322.79	1,677.30	26.80	81.44	125.9	54.60	211	4,294.80	1,355.50
203	中鐵二局股份有限公司	中國大陸	1,060.58	1,673.60	57.80	9.82	12.7	29.30	749	964.7	231.5
204	國電電力發展股份有限公司	中國大陸	1,385.64	1,660.00	19.80	116.64	125.5	7.60	212	5,410.80	1,172.40
205	兗州煤業股份有限公司	中國大陸	1,593.28	1,658.60	4.10	312.98	219.4	-29.90	128	2,871.30	2,260.90
206	環隆電氣股份有限公司	台灣	1,608.35	1,637.30	1.80	21.00	42.4	101.90	454	955.6	417.6
207	比亞迪股份有限公司	中國大陸	815.07	1,622.80	99.10	63.08	140.1	122.10	193	2,055.20	663.8
208	萬海航運股份有限公司	台灣	1,548.04	1,620.80	4.70	167.02	95.7	-42.70	261	2,403.40	899.2
209	台新金融控股股份有限公司	台灣	1,831.07	1,620.50	-11.50	—	-496.9	–	999	71,745.10	2,781.20
210	創維數碼控股有限公司	香港	1,371.64	1,610.30	17.40	27.66	16.4	-40.70	698	1,110.10	418.3
211	盤谷銀行有限公司	泰國	1,443.63	1,608.20	11.40	536.29	471.4	-12.10	67	39,429.70	3,914.10
212	城市發展有限公司	新加坡	1,493.76	1,602.80	7.30	126.10	221.3	75.50	127	6,925.40	2,979.50
213	楊忠禮機構有限公司	馬來西亞	1,499.91	1,588.40	5.90	197.32	198.9	0.80	146	9,229.30	1,923.10
214	康佳集團股份有限公司	中國大陸	1,436.47	1,587.30	10.50	9.04	12.9	42.70	745	1,248.20	414.1
215	PT Indah Kiat Pulp and Paper	印尼	1,414.55	1,584.30	12.00	8.00	-185.3	-2416.30	988	5,279.30	1,856.00
216	杭州鋼鐵股份有限公司	中國大陸	1,238.32	1,580.10	27.60	26.60	25.7	-3.40	592	1,057.70	410.8
217	上海國際港務 (集團) 股份有限公司	中國大陸	1,378.35	1,565.80	13.60	314.12	371.6	18.30	84	6,373.50	3,014.90
218	香港電燈集團有限公司	香港	1,490.17	1,561.70	4.80	1,097.87	877.2	-20.10	37	8,689.60	5,651.90
219	豐隆亞洲有限公司	新加坡	1,428.55	1,561.40	9.30	14.68	38.5	162.20	487	1,613.20	320.3
220	海南航空股份有限公司	中國大陸	1,262.09	1,561.20	23.70	—	22.8	–	623	4,606.40	876.7
221	廣東韶能集團公山股份有限公司	中國大陸	1,331.05	1,556.00	16.90	17.10	52.3	205.90	402	1,538.40	667.9
222	德昌電機控股有限公司	香港	1,144.15	1,526.30	33.40	141.14	94	-33.40	265	2,014.00	845.5
223	同方股份有限公司	中國大陸	1,225.56	1,519.70	24.00	13.16	20.1	52.70	650	1,587.80	397.3
224	燁輝企業股份有限公司	台灣	1,224.55	1,501.30	22.60	44.19	60.5	36.90	366	1,426.00	761.3
225	大騰化學公司	馬來西亞	1,225.50	1,485.30	21.20	87.05	210.4	141.70	135	1,519.60	891.7
226	青島海信電器股份有限公司	中國大陸	1,275.15	1,483.00	16.30	12.85	15.7	22.20	710	675.4	332.4
227	山東晨鳴紙業集團股份有限公司	中國大陸	1,219.51	1,481.70	21.50	75.52	75.6	0.10	317	2,577.10	753.8
228	三商行股份有限公司	台灣	1,334.57	1,478.70	10.80	—	23.3	—	619	2,925.10	224.7
229	正新橡膠工業股份有限公司	台灣	1,147.16	1,476.40	28.70	43.65	60.2	37.90	370	1,803.20	645

순위	기업명칭	소재지	영업액			순수익				총자산	순자산
			2006년	2007년	성장률(%)	2006	2007	성장률(%)	순위		
230	泰山石化集團有限公司	香港	1,341.74	1,469.20	9.50	38.97	12.9	-66.90	746	1,147.10	262.7
231	中芯國際集成電路製造有限公司	中國大陸	1,171.30	1,465.30	25.10	—	-44.4	–	964	4,541.30	3,007.40
232	青島啤酒股份有限公司	中國大陸	1,257.08	1,464.50	16.50	38.09	54.5	43.10	390	1,202.70	655.1
233	偉易達集團	香港	1,204.77	1,463.80	21.50	128.80	182.9	42.00	157	663.4	343.3
234	中國信託金融控股股份有限公司	台灣	1,851.80	1,440.70	-22.20	495.73	-313.8	-163.30	994	52,508.30	3,794.40
235	技嘉科技股份有限公司	台灣	1,425.50	1,436.90	0.80	41.96	6	-85.70	849	905.9	573.4
236	上海市醫藥股份有限公司	中國大陸	1,342.40	1,431.00	6.60	6.32	8.6	36.00	807	837.6	220.2
237	湘火炬汽車集團股份有限公司	中國大陸	938.89	1,407.40	49.90	12.42	35.4	185.10	505	1,321.50	234.1
238	長江實業 (集團) 有限公司	香港	790.99	1,404.00	77.50	1,793.58	2,317.30	29.20	13	30,539.70	25,695.10
239	建興電子科技股份有限公司	台灣	1,598.06	1,403.10	-12.20	93.36	21.1	-77.40	641	1,084.90	569.3
240	東方鍋爐(集團)股份有限公司	中國大陸	1,040.85	1,398.90	34.40	97.76	56.7	-42.00	381	1,135.80	261.1
241	中國海外發展有限公司	香港	893.74	1,398.70	56.50	196.70	303.9	54.50	100	4,596.60	1,980.70
242	金寶電子工業股份有限公司	台灣	1,986.79	1,398.70	-29.60	31.74	25.9	-18.40	587	881.5	654.4
243	威剛科技股份有限公司	台灣	1,010.74	1,392.80	37.80	39.05	49.2	26.00	419	446.4	160.3
244	True Corporation Public Co. Ltd.	泰國	1,156.33	1,369.10	18.40	—	-110.3	–	981	3,245.90	181.3
245	兆豐金融控股股份有限公司	台灣	1,474.05	1,357.60	-7.90	693.19	508.8	-26.60	61	68,866.20	6,144.60
246	新興鑄管股份有限公司	中國大陸	1,217.16	1,354.70	11.30	63.96	57.5	-10.10	378	1,292.30	537.1
247	台灣聚合化學品股份有限公司	台灣	1,303.09	1,351.30	3.70	20.91	18.3	-12.50	674	1,411.00	334.4
248	裕隆汽車製造股份有限公司	台灣	1,712.67	1,351.30	-21.10	172.64	91.5	-47.00	272	3,350.30	1,675.40
249	紫金礦業集團股份有限公司	中國大陸	380.81	1,339.30	251.70	88.24	213.8	142.30	130	1,423.40	458
250	大商集團股份有限公司	中國大陸	1,075.95	1,337.40	24.30	30.59	32.4	5.90	527	964.8	320.7
251	正崴精密工業股份有限公司	台灣	876.15	1,333.50	52.20	48.91	74.1	51.50	319	1,147.50	475.3
252	維信集團有限公司	新加坡	1,237.20	1,323.80	7.00	4.85	37.1	664.90	493	1,212.50	426.7
253	中國建築國際集團有限公司	香港	982.73	1,319.80	34.30	19.49	28.5	46.20	557	693.3	124.9
254	華晨中國汽車控股有限公司	香港	685.97	1,315.00	91.70	—	-50	–	968	1,864.10	738.1
255	嘉里建設有限公司	香港	1,026.55	1,306.80	27.30	393.20	601.2	52.90	53	6,718.80	3,759.60
256	深圳長城開發科技股份有限公司	中國大陸	1,010.49	1,291.40	27.80	39.56	42.8	8.20	450	499.1	389.1
257	安徽江淮汽車股份有限公司	中國大陸	1,178.72	1,290.70	9.50	62.39	51.6	-17.30	406	762.9	380.7
258	廣州藥業股份有限公司	中國大陸	1,131.63	1,284.40	13.50	23.13	28.5	23.20	556	678.4	349.7
259	友訊科技股份有限公司	台灣	1,119.48	1,281.80	14.50	50.29	77.5	54.10	312	931.4	451.3
260	廣州富力地產股份有限公司	中國大陸	734.25	1,277.60	74.00	158.56	267.8	68.90	112	3,336.20	1,034.30
261	東風汽車股份有限公司	中國大陸	1,104.11	1,263.10	14.40	49.41	54.5	10.30	391	1,369.50	603.4
262	華夏銀行股份有限公司	中國大陸	956.82	1,263.00	32.00	160.40	182.7	13.90	158	55,817.30	1,460.20

순위	기업명칭	소재지	영업액			순수익				총자산	순자산
			2006년	2007년	성장률(%)	2006	2007	성장률(%)	순위		
263	東元電機股份有限公司	台灣	1,145.32	1,261.00	10.10	56.29	71.1	26.30	329	2,085.90	1,145.70
264	華亞科技股份有限公司	台灣	708.53	1,254.80	77.10	182.44	488.2	167.60	64	4,236.40	2,435.00
265	一汽轎車股份有限公司	中國大陸	1,295.44	1,248.80	-3.60	42.37	43.6	2.90	446	1,033.00	675.4
266	華潤電力控股有限公司	中國大陸	760.07	1,248.80	64.30	366.63	303.2	-17.30	101	4,876.70	1,959.60
267	上海航空股份有限公司	中國大陸	1,000.72	1,245.90	24.50	5.62	1	-82.20	924	1,404.50	252
268	中國東方集團控股有限公司	香港	1,151.92	1,226.80	6.50	106.15	129.5	22.00	204	1,031.10	687.2
269	中海發展股份有限公司	中國大陸	1,091.36	1,225.60	12.30	340.51	346.3	1.70	90	2,133.50	1,563.40
270	地鐵有限公司	香港	1,173.90	1,223.20	4.20	1,083.55	994.7	-8.20	32	15,438.60	9,841.90
271	至上電子股份有限公司	台灣	1,032.40	1,220.30	18.20	6.48	1.4	-78.40	918	215.2	75.9
272	永豐餘造紙股份有限公司	台灣	1,118.10	1,210.90	8.30	43.29	34.2	-21.00	513	1,721.30	675.7
273	重慶鋼鐵股份有限公司	中國大陸	1,111.15	1,205.60	8.50	32.56	39.5	21.30	476	1,108.90	500.6
274	廈門金龍汽車集團股份有限公司	中國大陸	967.87	1,205.00	24.50	12.53	19.2	53.20	662	685.4	121.5
275	中華汽車工業股份有限公司	台灣	1,688.64	1,204.00	-28.70	140.63	99	-29.60	257	1,878.90	1,362.80
276	大眾銀行有限公司	馬來西亞	1,022.32	1,200.20	17.40	397.72	470.5	18.30	70	40,269.60	2,461.60
277	和桐化學股份有限公司	台灣	1,091.08	1,199.10	9.90	—	5.2	–	859	689.9	178.3
278	大成長城企業股份有限公司	台灣	1,104.34	1,197.10	8.40	18.55	25	34.80	602	531.6	183.9
279	嘉域集團有限公司	香港	774.19	1,193.80	54.20	38.76	46.2	19.20	432	1,024.00	383.7
280	中國嘉氣集團青岛卡車股份有限公司	中國大陸	1,164.31	1,187.60	2.00	34.31	28.1	-18.10	560	969.1	165.3
281	泰達電子大眾股份有限公司	泰國	1,179.92	1,169.30	-0.90	60.30	51.8	-14.10	405	691.6	383.6
282	李長榮化學工業股份有限公司	台灣	595.81	1,167.20	95.90	49.60	49.7	0.20	417	849.7	299.7
283	福懋興業股份有限公司	台灣	1,041.43	1,166.40	12.00	78.78	104.7	32.90	243	2,279.00	1,505.90
284	欣興電子股份有限公司	台灣	866.57	1,166.40	34.60	93.19	138.3	48.40	195	1,517.20	751.1
285	株洲合夥集團股份有限公司	中國大陸	564.91	1,165.40	106.30	9.25	53.5	478.40	398	402.4	160.6
286	南亞電路板股份有限公司	台灣	784.20	1,161.40	48.10	123.28	315.1	155.60	97	1,623.80	1,243.60
287	哈藥集團股份有限公司	中國大陸	1,065.10	1,153.50	8.30	57.21	57.9	1.20	377	1,178.40	543.9
288	泰華農民銀行	泰國	1,040.45	1,144.50	10.00	367.69	360.7	-1.90	85	24,696.60	2,329.40
289	金光農業資源有限公司	印尼	819.14	1,129.60	37.90	233.15	470.5	101.80	69	2,985.40	1,704.90
290	上海電力股份有限公司	中國大陸	938.21	1,129.60	20.40	50.45	50.8	0.70	409	2,654.80	800
291	創新科技有限公司	新加坡	1,224.21	1,127.50	-7.90	0.60	-118.2	-19800.00	982	830.6	393.2
292	載通國際控股有限公司	香港	827.89	1,116.00	34.80	74.89	235.6	214.60	123	1,551.30	650.5
293	申能股份有限公司	中國大陸	999.01	1,111.90	11.30	169.60	227.1	33.90	125	2,770.80	1,511.60
294	華新金融控股股份有限公司	台灣	1,136.37	1,109.10	-2.40	292.93	244.6	-16.50	122	51,525.30	2,790.40
295	楊忠禮電力	馬來西亞	1,024.40	1,108.40	8.20	238.32	345.8	45.10	91	6,540.30	1,669.50

순위	기업명칭	소재지	영업액			순수익				총자산	순자산
			2006년	2007년	성장률(%)	2006	2007	성장률(%)	순위		
296	京東方科技集團股份有限公司	中國大陸	1,689.11	1,101.30	-34.80	—	-216	–	991	2,033.30	444.1
297	新疆八一鋼鐵股份有限公司	中國大陸	980.14	1,095.80	11.80	30.69	19.7	-35.80	653	987.4	303.9
298	華邦電子股份有限公司	台灣	880.32	1,091.60	24.00	—	72.8	–	324	2,861.70	1,752.00
299	大翠食品股份有限公司	中國大陸	961.59	1,091.40	13.50	92.39	106.9	15.70	239	587.6	516.6
300	廣東電力發展股份有限公司	中國大陸	1,043.49	1,089.40	4.40	90.40	96	6.20	260	2,561.90	1,086.70
301	太平洋恩利國際股份有限公司	香港	789.40	1,087.00	37.70	23.45	39.8	69.70	474	1,299.40	274.7
302	建滔積層板股份有限公司	香港	785.96	1,086.20	38.20	138.25	210	51.90	136	1,313.60	633.1
303	東和鋼鐵企業股份有限公司	台灣	883.14	1,084.50	22.80	76.96	108.2	40.60	233	880.1	520.6
304	群光電子股份有限公司	台灣	849.18	1,082.70	27.50	18.59	47.2	153.90	430	609.6	192
305	三陽工業股份有限公司	台灣	1,099.80	1,081.10	-1.70	46.28	28	-39.50	561	1,087.60	403.9
306	東方實業	馬來西亞	1,146.55	1,078.90	-5.90	63.80	83.2	30.40	295	1,140.30	836.7
307	恒基兆業地產有限公司	香港	868.15	1,071.30	23.40	1,736.14	1,258.70	-27.50	27	17,038.00	11,823.00
308	信和置業有限公司	香港	532.25	1,067.70	100.60	663.28	771.4	16.30	44	8,614.80	5,095.60
309	連雲港如意集團股份有限公司	中國大陸	1,229.95	1,067.60	-13.20	—	0.1	–	932	242.3	24.4
310	吉隆坡甲洞有限公司	馬來西亞	1,033.11	1,067.20	3.30	114.88	118.9	3.50	219	1,551.20	1,224.80
311	山西國陽新能股份有限公司	中國大陸	903.14	1,064.80	17.90	72.92	87.5	20.00	286	722.7	390.5
312	德永佳集團有限公司	香港	993.37	1,063.90	7.10	61.57	80.1	30.10	305	749	416.4
313	第一金融控股股份有限公司	台灣	1,019.06	1,063.90	4.40	436.17	328	-24.80	94	49,258.50	3,113.40
314	上海百聯集團股份有限公司	中國大陸	1,128.56	1,063.10	-5.80	24.96	33.6	34.60	517	572.3	463.3
315	福建三鋼閩光股份有限公司	中國大陸	1,071.85	1,054.70	-1.60	15.90	45.1	183.60	435	586.7	230.2
316	特力股份有限公司	台灣	1,060.63	1,047.90	-1.20	22.39	13.1	-41.50	739	636.2	179.7
317	中鋼股份有限公司	台灣	1,028.71	1,046.20	1.70	—	9.3	–	791	2,711.20	1,630.40
318	山東海化股份有限公司	中國大陸	868.52	1,045.70	20.40	35.68	37	3.70	494	1,017.50	355.7
319	文曄科技股份有限公司	台灣	914.01	1,043.80	14.20	5.15	17.4	237.80	687	393.7	125.7
320	名勝世界	馬來西亞	984.54	1,037.70	5.40	263.77	257.7	-2.30	117	2,281.30	1,702.90
321	勝華科技股份有限公司	台灣	1,682.95	1,036.70	-38.40	173.79	71.6	-58.80	326	1,429.00	761.5
322	中鼎工程股份有限公司	台灣	970.23	1,033.30	6.50	23.87	30.7	28.60	537	1,022.40	271.2
323	廈門華僑電子股份有限公司	中國大陸	883.92	1,022.70	15.70	6.37	-65.6	-1130.10	975	495.5	40.1
324	天津一汽夏利汽車股份有限公司	中國大陸	890.73	1,018.10	14.30	32.60	41.3	26.70	463	889.8	411.5
325	永豐金融控股股份有限公司	台灣	998.32	1,010.30	1.20	177.78	83.2	-53.20	294	34,612.90	2,635.40
326	香格里拉(亞州)有限公司	香港	842.07	1,002.90	19.10	151.01	202.2	33.90	142	5,075.70	2,699.20
327	碧桂園控股有限公司	中國大陸	650.92	995.9	53.00	77.20	190.6	146.90	151	1,920.30	164.3
328	南京紡織品進出口股份有限公司	中國大陸	1,087.31	993.8	-8.60	2.76	2.6	-5.80	895	601	100.4

226

순위	기업명칭	소재지	영업액			순수익				총자산	순자산
			2006년	2007년	성장률 (%)	2006	2007	성장률 (%)	순위		
329	利和經營集團有限公司	香港	821.84	993.6	20.90	13.30	23.2	74.40	620	540.1	109.1
330	深圳發展銀行股份有限公司	中國大陸	723.00	993.4	37.40	35.59	183.5	415.60	156	32,670.90	827.4
331	玖龍紙業 (控股) 有限公司	香港	605.07	991.1	63.80	38.10	172.4	352.50	166	1,865.30	945.8
332	方正科技集團股份有限公司	中國大陸	926.67	986.9	6.50	21.57	23.1	7.10	621	531.3	242.5
333	承德新釩鈦股份有限公司	中國大陸	942.90	975.9	3.50	24.31	45.8	88.40	434	1,320.10	398.7
334	尖沙坤置業集團有限公司	香港	1,074.09	974.2	-9.30	402.62	430.4	6.90	75	9,579.40	2,578.20
335	亞洲水泥股份有限公司	台灣	877.48	974	11.00	203.58	221.7	8.90	126	3,288.10	1,836.50
336	東亞銀行有限公司	香港	763.02	969.8	27.10	352.52	440.3	24.90	74	37,718.20	3,495.30
337	聯永科技股份有限公司	台灣	798.10	967.3	21.20	173.03	193.1	11.60	150	743.2	466.8
338	錸德科技股份有限公司	台灣	949.95	964.2	1.50	—	-377.7	—	996	2,382.60	1,193.90
339	中信資源控股有限公司	香港	741.71	962	29.70	28.37	25.7	-9.40	591	1,195.90	413.5
340	亞太釀酒有限公司	新加坡	903.57	960.5	6.30	72.36	81.7	12.90	300	974.1	557.6
341	全家便利商店股份有限公司	台灣	917.21	953.9	4.00	21.04	19.4	-7.80	658	299.3	106
342	偉成發	泰國	961.46	948	-1.40	—	71	–	330	1,178.00	508.5
343	平頁山天安煤業股份有限公司	中國大陸	902.80	935.3	3.60	113.42	108.2	-4.60	234	1,069.00	639.5
344	盈科大衍地產發展	香港	657.16	931.2	41.70	76.55	123.7	61.60	213	1,977.20	856.8
345	北京城股有限公司	中國大陸	803.03	929.1	15.70	73.06	43.4	-40.60	447	2,221.10	1,137.30
346	PT Matahari Putra Prima Tbk.	印尼	755.26	926.7	22.70	24.27	17.5	-27.90	685	661.1	236.4
347	宜賓五糧液股份有限公司	中國大陸	804.78	926.3	15.10	99.26	146.8	47.90	188	1,296.10	1,035.60
348	江鈴汽車股份有限公司	中國大陸	787.81	924.1	17.30	62.15	75.7	21.80	316	656.9	381.3
349	勝獅貨櫃企業有限公司	香港	843.07	924	9.60	44.91	18.1	-59.70	676	963.6	226.1
350	裕隆日產汽車股份有限公司	台灣	1,504.42	919.2	-38.90	97.39	56	-42.50	385	521.8	407.2
351	金獅多元控股	馬來西亞	743.60	917.6	23.40	151.65	128.3	-15.40	209	901.5	519.4
352	福田實業 (集團) 有限公司	香港	850.88	914.7	7.50	20.95	39.3	87.60	478	780	358.8
353	上海機電股份有限公司	中國大陸	856.42	913.8	6.70	20.01	50.4	151.90	412	1,069.20	456.3
354	中國中材國際工程股份有限公司	中國大陸	515.76	909.8	76.40	11.52	16.5	43.20	697	1,001.30	106
355	山西路安環保能源開發股份有限公司	中國大陸	714.76	905.6	26.70	87.89	104.5	18.90	244	1,157.90	459.8
356	光明乳業股份有限公司	中國大陸	865.65	904.6	4.50	26.52	19.2	-27.60	663	486.2	272.5
357	亞洲光學股份有限公司	台灣	1,064.74	902.9	-15.20	85.80	68.3	-20.40	342	684.6	439.4
358	唐榮鐵工廠股份有限公司	台灣	632.73	902.9	42.70	32.54	70.9	117.90	332	881.4	227.5
359	龍元建設集團股份有限公司	中國大陸	827.47	897.8	8.50	18.70	23.3	24.60	618	839	155.1
360	瑞昱科技股份有限公司	台灣	403.82	897.7	122.30	—	29.2	–	546	654.6	206.5
361	周生生集團國際有限公司	香港	738.53	895.1	21.20	24.04	38.1	58.50	490	461.6	330.5

순위	기업명칭	소재지	영업액			순수익				총자산	순자산
			2006년	2007년	성장률(%)	2006	2007	성장률(%)	순위		
362	長興化學工業股份有限公司	台灣	763.00	895	17.30	47.58	70.7	48.60	333	870.8	417
363	香港中旅國際投資有限公司	香港	722.78	894.8	23.80	78.59	48.1	-38.80	424	1,781.10	1,365.40
364	正隆股份有限公司	台灣	791.15	894	13.00	12.29	23.7	92.90	612	1,145.40	488.1
365	合生創展集團有限公司	香港	786.52	887.2	12.80	156.11	199.2	27.60	145	3,266.80	1,004.80
366	神基科技股份有限公司	台灣	1,181.74	880.4	-25.50	23.96	12.1	-49.50	756	348.7	174.9
367	上海實業控股有限公司	中國大陸	772.47	878.3	13.70	131.78	161.3	22.40	171	3,033.10	2,244.30
368	深圳能源投資股份有限公司	中國大陸	866.67	871	0.50	94.36	100.3	6.30	256	1,409.80	589.8
369	田田控股有限公司	新加坡	688.26	867.9	26.10	113.83	128.4	12.80	208	1,205.50	757
370	中國長江電力股份有限公司	中國大陸	910.39	867.6	-4.70	418.73	453.9	8.40	72	5,112.50	3,047.50
371	世茂房地產控股有限公司	香港	313.60	867.1	176.50	113.86	285.8	151.00	105	3,473.60	1,445.90
372	中濟發展股份有限公司	中國大陸	654.19	866.8	32.50	8.05	10	24.20	781	574.9	198.7
373	山西西山煤電股份有限公司	中國大陸	704.40	864.3	22.70	122.32	122.2	-0.10	216	1,311.30	646.3
374	東方國際創業股份有限公司	中國大陸	772.45	846.6	9.60	0.46	6.8	1375.70	832	275.9	130
375	寧波波導股份有限公司	中國大陸	1,134.63	845.3	-25.50	—	3.8	–	878	426.8	169.8
376	凌陽科技股份有限公司	台灣	833.66	844.5	1.30	73.85	91.5	23.90	273	759.8	534.9
377	雲鋁業股份有限公司	中國大陸	568.33	843.4	48.40	17.70	39.2	121.50	479	697.9	232.1
378	新光合成纖維股份有限公司	台灣	726.49	842	15.90	2.39	4.7	96.80	866	1,216.10	540.7
379	葫蘆島鋅業股份有限公司	中國大陸	431.25	840.5	94.90	0.79	30.2	3722.20	541	959.4	380.2
380	雅居樂地產控股有限公司	中國大陸	673.53	837.2	24.30	122.68	155.8	27.00	178	2,192.80	924.3
381	濰柴動力股份有限公司	中國大陸	658.75	832	26.30	39.52	88.1	122.90	284	894.1	374.3
382	詮欣科技股份有限公司	台灣	742.54	830.9	11.90	14.79	8.8	-40.50	804	347.7	109.6
383	巨大機械工業股份有限公司	台灣	817.03	830.1	1.60	35.37	31.2	-11.80	533	523.9	191.9
384	國喬石油化學股份有限公司	台灣	726.16	827.1	13.90	8.18	27.5	236.20	566	616.5	232.9
385	海信科龍電器股份有限公司	中國大陸	875.03	823.4	-5.90	—	3	–	890	562.9	-131.3
386	佳能企業股份有限公司	台灣	693.51	823.2	18.70	23.15	27.6	19.20	564	392.4	169.1
387	中國鋁業股份有限公司	中國大陸	592.82	809.2	36.50	44.05	37.4	-15.10	491	1,754.60	527.6
388	浙江東南發電股份有限公司	中國大陸	697.06	807.2	15.80	74.90	93.1	24.30	270	1,532.80	837.3
389	創見資訊股份有限公司	台灣	520.75	805.6	54.70	44.71	74.8	67.30	318	391.5	255.6
390	綠城中國控股有限公司	香港	317.90	802.7	152.50	78.12	159.2	103.80	176	1,578.00	548.5
391	北京王府井百貨（集團）股份有限公司	中國大陸	628.16	800.9	27.50	3.38	24.2	616.00	609	531.6	105.9
392	成功多多有限公司	馬來西亞	727.82	800.6	10.00	89.47	126.6	41.50	210	567.6	337.3
393	裕商科技工業有限公司	新加坡	1,214.18	796.5	-34.40	41.83	44.3	5.90	442	461	146.8
394	上海輪胎橡膠（集團）股份有限公司	中國大陸	637.12	796.4	25.00	16.23	17.8	9.70	680	825.9	187.8

228

순위	기업명칭	소재지	영업액			순수익				총자산	순자산
			2006년	2007년	성장률(%)	2006	2007	성장률(%)	순위		
395	萬能企業有限公司	馬來西亞	736.09	791.3	7.50	53.56	63.2	18.00	357	647.7	502.3
396	復盛股份有限公司	台灣	725.41	790.7	9.00	66.56	60.9	-8.50	362	781.4	394.6
397	深圳市中金嶺南有色金屬股份有限公司	中國大陸	531.30	782.6	47.30	34.78	142.3	309.20	190	902.7	405.1
398	百麗國際控股有限公司	香港	217.21	782.4	260.20	29.46	122.5	315.80	215	557.5	330.3
399	寶業集團股份有限公司	香港	592.64	781.1	31.80	38.15	59.7	56.50	371	723.8	268.9
400	豐興鋼鐵股份有限公司	台灣	725.21	779.6	7.50	67.73	93.2	37.60	269	595.4	399.6
401	粤海投資有限公司	中國大陸	672.79	776.4	15.40	167.13	193.2	15.60	149	3,868.40	1,618.30
402	北京燕京啤酒股份有限公司	中國大陸	666.58	767.9	15.20	34.72	38.5	10.90	486	1,100.50	655.8
403	台灣玻璃工業股份有限公司	台灣	687.62	766.7	11.50	94.19	79.4	-15.70	308	1,562.50	1,076.40
404	第一拖拉機有限公司	中國大陸	597.81	765.2	28.00	—	9.1	–	795	626	275.7
405	豐隆工業有限公司	馬來西亞	701.28	765.1	9.10	11.84	35.2	197.20	506	889	291
406	中遠投資(新加坡)有限公司	新加坡	549.50	764.9	39.20	101.02	129.3	28.00	206	1,185.50	421.7
407	廣州發展實業控股集團股份有限公司	中國大陸	785.71	764.5	-2.70	77.79	87.9	13.00	285	1,585.40	1,016.10
408	華冠通訊股份有限公司	台灣	933.74	763.8	-18.20	0.37	10.7	2777.70	769	306.8	132.3
409	上海宏盛科技發展股份有限公司	中國大陸	640.03	757.8	18.40	6.17	7.6	23.10	822	457.1	36.5
410	廈門飛馬神實業股份有限公司	中國大陸	739.12	757.6	2.50	—	-106.7	–	980	460.7	25.5
411	奇普仕股份有限公司	台灣	545.95	754.5	38.20	—	-13.4	–	945	231.2	48.8
412	大亞電線電纜股份有限公司	台灣	483.09	754.1	56.10	11.95	12.6	5.40	752	578.6	235.6
413	豐鑫電子股份有限公司	台灣	644.10	753.6	17.00	12.84	12.9	0.50	744	195.7	64.7
414	陳唱國際有限公司	香港	769.64	750.4	-2.50	57.05	73.6	29.00	321	807.3	662.8
415	雅戈爾集團股份有限公司	中國大陸	580.56	749.5	29.10	70.83	94.7	33.70	263	1,655.10	570.5
416	凌源鋼鐵股份有限公司	中國大陸	735.03	749	1.90	40.71	44.9	10.30	437	421.3	333
417	中國人造纖維股份有限公司	台灣	713.60	745	4.40	—	-151.9	–	986	8,832.60	519.9
418	聯成化學科技股份有限公司	台灣	516.37	744.6	44.20	21.10	53.8	155.00	397	782.2	378.5
419	豐泰企業股份有限公司	台灣	742.76	743.5	0.10	37.02	25.1	-32.20	600	542.5	215.7
420	特變電工股份有限公司	中國大陸	562.75	741.7	31.80	15.72	27.1	72.40	568	926	225.1
421	北京華聯綜合超市股份有限公司	中國大陸	665.02	741.5	11.50	16.32	21	28.70	643	414.8	191.2
422	中外運空運發展股份有限公司	中國大陸	620.25	738.1	19.00	58.15	86	47.90	290	687.3	415.6
423	內蒙古蒙電華能熱電股份有限公司	中國大陸	651.90	737.3	13.10	8.52	26.1	206.30	581	2,676.90	534.2
424	中信證券股份有限公司	中國大陸	115.16	731.4	535.10	50.17	297.4	492.80	103	7,980.60	1,543.90
425	上海隧道工程股份有限公司	中國大陸	802.64	728.8	-9.20	13.22	15.7	18.80	709	1,207.90	258
426	旺宏電子股份有限公司	台灣	582.53	723.5	24.20	—	62.6	–	359	1,237.20	959.8

순위	기업명칭	소재지	영업액			순수익				총자산	순자산
			2006년	2007년	성장률(%)	2006	2007	성장률(%)	순위		
427	威健實業股份有限公司	台灣	606.68	717.1	18.20	11.87	16	34.80	703	249.6	97.5
428	深圳一致藥業股份有限公司	中國大陸	205.14	710.8	246.50	4.49	9.1	102.80	796	336	56.1
429	力麗企業股份有限公司	台灣	607.92	706.4	16.20	—	-0.2	—	934	738.8	222.6
430	華通電腦股份有限公司	台灣	569.52	706.2	24.00	9.44	40.5	328.80	468	991.3	467.2
431	春源鋼鐵股份有限公司	台灣	729.43	703.9	-3.50	29.21	21	-28.10	644	600.4	265.5
432	遼寧成大股份有限公司	中國大陸	723.36	693.7	-4.10	10.91	59	441.00	372	446.3	206.4
433	夏新電子股份有限公司	中國大陸	603.32	691.4	14.60	—	3	–	889	539.9	79.1
434	廈門信達股份有限公司	中國大陸	396.32	688.8	73.80	2.99	4.6	53.80	869	273.8	67.7
435	環球羅賓娜	非律賓	607.89	685.7	12.80	49.21	58.8	19.50	374	1,163.30	594
436	統一實業股份有限公司	台灣	547.20	685.1	25.20	2.25	30.5	1256.00	538	1,173.80	526.5
437	台橡股份有限公司	台灣	610.63	683.9	12.00	56.88	62.8	10.40	358	520.7	319.6
438	威盛電子股份有限公司	台灣	665.62	679.6	2.10	3.87	-35.5	-1017.60	956	802.2	451.1
439	太平洋恩利(控)股有限公司	香港	455.74	678.6	48.90	33.02	49.3	49.30	418	907.6	200.7
440	中金黃金股份有限公司	中國大陸	557.64	675.3	21.10	8.41	18.5	120.10	669	276.3	109.8
441	增你強股份有限公司	台灣	573.66	675.2	17.70	12.88	14.9	15.70	719	297.6	122.2
442	華宇電腦股份有限公司	台灣	832.10	674	-19.00	—	-62.9	–	973	632.2	286.4
443	華聯綜超股份有限公司	中國大陸	299.11	672.4	124.80	0.43	24.2	5573.50	608	1,504.20	236.8
444	丹絨公眾有限公司	馬來西亞	535.56	664.1	24.00	102.06	138.8	36.00	194	2,374.90	871.4
445	瀋陽機床股份有限公司	中國大陸	545.43	662.7	21.50	11.95	16.7	39.70	694	692.9	147.3
446	聯泰控股有限公司	香港	593.01	661.8	11.60	13.23	2.5	-81.10	898	445.9	198.7
447	理文造紙有限公司	香港	484.33	661.6	36.60	76.90	129.5	68.40	205	1,262.20	842.4
448	快樂蜂食品 (巧克比)	非律賓	565.84	660.9	16.80	32.61	42	28.80	458	371.4	213.2
449	明泰科技股份有限公司	台灣	545.50	660.6	21.10	31.51	32.3	2.50	529	394.4	196.8
450	首都銀行	非律賓	565.40	657	16.20	73.82	107.7	45.90	237	12,644.50	1,330.60
451	力特光電科技股份有限公司	台灣	669.80	656.4	-2.00	—	-42.8	–	960	870.5	311.6
452	愛高集團有限公司	香港	625.17	653.3	4.50	36.33	39.2	7.90	480	273.9	199.5
453	超毅科技有限公司	新加坡	646.44	652.9	1.00	16.77	16.7	-0.40	693	309.5	174.1
454	中國電力國際發展有限公司	中國大陸	546.94	652.5	19.30	82.96	88.1	6.20	283	2,148.40	1,138.70
455	全國加油站股份有限公司	台灣	543.67	652.4	20.00	13.89	21.2	52.60	639	286.2	128.8
456	浙江東方集團股份有限公司	中國大陸	761.21	651.6	-14.40	11.24	11.7	4.10	759	352.3	128.9
457	廣西柳工機械股份有限公司	中國大陸	510.53	649.9	27.30	26.09	44.7	71.30	438	393	235.2
458	山東太陽紙業股份有限公司	中國大陸	631.65	648.7	2.70	34.79	36.7	5.50	498	856.2	255.4
459	北京物美商業集團股份有限公司	中國大陸	443.83	647.1	45.80	20.60	26.6	29.10	574	563.3	237.7
460	遠雄建設事業股份有限公司	台灣	407.32	645.6	58.50	40.49	107.1	164.50	238	994.5	436.7

230

순위	기업명칭	소재지	영업액			순수익				총자산	순자산
			2006년	2007년	성장률(%)	2006	2007	성장률(%)	순위		
461	新加坡報業控股有限公司	新加坡	633.93	642.8	1.40	307.18	269.7	-12.20	110	1,912.80	1,287.90
462	潤泰創新國際股份有限公司	台灣	451.09	641	42.10	9.23	48.5	425.70	422	744.5	313.3
463	華晶科技股份有限公司	台灣	527.16	640.5	21.50	44.27	64.1	44.80	353	405.7	208.6
464	大成不銹鋼工業股份有限公司	台灣	432.88	639.8	47.80	22.68	70.3	209.90	335	582.9	229.5
465	武漢中百集團股份有限公司	中國大陸	515.25	635.3	23.30	6.14	9.8	59.50	782	387.3	112.6
466	健鼎科技股份有限公司	台灣	465.81	633.5	36.00	65.39	93.9	43.60	266	656.1	302.7
467	四川宏達股份有限公司	中國大陸	341.98	633	85.10	23.63	79.9	238.10	306	722.6	202.2
468	京都水泥大眾有限公司	泰國	599.62	632.6	5.50	107.50	101.8	-5.30	254	544.1	413.3
469	怡保工程有限公司	馬來西亞	520.50	629.8	21.00	43.68	52.9	21.10	399	1,645.40	709.2
470	風神輪胎股份有限公司	中國大陸	463.94	629.1	35.60	14.02	1.5	-89.30	916	389.9	100.4
471	國巨股份有限公司	台灣	510.00	627.3	23.00	9.25	60.9	558.10	364	1,425.80	881
472	寧波聯合集團股份有限公司	中國大陸	392.46	624.4	59.10	5.36	29.3	446.30	545	483.4	135.3
473	佳福集團	新加坡	557.41	624.3	12.00	9.73	13.5	38.70	731	587.2	214.5
474	海洋石油工程股份有限公司	中國大陸	534.02	623.2	16.70	73.38	93.7	27.70	267	630	377.8
475	廣州鋼鐵股份有限公司	中國大陸	843.17	623.1	-26.10	#VALUE!	2.7	—	894	579.8	200.1
476	鄭州宇通客車股份有限公司	中國大陸	573.78	621.4	8.30	23.32	27.7	18.80	563	451.5	156.4
477	太平洋航運集團有限公司	香港	433.85	620.4	43.00	147.07	110.3	-25.00	228	919.9	485
478	大眾商業銀行股份有限公司	台灣	495.67	618.1	24.70	33.85	-149.1	-540.50	984	11,959.50	447.6
479	重慶百貨大樓股份有限公司	中國大陸	460.21	617.6	34.20	9.70	10.7	10.30	770	237	82.2
480	浙江升大網新科技股份有限公司	中國大陸	543.70	617.1	13.50	11.38	15.4	35.30	714	511.6	165.6
481	長城汽車股份有限公司	中國大陸	477.85	616.9	29.10	55.27	88.1	59.40	282	811.7	515.9
482	煙台萬華聚氨酯股份有限公司	中國大陸	415.04	615.5	48.30	77.49	103.6	33.70	247	648.5	310.7
483	寶威控股有限公司	香港	473.79	614.5	29.70	9.34	19.2	105.50	664	314.6	123.1
484	貴州茅台酒股份有限公司	中國大陸	492.86	614.1	24.60	140.22	188.6	34.50	154	1,177.50	739.6
485	保華集團有限公司	香港	453.74	613	35.10	39.80	44.3	11.30	441	977.1	355.4
486	恒隆集團有限公司	香港	538.22	612.5	13.80	363.08	613.6	69.00	52	9,772.10	3,730.20
487	江蘇舜天股份有限公司	中國大陸	804.21	611.2	-24.00	4.47	4	-10.60	876	380.1	103.1
488	華人置業集團	香港	291.64	610.7	109.40	788.97	958.6	21.50	34	7,389.00	4,555.50
489	大成生化科技集團有限公司	香港	522.87	608.1	16.30	59.87	64.3	7.40	352	1,355.70	676.8
490	通威股份有限公司	中國大陸	460.30	605.3	31.50	15.43	18.9	22.50%	665	293.3	105.6
491	雲南錫業股份有限公司	中國大陸	454.47	604.9	33.10	35.79	26.7	-25.40	573	536.7	221.4
492	包頭鋁業股份有限公司	中國大陸	463.73	604.7	30.40	16.58	50.6	205.10	411	515	211.6
493	成功機構有限公司	馬來西亞	515.48	602.6	16.90	—	36.9	—	496	2,952.50	894

순위	기업명칭	소재지	영업액			순수익				총자산	순자산
			2006년	2007년	성장률(%)	2006	2007	성장률(%)	순위		
494	上海申達股份有限公司	中國大陸	621.78	599.4	-3.60	9.79	13.8	41.00	729	314.4	196.4
495	銀河娛樂集團有限公司	香港	165.66	598.7	261.40	307.20	-196.3	-163.90	989	3,744.70	1,747.80
496	其士國際集團有限公司	香港	555.86	598.1	7.60	42.50	40.8	-4.00	467	934.8	383.8
497	浙江滬杭甬高速公路股份有限公司	中國大陸	433.60	597.5	37.80	179.48	207.3	15.50	137	2,454.50	1,491.60
498	越秀投資有限公司	香港	506.96	597.2	17.80	324.11	91.4	-71.80	274	3,797.60	1,427.80
499	陳唱摩多機構有限公司	馬來西亞	784.49	597	-23.90	34.76	17	-51.10	691	546.5	329.3
500	德龍控股有限公司	新加坡	541.80	594.9	9.80	76.48	82.6	8.00	297	481.3	199.4
501	華立企業股份有限公司	台灣	597.19	594.8	-0.40	37.67	42	11.50	456	375.5	186.2
502	瑞安房地產有限公司	中國大陸	127.63	593.1	364.70	47.66	143.7	201.50	189	3,265.30	1,749.80
503	智邦科技股份有限公司	台灣	563.31	592.6	5.20	—	0.7	–	928	379.6	187.8
504	中國雨潤食品集團有限公司	中國大陸	558.58	592.1	6.00	45.05	61.4	36.30	361	395.2	307.1
505	四川鹽化股份有限公司	中國大陸	391.72	591.5	51.00	57.26	55.2	-3.60	389	626.1	275.1
506	聲寶股份有限公司	台灣	757.89	590.4	-22.10	—	-126.2	–	983	626.8	182.8
507	東方電機股份有限公司	中國大陸	382.35	589.2	54.10	66.22	104.1	57.20	245	1,207.70	315.4
508	上海市第一食品股份有限公司	中國大陸	526.52	587.6	11.60	21.40	19.6	-8.40	656	320.4	91.2
509	黑龍江北大荒農業股份有限公司	中國大陸	508.32	586.6	15.40	62.33	67	7.50	344	1,209.80	481.2
510	歌林股份有限公司	台灣	346.82	583.7	68.30	9.06	12	32.40	758	1,033.10	309.9
511	廣州金發科技股份有限公司	中國大陸	433.43	583.4	34.60	20.51	38.5	87.70	485	361.5	155.7
512	啟碁科技股份有限公司	台灣	474.82	580.7	22.30	18.44	36.5	97.90	501	386.1	162.2
513	長沙中聯重工科技發展股份有限公司	中國大陸	411.13	580.1	41.10	38.93	60.3	54.90	369	670.7	288.2
514	海峽貿易有限公司	新加坡	468.50	580	23.80	44.06	122.1	177.10	217	1,043.40	811.4
515	信利國際有限公司	香港	586.45	580	-1.10	89.97	68.2	-24.20	343	524.9	303.3
516	經緯紡織機械股份有限公司	中國大陸	531.83	578.1	8.70	19.18	23.5	22.50	613	812.8	357.3
517	河南豫光金鉛股份有限公司	中國大陸	360.11	576.9	60.20	10.88	17.7	62.70	683	289.1	101.6
518	三一重工股份有限公司	中國大陸	318.19	573.7	80.30	27.12	69.9	157.70	337	742.1	332.1
519	安特工程有限公司	新加坡	514.72	573.4	11.40	16.00	21.2	32.50	640	442.8	190.7
520	台灣苯乙烯工業股份有限公司	台灣	551.49	573	3.90	—	14	–	725	399.8	197.6
521	大台北特殊鋼股份有限公司	中國大陸	557.63	569.9	2.20	10.07	39.8	295.10	475	371	165.8
522	順威塑股份有限公司	中國大陸	517.20	568.4	9.90	89.03	103.1	15.80	249	552.1	439.3
523	大眾交通（集團）股份有限公司	中國大陸	499.47	568.4	13.80	26.53	28.6	7.80	554	995.1	339.1
524	旭日企業有限公司	香港	487.72	563.8	15.60	31.10	34.8	11.90	510	475.9	220.9
525	友驊產物保險股份有限公司	台灣	538.40	563.7	4.70	—	-85.8	–	977	258.7	18.6
526	恒隆地產有限公司	香港	468.92	562.7	20.00	564.41	816.7	44.70	41	8,877.40	6,958.60

순위	기업명칭	소재지	영업액			순수익				총자산	순자산
			2006년	2007년	성장률(%)	2006	2007	성장률(%)	순위		
527	三林環球有限公司	馬來西亞	388.64	561.2	44.40	5.10	98.4	1829.40	258	1,314.10	598.8
528	佐丹奴國際有限公司	香港	565.59	560.5	-0.90	52.08	26.3	-49.50	579	382.6	254.7
529	永泰塑股有限公司	新加坡	177.23	559.7	215.80	15.36	80.6	424.60	304	1,727.60	723.7
530	招商局國際有限公司	香港	380.94	559.6	46.90	303.17	325.6	7.40	95	4,498.20	2,682.20
531	雲南地恚鋒鋒股份有限公司	中國大陸	146.41	559	281.80	16.41	130	692.40	203	572.9	293.2
532	雲南雲天化股份有限公司	中國大陸	335.57	555.7	65.60	84.10	73.5	-12.60	322	1,088.40	351.1
533	味全食品工業股份有限公司	台灣	534.04	555.4	4.00	9.23	13.8	49.50	728	397	125.1
534	江西昌河气車股份有限公司	中國大陸	425.64	552.9	29.90	2.09	-28.3	-1450.90	950	715.5	131.1
535	安徽豐原生物化學股份有限公司	中國大陸	408.90	551.6	34.90	17.46	-48.3	-376.60	966	964.3	240.4
536	江蘇法團高科技股份有限公司	中國大陸	434.78	551.3	26.80	1.90	2.4	26.20	901	522.4	132.2
537	上海巴士實業(集團)股份有限公司	中國大陸	491.00	550.9	12.20	16.61	21.3	28.20	637	875.3	247.7
538	上海豫園旅遊商城股份有限公司	中國大陸	477.15	549.2	15.10	13.42	21.6	61.00	634	602.5	285.5
539	廈門鎢業股份有限公司	中國大陸	361.55	549.2	51.90	21.47	30.1	40.20	542	713.6	132.3
540	大陸工程股份有限公司	台灣	616.87	548.4	-11.10	52.77	79.9	51.40	307	1,247.60	552.5
541	銅陵精達特種電磁線股份有限公司	中國大陸	258.37	546.2	111.40	5.49	6.7	22.10	834	247.8	48
542	神龍國際企業股份有限公司	台灣	511.18	543.9	6.40	5.15	8.6	66.90	809	180.8	90.5
543	偉仕塑股有限公司	香港	475.24	543.2	14.30	14.35	20.7	44.30	648	99.2	53.7
544	上海大屯能源股份有限公司	中國大陸	466.01	541.5	16.20	50.82	56.1	10.40	384	628.9	303.6
545	電視廣番有限公司	香港	535.39	538.6	0.60	151.34	152.4	0.70	181	729.1	621.2
546	無錫小天鵝股份有限公司	中國大陸	408.73	533.8	30.60	5.05	5.2	3.00	860	453.7	148.9
547	浙江中大集團股份有限公司	中國大陸	525.22	531	1.10	6.90	7.9	14.50	816	615	144
548	奐鑫塑股有限公司	新加坡	415.61	529.9	27.50	14.35	18.2	26.80	675	407.1	196.8
549	花莎尼控股有限公司	馬來西亞	527.49	529.6	0.40	35.95	38.9	8.20	482	474	303.9
550	中國合成橡膠股份有限公司	台灣	408.89	529.1	29.40	26.29	28.6	8.80	553	650.2	326.3
551	國投華靖電力控股股份有限公司	中國大陸	383.26	528.9	38.00	47.60	51.5	8.20	407	2,158.60	392.4
552	路橋集團國際建設股份有限公司	中國大陸	440.50	528.6	20.00	7.63	9.1	19.30	797	664.4	196
553	赫比國際有限公司	新加坡	398.27	528.1	32.60	56.04	36.2	-35.40	502	414.5	249.3
554	恒安國際集團有限公司	中國大陸	388.51	527.6	35.80	57.72	89.3	54.70	279	702.7	358.1
555	靈通訊升股份有限公司	中國大陸	286.11	527.3	84.30	7.69	10.3	34.00	777	251.3	92.3
556	山東航空股份有限公司	中國大陸	362.60	526.5	45.20	—	5.5	—	857	745.4	38.9
557	撫順特殊鋼股份有限公司	中國大陸	577.25	525.3	-9.00	1.55	1.9	22.60	909	573.5	188.6
558	上海黄電資訊產業股份有限公司	中國大陸	426.93	524.7	22.90	1.52	1.7	11.90	913	767.1	313.5
559	Petra Foods Limited	新加坡	439.41	522.9	19.00	23.70	29.1	22.80	548	368.7	172

순위	기업명칭	소재지	영업액			순수익				총자산	순자산
			2006년	2007년	성장률 (%)	2006	2007	성장률 (%)	순위		
560	中國第一鉛筆股份有限公司	中國大陸	368.22	522.5	41.90	4.21	7.7	83.00	819	223.9	71.4
561	新普科技股份有限公司	台灣	359.78	522.4	45.20	31.40	42.8	36.30	451	296.2	172.4
562	力成科技股份有限公司	台灣	343.55	522.2	52.00	107.93	148.4	37.50	187	828.8	416
563	瀟陽化工股份有限公司	中國大陸	432.09	519.8	20.30	6.73	10.7	59.10	768	499.4	176.3
564	保昌控股有限公司	香港	475.09	518.8	9.20	10.66	14.5	36.00	723	195.6	76
565	金山電池國際有限公司	新加坡	557.73	515.9	-7.50	8.54	7.6	-11.00	821	535.7	208
566	大新金融集團有限公司	香港	369.94	515.7	39.40	130.63	179.1	37.10	161	13,980.50	1,287.80
567	湖南長豐汽車製造股份有限公司	中國大陸	537.18	511.4	-4.80	2.50	3.8	52.00	879	605	249.4
568	微盟科技股份有限公司	新加坡	415.69	511.3	23.00	23.80	48.6	104.20	421	341.7	162.1
569	大亞科技股份有限公司	中國大陸	300.00	508.5	69.50	6.51	18.7	187.30	667	749.1	148
570	重慶太極實業 (集團) 股份有限公司	中國大陸	491.78	508.5	3.40	5.22	6	14.90	851	724.3	150
571	北京雙鶴藥業股份有限公司	中國大陸	576.39	507.8	-11.90	23.42	20.7	-11.60	647	408.8	227.7
572	江蘇寧滬高速公路股份有限公司	中國大陸	275.22	507.5	84.40	87.34	141.4	61.90	191	3,314.20	1,885.00
573	焦作萬方鋁業股份有限公司	中國大陸	364.75	507	39.00	—	34.6	–	512	384.3	131.2
574	保利房地產 (集團) 股份有限公司	中國大陸	295.55	505.1	70.90	51.02	82.6	61.90	296	2,068.90	454.9
575	國產實業集團股份有限公司	台灣	497.05	505	1.60	30.81	32.1	4.20	530	915.4	516.8
576	華聞置地有限公司	中國大陸	347.11	504.7	45.40	49.31	110.1	123.30	229	3,428.10	1,476.10
577	內蒙古鄂爾多斯羊絨製品股份有限公司	中國大陸	368.58	502	36.20	22.74	25.6	12.60	593	1,600.60	413.8
578	莫氏化工集團有限公司	香港	427.06	501.8	17.50	21.61	28.7	32.80	552	290.2	141.5
579	冠華國際股份有限公司	香港	363.17	499	37.40	32.10	39.2	22.10	481	596.8	246.5
580	豐隆信貸有限公司	馬來西亞	447.40	498.4	11.40	101.47	110.5	8.90	227	17,895.10	923.9
581	大家樂集團有限公司	香港	441.19	498.1	12.90	40.97	47.4	15.70	428	318.6	256
582	蕪湖融鑫塑材料股份有限公司	中國大陸	450.59	496.1	10.10	17.21	17.5	1.70	684	323.8	189.1
583	士林電機廠股份有限公司	台灣	460.13	495.1	7.60	21.04	26.7	26.90	572	657	342.9
584	中建科技國際有限公司	香港	486.33	494.6	1.70	14.46	12.8	-11.50	747	312.2	151.5
585	華東醫藥股份有限公司	中國大陸	436.84	494.5	13.20	8.47	10.5	23.90	774	291.6	80.5
586	山東魯西化工股份有限公司	中國大陸	415.26	492.5	18.60	17.85	18.6	4.20	668	571.4	260.2
587	卡森國際股份有限公司	中國大陸	435.85	491.2	12.70	33.20	8	-75.90	813	511	264.5
588	大同煤業股份有限公司	中國大陸	394.69	490.6	24.30	56.25	60.3	7.20	368	891.6	424.5
589	安徽鑫科新材料股份有限公司	中國大陸	266.05	488.2	83.50	2.64	6.3	138.20	842	175.5	71.2
590	威華封印股份有限公司	香港	361.53	487.7	34.90	24.46	-10.2	-141.70	941	1,128.60	472.9
591	福建煉遠工業集團股份有限公司	中國大陸	365.14	487.1	33.40	49.16	76.2	55.00	315	941.6	354.7
592	數碼通電訊集團有限公司	香港	464.08	484.5	4.40	42.06	9	-78.60	799	667.2	439.2

234

순위	기업명칭	소재지	영업액			순수익				총자산	순자산
			2006년	2007년	성장률(%)	2006	2007	성장률(%)	순위		
593	深圳韶山燃電股份有限公司	中國大陸	380.14	484.3	27.40	3.77	8	112.40	815	598.6	199.1
594	鷹君集團有限公司	香港	451.54	483.6	7.10	1,300.00	52	-96.00	404	4,256.30	2,570.30
595	超大現代農業(控股)有限公司	中國大陸	350.87	482.8	37.60	170.30	217.3	27.60	129	1,586.60	1,162.00
596	中國航運股份有限公司	中國大陸	469.10	482.7	2.90	85.97	77.2	-10.20	314	525.1	326.3
597	達科亞洲有限公司	新加坡	456.20	482.2	5.70	10.20	26.3	157.80	578	320.2	190.8
598	豐隆銀行	馬來西亞	444.46	481.8	8.40	149.87	169.2	12.90	167	19,461.50	1,257.50
599	浙工巨化股份有限公司	中國大陸	385.11	481	24.90	23.95	20.6	-14.00	649	472.6	218.3
600	佛山尊朋膠業集團股份有限公司	中國大陸	367.00	480.4	30.90	0.53	-11.8	-2347.60	942	583.2	165.6
601	華新科技股份有限公司	台灣	327.71	480.1	46.50	22.59	51.2	126.60	408	780.8	482.1
602	洛陽欒川鉬業集團股份有限公司	中國大陸	288.57	479.9	66.30	145.15	190	30.90	152	567.6	233.2
603	俐馬有限公司	馬來西亞	393.57	477.8	21.40	19.22	14.7	-23.50	721	668.5	262.2
604	合勤科技股份有限公司	台灣	437.56	476.5	8.90	57.57	42.6	-26.00	453	406.4	304.1
605	王氏國際 (集團) 有限公司	香港	354.24	476.1	34.40	4.02	7.9	96.50	817	244.9	86.6
606	依利安達國際有限公司	新加坡	437.41	475.9	8.80	42.59	52	22.10	403	588.2	294.4
607	台車新輔股份有限公司	台灣	538.96	475.9	-11.70	0.66	13.9	2007.90	726	957.5	680.7
608	中國金屬	中國大陸	274.15	475.1	73.30	18.31	33.7	84.10	515	374.4	107.4
609	茂名石化實業股份有限公司	中國大陸	265.60	471.7	77.60	—	15.2	–	715	95.6	88.1
610	合成聯合有限公司	馬來西亞	397.64	471.6	18.60	23.71	28.9	21.90	551	912.8	416.4
611	山東華泰紙業股份有限公司	中國大陸	355.57	469	31.90	41.67	50	20.00	413	992.7	335.5
612	浙工糖嶽新材股份有限公司	中國大陸	147.04	468.9	218.90	2.67	4.1	53.30	872	106.8	44.4
613	毅力工業集團有限公司	香港	364.67	468.6	28.50	1.70	1.7	0.00	911	298.6	138.1
614	上海氯鹼化工股份有限公司	中國大陸	516.54	468.5	-9.30	0.51	-24.6	-4887.80	948	632.9	337.5
615	藍星化工新材料股份有限公司	中國大陸	312.33	468.5	50.00	27.11	25.1	-7.40	599	709.9	152.8
616	中國龍工控股有限公司	中國大陸	335.95	466.3	38.80	29.59	78.3	164.60	310	356.4	222.9
617	上海紫工企業集團股份有限公司	中國大陸	421.16	465.8	10.60	18.11	9.6	-47.00	787	914.5	342.8
618	可成科技股份有限公司	台灣	295.00	465.8	57.90	116.87	198.8	70.10	147	772.1	592.7
619	金像電子股份有限公司	台灣	357.51	464.4	29.90	32.94	38.9	18.10	484	631.1	255.4
620	河北金牛能源股份有限公司	中國大陸	402.61	463.4	15.10	66.81	60.6	-9.30	365	625.5	408.2
621	海馬投資集團股份有限公司	中國大陸	469.98	463.4	-1.40	9.83	12.6	28.20	751	291.8	227.7
622	華電能源股份有限公司	中國大陸	405.52	462.7	14.10	15.15	15.8	4.30	707	1,214.90	523.3
623	江蘇開元股份有限公司	中國大陸	346.70	461.8	33.20	5.12	6.8	32.80	833	245.4	85.9
624	航天訊息股份有限公司	中國大陸	316.76	461.2	45.60	31.78	44.2	39.10	443	435.5	282.1
625	嘉利國際控股有限公司	香港	328.53	460.6	40.20	18.80	23.9	27.10	610	201.6	67.5

순위	기업명칭	소재지	영업액			순수익				총자산	순자산
			2006년	2007년	성장률(%)	2006	2007	성장률(%)	순위		
626	巨騰國際控股有限公司	香港	342.49	456.2	33.20	24.62	26	5.60	584	522.4	198.8
627	內蒙古伊泰煤炭股份有限公司	中國大陸	439.92	456.2	3.70	88.42	88.6	0.20	281	681.6	273.3
628	中國電子集團控股有限公司	香港	611.56	455	-25.60	6.45	5.6	-13.20	856	171.2	59.5
629	年興紡織股份有限公司	台灣	380.08	454.2	19.50	41.83	43	2.80	449	512.1	375
630	中國農業集團有限公司	香港	409.11	453.7	10.90	20.00	2	-90.00	906	676.1	338.7
631	硏華股份有限公司	台灣	381.13	452.4	18.70	74.77	89.8	20.10	277	515.8	431.8
632	華北制藥股份有限公司	中國大陸	498.12	451.3	-9.40	—	4.9	–	865	878.5	147.8
633	中國嘉陵工業股份有限公司(集團)	中國大陸	462.89	449	-3.00	0.82	-32.5	-4083.10	953	392.9	105.9
634	大城銀行大眾有限公司	泰國	498.22	447.4	-10.20	158.84	44	-72.30	445	17,587.90	1,244.60
635	廣深鐵路股份有限公司	中國大陸	403.07	447	10.90	76.70	89.2	16.30	280	3,144.40	2,626.50
636	山東黃金礦業股份有限公司	中國大陸	476.73	446.7	-6.30	10.97	16.1	46.70	701	171.6	85.7
637	正大企業國際有限公司	香港	237.50	446.5	88.00	—	-42.9	–	961	315.3	-9.2
638	金地 (集團) 股份有限公司	中國大陸	323.04	445.8	38.00	40.09	55.8	39.20	387	1,344.20	387.3
639	建大工業股份有限公司	台灣	353.38	444.9	25.90	1.63	12.7	676.90	748	423.4	193.4
640	Lingui Developments Berhad	馬來西亞	337.13	444	31.70	—	69.4	–	340	860	456.3
641	東陽實業股份有限公司	台灣	418.51	443.2	5.90	34.09	19.4	-43.10	657	755.9	231.1
642	亞洲食品與房地產有限公司	新加坡	453.79	442.9	-2.40	72.05	54.4	-24.50	393	2,287.00	1,000.30
643	華閏鳳凰飲有限公司	香港	392.90	442.4	12.60	40.60	29.8	-26.60	543	1,015.80	353.2
644	華新水泥股份有限公司	中國大陸	331.03	440.6	33.10	7.79	15.9	104.00	704	894.3	165.7
645	四川新希望農業股份有限公司	中國大陸	388.19	440.6	13.50	22.26	26.4	18.60	577	557.4	247.9
646	中信證券股份有限公司	台灣	321.86	440.3	36.80	—	81.7	–	301	3,583.40	1,000.00
647	貴州輪胎股份有限公司	中國大陸	377.00	439.2	16.50	6.07	7.5	23.50	826	406.6	134.3
648	紫光股份有限公司	中國大陸	425.58	439.2	3.20	—	1.3	–	920	220.6	77.9
649	北泰創業集團有限公司	香港	333.54	438.6	31.50	43.56	50.7	16.40	410	507.9	371.8
650	晨訊科技集團有限公司	香港	348.69	438.3	25.70	37.26	47.8	28.30	425	235.1	143.6
651	上海龍頭 (集團) 股份有限公司	中國大陸	421.75	438.2	3.90	1.65	3.1	87.80	887	405.1	173.4
652	上海海立(集團)股份有限公司	中國大陸	460.17	436.7	-5.10	18.36	7.6	-58.60	820	484.9	169.9
653	金融街控股股份有限公司	中國大陸	250.78	436.6	74.10	51.28	65.9	28.50	347	1,407.10	480
654	集益國際	新加坡	393.05	435.5	10.80	28.11	36.6	30.20	500	283.4	167.8
655	遼寧曙光汽車集團股份有限公司	中國大陸	331.78	435.3	31.20	10.90	12.5	14.70	754	400.3	134
656	中海石油化學股份有限公司	中國大陸	297.33	434.7	46.20	118.35	206.4	74.40	139	1,142.70	841.4
657	中華工程股份有限公司	台灣	468.29	432.7	-7.60	11.35	24.4	114.90	607	1,123.30	561.9
658	HTL國際控股有限公司	新加坡	376.37	431.7	14.70	34.06	34.2	0.40	514	253.1	146.3

순위	기업명칭	소재지	영업액			순수익				총자산	순자산
			2006년	2007년	성장률(%)	2006	2007	성장률(%)	순위		
659	太原重工股份有限公司	中國大陸	307.34	431.5	40.40	3.38	10.1	198.50	778	533	116.3
660	冠城大通股份有限公司	中國大陸	277.27	430.6	55.30	12.24	14.3	16.80	724	552.7	78.7
661	台灣表面黏著科技股份有限公司	台灣	340.71	429.3	26.00	14.55	24.4	67.70	605	288.9	106.8
662	福建三木集團股份有限公司	中國大陸	338.86	429	26.60	—	2.5	–	897	367	60
663	禾伸堂企業股份有限公司	台灣	397.77	428	7.60	29.06	35.1	20.80	509	393.2	208.3
664	浙江錢江摩托股份有限公司	中國大陸	399.72	426.9	6.80	6.31	6.3	-0.20	843	347.9	147.3
665	廣東生益科技股份有限公司	中國大陸	302.48	426.2	40.90	26.59	53.9	102.70	395	424	206
666	新奧燃氣控股有限公司	中國大陸	258.03	426	65.10	33.93	47.6	40.30	427	1,258.60	383.4
667	廈門工程機械股份有限公司	中國大陸	393.60	424.3	7.80	2.23	6.7	200.00	835	291.2	120.4
668	萬向錢潮股份有限公司	中國大陸	354.74	423.2	19.30	16.37	21.8	33.20	631	649.5	221.2
669	七喜控股股份有限公司	中國大陸	300.57	422.3	40.50	10.34	7.3	-29.40	827	170.1	82.5
670	燿華電子股份有限公司	台灣	314.91	422.3	34.10	3.36	29.6	781.80	544	516.1	203.9
671	致伸科技股份有限公司	台灣	567.97	422	-25.70	12.32	18.8	52.60	666	307.5	155.2
672	上海華原企業集團股份有限公司	中國大陸	430.17	422	-1.90	—	-72.6	–	976	428	23.2
673	瑞安建業有限公司	香港	306.47	421.4	37.50	40.36	77.2	91.30	313	1,326.40	662
674	慶鈴汽車股份有限公司	中國大陸	403.08	419.2	4.00	4.91	9.7	97.70	785	993.1	842.6
675	中揚航空貨運承攬股份有限公司	台灣	334.13	419	25.40	4.64	5.9	27.20	853	98	38.4
676	京元電子股份有限公司	台灣	326.83	419	28.20	47.27	86.6	83.20	288	1,138.00	661.6
677	飛瑞股份有限公司	台灣	346.11	418.1	20.80	37.02	31.5	-14.90	532	335.8	184.2
678	廣州廣船國際股份有限公司	中國大陸	342.40	416.7	21.70	12.31	36.8	199.00	497	938.2	137.9
679	廣明光電股份有限公司	台灣	355.34	416.1	17.10	39.88	32.9	-17.50	524	373.6	188.4
680	壹傳媒有限公司	香港	425.90	416.1	-2.30	56.59	44.2	-21.90	444	589.9	430.4
681	中國石化武漢石油（集團）股份有限公司	中國大陸	337.05	413.9	22.80	3.42	5	46.00	863	76.4	52.4
682	太子建設開發股份有限公司	台灣	429.70	413.8	-3.70	31.07	39.9	28.40	473	1,174.00	336.6
683	科橋電子股份有限公司	台灣	268.78	410.7	52.80	0.74	2.2	196.20	903	303.3	91.4
684	長春一汽四環汽車股份有限公司	中國大陸	274.41	408.6	48.90	—	1.7	–	912	266.4	141.2
685	憶聲電子	台灣	539.29	407.7	-24.40	26.46	5	-81.10	862	245.9	159.1
686	聯合食品	新加坡	414.55	407.5	-1.70	24.55	19.3	-21.40	659	294.7	282
687	馬太平洋工業有限公司	馬來西亞	370.60	404.7	9.20	29.19	35.9	23.00	503	433.5	194.5
688	合肥百貨大樓集團股份有限公司	中國大陸	313.25	404.4	29.10	4.15	6.6	59.00	836	291.6	89.6
689	大恒新紀元科技股份有限公司	中國大陸	399.51	403.9	1.10	5.34	6.5	21.70	838	319.3	107.1
690	鴻興印刷集團有限公司	香港	378.93	402.8	6.30	31.90	35.5	11.30	504	527.2	277.8
691	無錫商業大廈股份有限公司	中國大陸	368.44	402.7	9.30	10.75	9.2	-14.40	794	219.6	79.7

순위	기업명칭	소재지	영업액			순수익				총자산	순자산
			2006년	2007년	성장률(%)	2006	2007	성장률(%)	순위		
692	灜海博慧园股份有限公司	台灣	255.62	402.6	57.50	23.35	26.2	12.20	580	637.5	224.6
693	美維柑投股份有限公司	香港	284.12	402.6	41.70	27.01	41	51.80	465	568.9	94.1
694	北京順鑫農業股份有限公司	中國大陸	364.67	402.6	10.40	11.18	12.1	8.20	757	446.1	190.1
695	全懋精密科技股份有限公司	台灣	328.49	402.4	22.50	59.90	81.4	35.90	302	599.9	346.8
696	雲南白藥集團股份有限公司	中國大陸	307.12	401.4	30.70	28.92	34.7	20.00	511	274.8	132.1
697	中國長城計算機深圳股份有限公司	中國大陸	306.34	401.3	31.00	42.46	7.6	-82.10	824	283.3	208.7
698	昆盈企業股份有限公司	台灣	363.46	400.9	10.30	21.48	25.8	20.10	588	245.2	141.2
699	世界先進積體電路	台灣	349.87	399.2	14.10	83.39	92.9	11.40	271	749.3	661
700	李寧有限公司	中國大陸	307.32	398.9	29.80	23.45	37	57.80	495	271.6	175.5
701	光洋應用材料科技股份有限公司	台灣	188.38	398.8	111.70	6.83	16.1	135.60	700	255	87
702	西寧特殊鋼股份有限公司	中國大陸	319.30	398.8	24.90	18.25	26.5	45.20	575	860.1	253.5
703	海天國際塑股有限公司	中國大陸	323.30	398.3	23.20	38.53	56.6	46.90	383	521.1	297.1
704	迪生創建 (國際) 有限公司	香港	338.79	397.4	17.30	26.76	23.9	-10.70	611	290.1	178.9
705	永恩國際集團有限公司	香港	336.39	396.6	17.90	32.66	37.4	14.50	492	220.4	125.8
706	魯銀投資集團股份有限公司	中國大陸	452.00	396.4	-12.30	2.68	3.8	41.80	881	191	40.9
707	北京首都國際機場股份有限公司	中國大陸	388.15	396.3	2.10	113.97	137.1	20.30	199	1,513.10	1,233.30
708	開灤股份有限公司	中國大陸	325.90	396.3	21.60	50.00	57.1	14.20	380	717.8	315.8
709	維維食品飲料股份有限公司	中國大陸	365.62	394.5	7.90	11.48	8.9	-22.50	801	332.9	181.9
710	成霖企業股份有限公司	台灣	299.09	394.2	31.80	6.71	15.4	129.60	713	344.5	121.4
711	青島雙星股份有限公司	中國大陸	388.28	394.1	1.50	7.80	5	-35.90	864	350.9	127.8
712	松日通訊塑股有限公司	香港	296.68	393.7	32.70	27.55	25.9	-6.00	586	416.2	230.2
713	山西漳澤電力股份有限公司	中國大陸	294.59	392.1	33.10	30.02	44.4	47.90	440	940.9	270.1
714	傲勝國際	新加坡	316.13	392	24.00	29.42	21.3	-27.60	638	264.2	107
715	如海海運有限公司	新加坡	324.71	391.6	20.60	33.89	46.4	36.90	431	485.7	191.4
716	南昌長力鋼鐵股份有限公司	中國大陸	182.37	389.9	113.80	4.76	8.2	72.40	811	637	187.8
717	上海復星醫藥 (集團) 股份有限公司	中國大陸	374.76	389	3.80	19.94	32.5	63.00	526	832	387.6
718	國電長源電力股份有限公司	中國大陸	310.88	388.6	25.00	—	7.8	–	818	1,155.40	111.5
719	瑞昱半導體股份有限公司	台灣	337.27	388.2	15.10	57.76	83.4	44.40	293	704.1	633.3
720	擎亞國際科技股份有限公司	台灣	218.79	386.6	76.70	2.38	3.5	46.90	883	103.7	36.8
721	聯合工程有限公司	新加坡	310.94	386.5	24.30	14.22	21.9	54.00	630	1,017.60	399.7
722	勤美股份有限公司	台灣	355.80	386.4	8.60	15.44	23.5	52.20	615	901.8	157.6
723	聚陽實業股份有限公司	台灣	319.26	386.3	21.00	18.19	25.3	39.10	597	157.2	86.7
724	保定天威保變電氣股份有限公司	中國大陸	246.21	386.3	56.90	12.65	24.8	96.10	603	625.4	248.4

238

순위	기업명칭	소재지	영업액			순수익				총자산	순자산
			2006년	2007년	성장률 (%)	2006	2007	성장률 (%)	순위		
725	冠軍科技集團有限公司	香港	315.69	384.2	21.70	58.80	70.5	19.90	334	827.3	674.2
726	山推工程機械股份有限公司	中國大陸	239.61	384.1	60.30	12.05	30.4	152.30	539	363.9	192.1
727	群聯電子股份有限公司	台灣	194.07	383.1	97.40	18.18	33	81.50	523	178.1	87.6
728	東訊股份有限公司	台灣	380.80	382.7	0.50	11.43	11.7	2.40	760	234	132.2
729	南京中央商場股份有限公司	中國大陸	356.62	382.3	7.20	5.98	7	17.10	829	330.4	79.2
730	華業集團有限公司	新加坡	318.13	380.8	19.70	62.99	213.6	239.10	131	2,927.60	1,986.20
731	上海臨工國際商店(集團)股份有限公司	中國大陸	352.27	380.1	7.90	39.22	42	7.10	459	1,279.50	770.2
732	會德豐有限公司	香港	487.28	379.1	-22.20	1,321.90	809	-38.80	42	8,638.20	6,258.50
733	新疆天業股份有限公司	中國大陸	382.44	379	-0.90	20.06	26.4	31.60	576	619.1	164.6
734	佳鼎科技股份有限公司	台灣	263.90	378.7	43.50	1.97	-39.9	-2127.00	957	457.4	61.2
735	江蘇國泰國際集團國際股份有限公司	中國大陸	344.52	376.9	9.40	7.29	9.2	26.20	793	132	65.3
736	永亨銀行	香港	335.95	376.6	12.10	172.95	212.9	23.10	132	15,660.30	1,191.90
737	上海柴油機股份有限公司	中國大陸	389.91	374.7	-3.90	0.74	1.6	116.90	914	381.6	225.5
738	湖北宜化化工股份有限公司	中國大陸	289.27	374.6	29.50	20.96	27	28.80	569	677.2	178.3
739	吳江絲綢股份有限公司	中國大陸	343.53	374.1	8.90	3.82	23.4	512.50	616	417	287.3
740	中洲國際集團股份有限公司	香港	311.42	373.7	20.00	44.08	48.8	10.70	420	350.4	258.6
741	TOM集團有限公司	香港	398.29	373.2	-6.30	33.33	4.1	-87.70	873	1,062.90	375.4
742	九龍建業有限公司	香港	169.22	372.8	120.30	135.80	172.6	27.10	165	2,897.20	1,160.60
743	華頎凱馬股份有限公司	中國大陸	333.81	372.2	11.50	1.10	-7.7	-802.30	937	299.8	95.1
744	上海國際機場股份有限公司	中國大陸	336.30	370.6	10.20	174.29	189.8	8.90	153	1,512.20	1,272.20
745	莎莎國際控股有限公司	香港	336.12	370.4	10.20	23.71	28.4	19.80	558	182.4	121.9
746	中國船舶股份有限公司	中國大陸	288.77	370.2	28.20	39.71	41.7	5.00	461	849.3	329.6
747	楠梓電子股份有限公司	台灣	358.18	370	3.30	4.11	-31.4	-863.60	952	397.1	188.4
748	上海新華傳媒股份有限公司	中國大陸	294.19	369.5	25.60	1.94	-5	-357.70	935	191.4	116.5
749	招商局地產控股股份有限公司	中國大陸	333.67	368.7	10.50	52.86	71.2	34.70	327	1,781.10	544.1
750	億豐綜合工業股份有限公司	台灣	370.36	367.4	-0.80	40.96	41	0.10	466	326.2	185.7
751	華夏海灣塑膠股份有限公司	台灣	343.18	367.2	7.00	—	2	–	907	374.1	146.8
752	景碩科技股份有限公司	台灣	204.23	366.6	79.50	57.05	120.6	111.40	218	543.8	469.9
753	所羅門股份有限公司	台灣	434.52	366.3	-15.70	—	30.8	–	536	275.5	126.3
754	吉林亞泰 (集團) 股份有限公司	中國大陸	265.70	365.6	37.60	7.44	14.9	100.30	718	1,185.20	314.3
755	重慶銅君閣股份有限公司	中國大陸	346.53	364.2	5.10	1.91	2.1	9.70	904	243.7	43.8
756	敦泰科技股份有限公司	台灣	330.45	363.5	10.00	36.22	32.6	-10.00	525	433.9	230.7
757	香港興業國際集團有限公司	香港	165.91	363.5	119.10	109.84	152.9	39.20	179	2,000.90	1,186.10

순위	기업명칭	소재지	영업액			순수익				총자산	순자산
			2006년	2007년	성장률(%)	2006	2007	성장률(%)	순위		
758	唐山冀東水泥股份有限公司	中國大陸	289.62	362.9	25.30	16.04	25.3	57.70	596	831.9	297.9
759	高新張銅股份有限公司	中國大陸	242.59	361.7	49.10	4.76	6.1	28.10	848	248.7	78.3
760	攀鋼集團四川長城特殊鋼股份有限公司	中國大陸	362.98	360.8	-0.60	#VALUE!	-34.1	–	955	240.1	68.6
761	聯合集團有限公司	香港	233.20	360.3	54.50	115.59	132	14.20	202	2,294.80	928.3
762	三九醫藥股份有限公司	中國大陸	372.36	359.7	-3.40	15.05	20.7	37.50	646	884.8	300.6
763	上海友誼復甦股份有限公司	中國大陸	178.73	359.6	101.20	16.92	29	71.40	550	409.6	295.6
764	中青旅控股股份有限公司	中國大陸	289.37	359.4	24.20	7.73	11.4	47.50	762	419.3	164.2
765	湖南華銀電力股份有限公司	中國大陸	330.54	359.3	8.70	—	13.3	–	736	1,242.20	336.2
766	魯泰紡織股份有限公司	中國大陸	280.00	358.4	28.00	39.05	41.9	7.30	460	626	244.5
767	上海愛建金融租賃貿易服務股份有限公司	中國大陸	229.30	358.4	56.30	71.51	73.8	3.20	320	1,547.10	845
768	建滔銅箔	香港	190.33	358.4	88.30	18.86	33.4	77.10	520	309.2	233.4
769	河南中孚實業股份有限公司	中國大陸	303.90	358	17.80	6.87	22.3	224.50	628	440.5	128.5
770	神馬實業股份有限公司	中國大陸	244.72	356.8	45.80	4.94	2.7	-45.30	893	635.7	340.6
771	中新集團(控股)有限公司	香港	86.05	356.4	314.20	13.42	106.8	695.90	240	1,813.30	635.7
772	中國光大控股有限公司	香港	258.28	355.4	37.60	37.91	112.7	197.30	223	1,072.70	817.3
773	北京北辰實業股份有限公司	中國大陸	364.65	354.8	-2.70	26.18	42	60.40	457	1,842.40	1,009.00
774	南京紅太陽股份有限公司	中國大陸	275.74	354.6	28.60	4.25	4.1	-3.50	874	292.6	77.5
775	廣宇科技股份有限公司	台灣	369.66	354.5	-4.10	24.11	21	-12.90	642	487.7	358.4
776	國藥集團藥業股份有限公司	中國大陸	292.60	352	20.30	6.31	10.6	67.90	772	170.8	70.1
777	騰訊控股有限公司	中國大陸	178.91	351.2	96.30	60.86	133.4	119.20	201	583.3	466.3
778	江蘇華西村股份有限公司	中國大陸	276.90	350	26.40	5.25	6.6	25.60	837	335.5	138.4
779	南風化工集團股份有限公司	中國大陸	332.57	349.2	5.00	2.24	3.5	56.40	882	461.5	181.7
780	北新集團建材股份有限公司	中國大陸	258.75	348.8	34.80	15.05	18.3	21.60	673	613	197.4
781	喬山健康科技股份有限公司	台灣	262.87	348.3	32.50	37.96	52.5	38.30	400	296.3	154.8
782	聯邦商業銀行股份有限公司	台灣	210.14	348	65.60	—	9.4	–	790	11,969.40	574.9
783	合肥美菱股份有限公司	中國大陸	253.70	346.3	36.50	0.84	1.5	79.10	917	297.6	109.8
784	富聯國際集團有限公司	香港	226.65	346.1	52.70	47.26	94.7	100.40	264	610.8	347.8
785	建漢科技股份有限公司	台灣	415.75	345.9	-16.80	12.83	11.7	-8.80	761	182.2	129.7
786	綢也奶國際集團有限公司	香港	323.01	345.3	6.90	22.08	22.3	1.00	626	240.8	160.8
787	天津發展股份有限公司	中國大陸	287.01	344.7	20.10	73.55	70.9	-3.60	331	1,696.30	885.4
788	南寧糖業股份有限公司	中國大陸	210.53	344	63.40	4.42	24.7	459.40	604	403.7	136.5
789	廣州白雲山制藥股份有限公司	中國大陸	353.08	343.9	-2.60	5.59	1.9	-66.00	910	349.8	87

240

순위	기업명칭	소재지	영업액			순수익				총자산	순자산
			2006년	2007년	성장률(%)	2006	2007	성장률(%)	순위		
790	浙江英特集團股份有限公司	中國大陸	310.38	343.9	10.80	0.77	0.9	17.20	925	143.2	11.3
791	浙江新安化工集團股份有限公司	中國大陸	299.56	343.6	14.70	27.41	40.4	47.40	469	260	133.9
792	宏潤建設集團股份有限公司	中國大陸	291.02	343.4	18.00	7.62	8.6	12.80	808	189.6	73.4
793	飛宏科技股份有限公司	台灣	283.47	343	21.00	15.42	17.8	15.40	681	306.4	160.5
794	天虹紡織集團有限公司	香港	245.62	341.9	39.20	23.08	24.4	5.70	606	234.6	110.5
795	大連金牛股份有限公司	中國大陸	378.94	341.8	-9.80	1.70	3	76.10	888	459.6	140.6
796	山西安泰集團股份有限公司	中國大陸	259.71	341	31.30	17.94	18.5	3.10	670	439.1	137.4
797	福華電子股份有限公司	台灣	209.64	339.4	61.90	3.99	6	50.40	850	227.4	74.9
798	國貿資本有限公司	馬來西亞	322.13	339.2	5.30	77.20	57.9	-25.00	376	10,691.20	816.7
799	中支貿易股份有限公司	中國大陸	241.97	339	40.10	9.14	9.1	-0.40	798	216.6	78.8
800	聯發電子股份有限公司	台灣	220.35	338.9	53.80	8.35	23.5	181.50	614	281.4	120
801	港華燃氣有限公司	香港	297.98	338.8	13.70	20.00	-32.9	-264.50	954	612.4	197
802	瀋陽東軟載團股份有限公司	中國大陸	306.15	338.3	10.50	7.30	10	36.90	780	315.6	176.6
803	中興電工機械股份有限公司	台灣	345.81	338.2	-2.20	29.41	26	-11.60	585	445.7	214.9
804	航太通訊集團股份有限公司	中國大陸	299.29	337.9	12.90	1.48	-44	-3074.60	963	316.5	25.4
805	深圳市海王生物工程股份有限公司	中國大陸	333.50	337.5	1.20	—	5.3	–	858	441.8	89.8
806	重慶華立藥業股份有限公司	中國大陸	335.66	337	0.40	5.17	0.6	-88.40	930	401.2	101.2
807	宏盛建設股份有限公司	台灣	97.56	336.4	244.80	16.61	63.8	284.20	354	516	324
808	上海航工國際貨運股份有限公司	中國大陸	411.44	334.5	-18.70	31.50	33.7	7.00	516	385.2	251.2
809	金務大	馬來西亞	452.98	334.3	-26.20	72.40	45.9	-36.60	433	1,063.20	611.1
810	BIL 國際有限公司	新加坡	343.36	333.4	-2.90	86.83	38.9	-55.20	483	1,787.70	995.5
811	太原煤氣化股份有限公司	中國大陸	309.09	333.2	7.80	23.35	16.6	-28.90	696	448.2	198.5
812	中國工商銀行(亞洲)有限公司	香港	260.56	333	27.80	125.75	159.7	27.00	175	18,768.20	1,421.20
813	和記電訊有限公司	香港	336.88	332.5	-1.30	23.79	6.4	-73.10	841	754	409.4
814	磐亞股份有限公司	台灣	324.93	332.4	2.30	2.09	-8.3	-496.60	938	8,107.40	81.6
815	石家莊常山紡織股份有限公司	中國大陸	291.82	331.8	13.70	4.87	6.5	33.40	840	420.1	194.9
816	英群企業股份有限公司	台灣	377.02	331.4	-12.10	—	-29	–	951	182.5	80.6
817	震旦行股份有限公司	台灣	399.64	330.9	-17.20	16.97	15.8	-6.90	708	292.9	140.8
818	鈺創科技股份有限公司	台灣	207.21	330.3	59.40	15.68	20.7	32.00	645	343.5	190.5
819	東聯化學股份有限公司	台灣	339.26	330.1	-2.70	68.29	45	-34.10	436	438	385.2
820	山東晨鳴紙業股份有限公司	中國大陸	310.93	329.9	6.10	15.99	18.4	15.10	672	428.4	177.5
821	深圳中航集團股份有限公司	中國大陸	247.23	329.8	33.40	2.13	15.4	624.10	712	508.6	162.7
822	玉山金融控股股份有限公司	台灣	435.09	329.8	-24.20	142.86	13	-90.90	743	21,347.40	1,402.10
823	錦化化工集團電城股份有限公司	中國大陸	370.25	327.3	-11.60	4.47	5.1	14.00	861	428.1	151.4

순위	기업명칭	소재지	영업액			순수익				총자산	순자산
			2006년	2007년	성장률(%)	2006	2007	성장률(%)	순위		
824	南京新街口百貨商店股份有限公司	中國大陸	360.99	326.7	-9.50	1.30	7.3	462.10	828	226.6	109.4
825	有線寬頻通訊有限公司	香港	312.84	326.6	4.40	74.44	23.3	-68.70	617	387.6	289.6
826	南港輪胎股份有限公司	台灣	286.70	325.4	13.50	40.94	41.1	0.40	464	440.6	230.7
827	長華電材股份有限公司	台灣	270.27	325.4	20.40	14.54	14.9	2.50	717	148.7	66
828	利福國際集團有限公司	香港	268.60	325	21.00	69.17	94.9	37.20	262	805	494.1
829	中國石化山東泰山石油股份有限公司	中國大陸	236.47	324.2	37.10	3.16	9.6	204.00	788	115.6	108.6
830	徐州工程機械科技股份有限公司	中國大陸	386.75	324.1	-16.20	—	1.2	–	922	409.9	134.8
831	青海鹽湖鉀肥股份有限公司	中國大陸	198.77	323.8	62.90	64.68	101.8	57.40	253	717.4	260.6
832	鄭州煤電股份有限公司	中國大陸	186.14	323.7	73.90	24.70	18.5	-25.10	671	273.7	168.6
833	唐山三友化工股份有限公司	中國大陸	268.83	323.4	20.30	15.91	17.5	10.00	686	489.2	160.1
834	江蘇新城房產股份有限公司	中國大陸	251.44	322.6	28.30	35.14	42.1	19.80	455	697.6	129.9
835	會德豐地產（新加坡）有限公司	新加坡	211.20	322.5	52.70	124.70	115.6	-7.30	221	1,552.90	947.1
836	信德集團有限公司	香港	319.05	321.6	0.80	46.71	85.1	82.20	291	1,736.00	1,122.20
837	敬鵬工業股份有限公司	台灣	266.22	320.8	20.50	23.12	26.8	15.90	570	397.6	229.3
838	嘉新水泥股份有限公司	台灣	304.28	320.1	5.20	6.99	84.1	1103.10	292	1,058.30	455.2
839	寶勝科技創新股份有限公司	中國大陸	163.00	319	95.70	6.09	13.1	115.10	740	198.4	85.8
840	永嘉集團控股有限公司	香港	263.34	318.9	21.10	30.95	33.4	7.90	519	249.9	171.3
841	孚日集團股份有限公司	中國大陸	223.70	318.1	42.20	7.18	15.9	121.40	706	560	139.9
842	復地（集團）股份有限公司	中國大陸	258.00	317.6	23.10	70.31	60.4	-14.10	367	1,474.40	567
843	四川金路集團股份有限公司	中國大陸	288.16	316.4	9.80	10.09	8.8	-12.80	803	341.9	142.4
844	山東高速公路股份有限公司	中國大陸	328.07	315.6	-3.80	86.02	112.6	30.90	224	1,295.30	962.3
845	佳邦環球集團有限公司	香港	176.95	315.5	78.30	14.20	12.4	-12.70	755	339.7	117.5
846	賓達	馬來西亞	343.83	314.6	-8.50	55.38	65.4	18.10	350	715.5	463.9
847	安徽合力股份有限公司	中國大陸	219.08	314.6	43.60	18.13	30.9	70.40	535	293.4	213.4
848	北京巴士股份有限公司	中國大陸	298.67	314.5	5.30	—	-43.7	–	962	387.7	92.2
849	東方集團股份有限公司	中國大陸	369.29	313.9	-15.00	12.06	17.9	48.40	678	899.7	408.9
850	中國寶安集團股份有限公司	中國大陸	257.84	312.5	21.20	9.02	12.6	39.70	753	691.2	173.6
851	楊忠禮洋灰	馬來西亞	289.26	312.4	8.00	37.62	44.5	18.30	439	678.7	325.3
852	升岡國際有限公司	香港	228.64	312.1	36.50	10.15	13.5	33.00	733	183.7	102.2
853	無錫威孚高科技股份有限公司	中國大陸	350.06	311.2	-11.10	22.89	11.1	-51.50	765	610.2	276.5
854	元大金融控股股份有限公司	台灣	288.86	311.1	7.70	—	-101.9	–	979	13,073.20	1,123.80
855	遼寧華錦通達化工股份有限公司	中國大陸	232.86	311.1	33.60	30.19	11.2	-62.90	763	562	226.6
856	山東海龍股份有限公司	中國大陸	264.62	310.4	17.30	10.08	8.8	-12.70	802	456.4	107.5

242

순위	기업명칭	소재지	영업액			순수익				총자산	순자산
			2006년	2007년	성장률 (%)	2006	2007	성장률 (%)	순위		
857	上海中華塑膠股份有限公司	中國大陸	289.44	309.7	7.00	—	2.1	—	905	385.3	167.6
858	永隆銀行有限公司	香港	247.04	308.3	24.80	142.20	205.9	44.80	141	10,894.90	1,459.20
859	湖北福星科技股份有限公司	中國大陸	261.26	307.5	17.70	20.51	32.4	58.00	528	588.2	222.9
860	貴州鹽江精煤股份有限公司	中國大陸	317.37	306.9	-3.30	10.04	10.4	3.60	775	248.1	175.2
861	浙江龍盛集團股份有限公司	中國大陸	238.68	306.7	28.50	21.71	26.1	20.20	582	322.9	151.6
862	上海實業醫藥投資股份有限公司	中國大陸	295.07	305.4	3.50	13.52	13.8	2.10	727	383.8	224.2
863	立信工業有限公司	香港	257.90	305.1	18.30	28.01	33.3	18.90	522	302	130.1
864	江蘇陽光股份有限公司	中國大陸	313.49	304.4	-2.90	2.21	11.2	407.40	764	557.8	309.7
865	達豐控股有限公司	新加坡	256.72	303.7	18.30	27.87	49.7	78.30	416	396.5	160.2
866	建榮國際股份有限公司	台灣	344.32	303	-12.00	0.00	0	-99.70	933	95.7	26
867	天津天士力制藥股份有限公司	中國大陸	183.85	302.8	64.70	24.29	25.8	6.20	589	408.8	179.9
868	廣州白雲國際機場股份有限公司	中國大陸	269.58	302.2	12.10	31.50	36.6	16.20	499	940.8	524
869	新宇亨得利控股有限公司	香港	175.15	301.6	72.20	15.20	25	64.50	601	309	184.6
870	元太科技工業股份有限公司	台灣	361.15	301.2	-16.60	—	6.2	—	846	364.7	187.4
871	深圳香江控股股份有限公司	中國大陸	312.67	301.1	-3.70	1.85	8	331.80	814	159.2	103.3
872	北京同仁堂股份有限公司	中國大陸	326.74	300.6	-8.00	37.84	19.6	-48.20	655	478.6	300.7
873	和鑫光電股份有限公司	台灣	475.47	300.5	-36.80	—	-63.4	—	974	615.1	275.9
874	龍建路橋股份有限公司	中國大陸	335.01	300.5	-10.30	1.11	2.3	106.70	902	514	114.6
875	招商局能源運輸股份有限公司	中國大陸	332.34	300.1	-9.70	168.56	104	-38.30	246	1,527.50	1,072.50
876	長春產業有限公司	新加坡	199.93	299.9	50.00	39.87	47.8	19.90	426	1,710.80	895.4
877	百仕達控股有限公司	香港	147.97	298.3	101.60	86.05	123.4	43.40	214	716.1	490.9
878	武漢中商集團股份有限公司	中國大陸	284.24	297.6	4.70	—	1.9	—	908	276.7	59.8
879	杭州汽輪機股份有限公司	中國大陸	242.30	297.3	22.70	43.73	54.1	23.70	394	319.7	150.3
880	楊景勝有限公司	新加坡	225.38	296.6	31.60	—	1.1	—	923	387.9	226.1
881	四川路橋橡膠股份有限公司	中國大陸	268.72	296.4	10.30	0.43	1.6	273.50	915	420.5	89.8
882	上海大眾公用事業 (集團) 股份有限公司	中國大陸	264.55	296.3	12.00	4.55	13.4	194.80	735	870	223.1
883	華東科技股份有限公司	台灣	255.17	296	16.00	17.69	25.1	41.90	598	361.1	179.2
884	上工申貝 (集團) 股份有限公司	中國大陸	185.97	295.7	59.00	—	0.6	—	929	311.9	73.7
885	深圳塑股有限公司	香港	385.25	295.1	-23.40	68.48	103	50.40	250	2,324.90	826
886	長航鳳凰股份有限公司	中國大陸	278.30	295	6.00	2.70	9.8	263.60	784	449.3	165.9
887	裕民航運股份有限公司	台灣	352.40	293.9	-16.60	185.07	148.8	-19.60	186	849.9	628.4
888	華泰電子股份有限公司	台灣	442.58	292.1	-34.00	—	-5.3	—	936	549	135.4
889	藍天電腦股份有限公司	台灣	311.97	292	-6.40	—	6.2	—	845	571.2	179

순위	기업명칭	소재지	영업액			순수익				총자산	순자산
			2006년	2007년	성장률 (%)	2006	2007	성장률 (%)	순위		
890	重慶九龍電力股份有限公司	中國大陸	169.54	291.1	71.70	5.60	7	24.90	830	525.2	111.2
891	味州國際(控股)有限公司	香港	257.94	290.7	12.70	7.90	10.9	38.00	767	367.5	240.3
892	重慶建設摩托車股份有限公司	中國大陸	282.62	289.4	2.40	2.56	3.9	52.20	877	275.4	34.1
893	南京棲霞建設股份有限公司	中國大陸	166.17	289.3	74.10	18.63	28.5	53.00	555	609.6	178.8
894	堤維西交通工業股份有限公司	台灣	234.88	288.9	23.00	—	2.6	–	896	405.2	124
895	深圳市廣聚能源股份有限公司	中國大陸	258.48	288.2	11.50	8.82	16.7	89.40	692	207.2	169.1
896	中國有色金屬建設股份有限公司	中國大陸	129.82	288.2	122.00	22.48	41.7	85.50	462	412	165.7
897	銀川新華百貨商店股份有限公司	中國大陸	235.65	288.2	22.30	5.03	6.9	37.30	831	186.4	78
898	興富發建設股份有限公司	台灣	120.87	287.8	138.10	19.93	58.9	195.50	373	723.5	189.8
899	上海神配電股份有限公司	中國大陸	227.37	287.4	26.40	53.86	69	28.10	341	397	240.3
900	武漢鋼煤股份有限公司	中國大陸	360.68	287.1	-20.40	3.16	1.3	-58.80	921	369	77.2
901	南順（香港）有限公司	香港	—	286.8	—	—	13.2	–	738	222.3	131.6
902	利亞零售有限公司	香港	255.90	286.1	11.80	9.41	9.6	2.00	786	125.4	67.8
903	浙江海正藥業股份有限公司	中國大陸	239.01	283.7	18.70	14.57	10.1	-30.70	779	352.8	156.6
904	中鹽鴻洞工業股份有限公司	中國大陸	178.51	283.3	58.70	16.98	33.5	97.30	518	418.4	154.5
905	珠海中富實業股份有限公司	中國大陸	241.59	282.9	17.10	8.75	13	48.60	742	713.8	243.3
906	山西蘭花科技創業股份有限公司	中國大陸	214.82	282.7	31.60	53.66	70.3	31.00	336	583.3	317
907	萬威國際有限公司	香港	304.20	282.6	-7.10	—	-19.4	–	947	231.3	100.4
908	山西陽煤股份有限公司	中國大陸	333.18	282.2	-15.30	2.14	6.2	189.40	844	408.1	137.1
909	上海三愛富新材料股份有限公司	中國大陸	251.97	281.7	11.80	14.26	13.8	-3.20	730	260.6	92.6
910	長江生命科技集團有限公司	香港	89.03	281.7	216.40	1.57	13.1	736.10	741	760.5	634.2
911	山東南山鋁業股份有限公司	中國大陸	176.43	281.4	59.50	17.29	21.7	25.50	632	512.3	350.9
912	南通江山農藥化工股份有限公司	中國大陸	264.35	281	6.30	7.49	6.5	-13.20	839	240.2	75.4
913	中菲電子股份有限公司	台灣	174.43	281	61.10	10.00	10.9	9.00	766	154.1	56.9
914	山西通寶能源股份有限公司	中國大陸	270.97	281	3.70	16.27	17	4.50	690	478.2	186.2
915	天津港股份有限公司	中國大陸	296.62	280.9	-5.30	90.22	64.6	-28.40	351	888.6	540.4
916	藏寶黃金股份有限公司	中國大陸	195.06	280.3	43.70	19.41	27.6	42.20	565	348	190.2
917	倍微科技股份有限公司	台灣	246.35	280.1	13.70	9.03	8.2	-9.20	812	119.4	50.3
918	鞋拼控股	菲律賓	235.70	279.3	18.50	96.90	106.2	9.60	241	1,379.70	695.2
919	江蘇春蘭製冷設備股份有限公司	中國大陸	404.06	278.4	-31.10	—	-25	–	949	570.7	348.6
920	網易公司	中國大陸	212.45	278.1	30.90	116.95	155.9	33.30	177	548.5	364.4
921	聯合地產（香港）有限公司	香港	123.64	277.7	124.60	119.93	137.2	14.40	198	2,682.70	1,072.90
922	安徽省皖能股份有限公司	中國大陸	285.98	277.4	-3.00	—	5.8	–	855	636.2	298.7
923	台南企業股份有限公司	台灣	240.02	276.5	15.20	17.23	21.5	24.80	635	197.1	108.5

244

순위	기업명칭	소재지	영업액			순수익				총자산	순자산
			2006년	2007년	성장률(%)	2006	2007	성장률(%)	순위		
924	震雄集團有限公司	香港	250.73	276.3	10.20	34.90	40	14.60	472	341.2	266.3
925	新泰伸科技股份有限公司	台灣	210.69	276	31.00	—	4.2	—	871	302.2	110.3
926	浙江醫藥股份有限公司	中國大陸	236.48	275.5	16.50	10.23	7.6	-25.70	823	317.1	96.7
927	中寶科技投資股份有限公司	中國大陸	139.66	275.4	97.20	0.88	14.7	1577.10	722	911.8	157.6
928	中興保全股份有限公司	台灣	253.03	275.3	8.80	42.69	52.3	22.50	401	385.2	271.7
929	羅德里工程有限公司	新加坡	129.74	275.3	112.20	5.30	22.2	319.00	629	209.9	86.5
930	龍記(百慕達)集團有限公司	香港	243.59	273.8	12.40	30.88	19.3	-37.50	660	296.2	159.5
931	湘草電機股份有限公司	中國大陸	223.16	273.6	22.60	7.59	8.9	17.30	800	371.7	132.8
932	江蘇中達新材料集團股份有限公司	中國大陸	289.09	272.9	-5.60	9.09	0.3	-96.70	931	626.2	155.8
933	煙台張裕葡萄釀酒股份有限公司	中國大陸	226.27	271.3	19.90	39.20	55.7	42.10	388	342.3	252.1
934	中國高科集團股份有限公司	中國大陸	304.84	271	-11.10	4.32	3.4	-21.30	884	227.5	65.4
935	上海家化聯合股份有限公司	中國大陸	244.40	270.8	10.80	4.86	9.3	91.20	792	194.3	100.2
936	仕欽科技企業股份有限公司	台灣	268.02	270.7	1.00	13.39	3.2	-76.10	885	399.4	135.3
937	丁業手套集團有限公司	馬來西亞	174.85	270.5	54.70	14.58	21.4	46.80	636	207.7	76.9
938	廣東新會美達錦綸股份有限公司	中國大陸	222.12	270.1	21.60	2.18	4.1	87.90	875	287.4	118.1
939	天津中新藥業集團股份有限公司	中國大陸	315.69	269.6	-14.60	10.14	-47.4	-567.60	965	439.8	150.6
940	南峰塑膠有限公司	香港	19.84	269.1	1256.10	2.63	2.8	6.30	892	902.8	509.9
941	廣東開平春暉股份有限公司	中國大陸	306.14	269.1	-12.1	—	1.4	—	919	246.6	124.3
942	崇越科技股份有限公司	台灣	233.51	268.3	14.90	12.12	13.5	11.40	732	190	101.6
943	山西焦化股份有限公司	中國大陸	253.74	268.2	5.70	13.03	4.3	-67.00	870	395.8	130.2
944	哈爾濱東安汽車動力股份有限公司	中國大陸	282.70	268	-5.20	10.55	4.6	-56.40	868	394.4	200.9
945	榮剛材料科技股份有限公司	台灣	222.26	267.6	20.40	28.66	29.2	1.90	547	340.1	159.8
946	聯邦制藥國際塑股份有限公司	香港	220.60	266.7	20.90	14.96	22.3	49.10	627	475.9	168.2
947	上海世茂股份有限公司	中國大陸	85.68	265.6	210.00	9.82	15	52.70	716	358	113.7
948	深圳華強實業股份有限公司	中國大陸	335.88	264	-21.40	3.16	10.5	232.70	773	311.2	158.8
949	北京城建投資發展股份有限公司	中國大陸	228.00	263.8	15.70	18.25	9.8	-46.30	783	879.4	237
950	河南平高電氣股份有限公司	中國大陸	192.47	263.1	36.70	13.02	19.7	51.30	654	399.3	134.6
951	大華一繼控股股份有限公司	新加坡	186.86	263.1	40.80	47.42	86.3	82.00	289	1,705.50	510.1
952	銀座集團股份有限公司	中國大陸	198.49	263	32.50	5.59	7.5	34.20	825	105	31.3
953	安泰科技股份有限公司	中國大陸	209.99	262.7	25.10	10.80	13.2	22.20	737	408.7	218
954	潤泰全球股份有限公司	台灣	223.53	262.2	17.30	11.80	25.6	117.00	594	653.5	266.2
955	致茂電子股份有限公司	台灣	200.23	261.9	30.80	25.06	31.1	24.10	534	245.4	152.7
956	中興瀋陽商業大廈(集團)股份有限公司	中國大陸	244.08	261.9	7.30	8.25	8.7	5.50	805	126.7	96.8

순위	기업명칭	소재지	영업액			순수익				총자산	순자산
			2006년	2007년	성장률(%)	2006	2007	성장률(%)	순위		
957	遠東國際商業銀行	台灣	326.84	261.8	-19.90	43.30	-51.4	-218.70	969	10,640.60	608
958	富裕企業有限公司	新加坡	267.76	261.6	-2.30	7.62	-12.9	-269.40	944	323.3	173.5
959	健康元藥業集團股份有限公司	中國大陸	312.23	260.4	-16.60	16.03	-9.7	-160.50	940	595.2	239.1
960	山東魯能泰山電纜股份有限公司	中國大陸	249.23	259.7	4.20	2.37	3	26.80	891	515.5	171.9
961	順達科技股份有限公司	台灣	159.40	259.5	62.80	14.41	15.4	6.90	711	145.4	68.8
962	菲律賓國家銀行	菲律賓	222.66	259.4	16.50	12.12	15.9	31.20	705	4,741.20	480.6
963	中國匯源果汁集團有限公司	中國大陸	174.60	259.1	48.40	13.49	27.8	106.10	562	438.5	194.1
964	新鄉化纖股份有限公司	中國大陸	181.44	259.1	42.80	1.03	9.5	824.40	789	396.5	170
965	哈藥集團三精製藥股份有限公司	中國大陸	221.85	258.9	16.70	18.22	27.4	50.40	567	280.9	119.9
966	山西三維集團股份有限公司	中國大陸	189.18	258.8	36.80	8.56	16.6	93.90	695	431.9	166.6
967	盈科亞洲拓展有限公司	新加坡	279.57	258.6	-7.50	9.77	26.1	167.10	583	1,515.40	-267.5
968	采訊顯示器件股份有限公司	中國大陸	265.40	258.5	-2.60	—	2.5	–	899	268.9	174.3
969	沿海綠色家園有限公司	香港	97.32	258	165.10	13.42	16.2	20.70	699	1,310.40	254
970	首創置業股份有限公司	中國大陸	142.35	255.8	79.70	26.55	33.4	25.80	521	1,929.80	473.5
971	毅嘉科技股份有限公司	台灣	196.16	255.4	30.20	—	29.1	–	549	342.3	186.4
972	永安旅遊控股有限公司	香港	232.82	255.4	9.70	3.99	-9.2	-330.50	939	491.7	160.9
973	漢晋集成股份有限公司	台灣	314.81	255	-19.00	20.69	19.8	-4.30	652	261.2	133.7
974	湖南電廣傳媒股份有限公司	中國大陸	227.52	254.6	11.90	0.97	2.4	148.70	900	651.3	233.7
975	新鴻基有限公司	香港	101.72	254.4	150.10	51.49	62.4	21.20	360	200.8	1,040.20
976	台灣精星科技股份有限公司	台灣	255.07	254.3	-0.30	4.30	0.8	-81.40	926	162.2	62.4
977	晶門科技	香港	393.95	254.1	-35.50	76.19	22.4	-70.60	625	221.1	179.9
978	中遠太平洋有限公司	中國大陸	295.69	254	-14.10	334.98	291.1	-13.10	104	2,987.20	2,172.60
979	PT Bank Pan Indonesia Tbk.	印尼	168.88	254	50.40	55.24	71.2	28.90	328	4,423.50	722.2
980	精碟科技股份有限公司	台灣	259.94	253.7	-2.40	—	-85.9	–	978	742.2	347.6
981	金杯汽車股份有限公司	中國大陸	180.96	253.7	40.20	—	10.7	–	771	476.7	80.2
982	星島新聞集團有限公司	香港	233.92	253.1	8.20	28.25	22.8	-19.30	622	272.2	200.3
983	中國玻纖股份有限公司	中國大陸	183.66	252.9	37.70	15.52	17.1	10.20	689	688.5	105.6
984	美麗集團有限公司	香港	298.82	252.8	-15.40	27.35	19.2	-29.80	661	247.3	144.7
985	江蘇陽光股份有限公司	中國大陸	261.70	252.8	-3.40	3.41	3.1	-9.10	886	158.7	76.4
986	深圳農產品三星股份有限公司	中國大陸	259.45	252.7	-2.60	5.11	5.9	15.50	854	457.7	261.5
987	向陽科技有限公司	新加坡	—	252.4	–	—	-54.6	–	971	321.9	201.1
988	茂迪股份有限公司	台灣	137.10	252.4	84.10	35.70	69.5	94.70	339	278.8	171.1
989	億光電子工業股份有限公司	台灣	212.37	252.3	18.80	45.22	58.2	28.70	375	395.7	256.9
990	超豐電子股份有限公司	台灣	213.66	251.9	17.90	51.85	65.7	26.70	348	303.2	262.6

순위	기업명칭	소재지	영업액			순수익				총자산	순자산
			2006년	2007년	성장률(%)	2006	2007	성장률(%)	순위		
991	許繼電氣股份有限公司	中國大陸	229.01	251	9.60	14.61	16	9.50	702	577.3	254.1
992	佳通輪胎股份有限公司	中國大陸	236.92	250.9	5.90	6.42	0.7	-89.10	927	397.1	45.3
993	廣東水電二局股份有限公司	中國大陸	217.33	250.8	15.40	7.19	8.5	18.20	810	242.4	106.7
994	永大機電工業股份有限公司	台灣	237.76	250.6	5.40	16.56	17.3	4.50	688	423.1	246
995	河北建投能源投資股份有限公司	中國大陸	244.13	249.5	2.20	5.39	6.1	13.10	847	323.1	54.4
996	德發集團國際有限公司	香港	212.10	249	17.40	16.98	40.3	137.30	471	332.6	202
997	龍旗控股	中國大陸	77.10	248.8	222.70	9.56	28.2	195.00	559	94.6	53.2
998	中華企業股份有限公司	中國大陸	293.26	248.1	-15.40	44.47	53.9	21.20	396	946.6	281.9
999	遠東航空股份有限公司	台灣	226.58	248.1	9.50	—	-12	–	943	423.3	94.6
1000	信義玻璃控股有限公司	香港	177.00	247.8	40.00	33.36	49.8	49.30	415	416	288.2

주: 1) 본 자료는 영업액 기준에 따른 순위임.
　　2) 2006년 수치는 2005년 7월 1일부터 2006년 6월 30일까지 이며, 2007년 수치는 2006년 7월 1일부터 2007년 6월 30일까지 임.
자료: 『亞洲週刊』(http://www.yzzk.com)[검색일: 2008. 6. 30]에서 정리

· 저자 ·

이재유
(李載裕)

•약 력•
서울대학교 법과대학 행정학과 졸업
미국 썬더버드 국제경영 대학원 국제경영학 석사
미국 와싱톤 주립대학교 경영대학원 경영학 박사
한양대학교 아태지역연구센터 소장 역임(1996 - 1999)
한양대학교 경영대학 경영학부 교수(1988 - 현재)

•주요논저•
「국제합작투자의 통제구조와 경영성과에 관한 연구」, 『국제경영연구』
「동시베리아 송유관 건설계획과 한국의 참여방안」, 『비교경제연구』
「외국인 투자기업의 대중국 진출과 경제·사회적 역할」, 『신아세아』
「중국기업의 국제화 전략과 구조」, 『한국관세학회지』
「화교기업의 발전과 경영특성」, 『중소연구』
『중국의 서부대개발과 한국기업의 진출전략』(국제무역경영연구원)
『한반도와 동북아 — 변화와 발전의 정치경제』(한양대학교 출판부)
『대중화경제권과 21세기 아태경제』(한양대학교출판부)

허흥호
(許興鎬)

•약 력•
국립 대만대학 국가발전연구소 박사(중국경제전공)
한양대학교 아태지역연구센터 연구교수 역임(1995 - 2000)
서울디지털대학교 중국학부 교수 역임(2001 - 2002)
목원대학교 사회과학대학 중국학과 교수(2003 - 현재)

•주요논저•
「홍공과 미국에 복수 상장된 중국기업주식의 정보전이 효과」, 『중소연구』
「中國西部地區發展展望」, 『WTO與中國經濟』
「중국의 지역발전격차와 서부대개발」, 『신아세아』
「中國西部地區的經濟環境與韓國企業的投資戰略」, 『農村經濟』
「중국의 보험시장개방과 시장환경」, 『신아세아』
「中國企業海外直接投資的現況與特徵」, 『經濟體制改革』
「중화경제권의 현황과 발전전망」, 『중소연구』
「중국의 국유기업개혁과 사회안정」, 『중소연구』
「양안경제 교류의 발전과 제한」, 『중소연구』
『새로운 중국의 모색』(폴리테리아)(공저)
『현대중국경제론』(교보문고)(공저)
『전환기의 중국사회』(오름)(공저)
『중국의 지역경제협력과 중화경제권의 발전』(대외경제정책연구원)(공저)

화교기업과 중국경제

• 초판 인쇄	2008년 7월 31일
• 초판 발행	2008년 7월 31일
• 지 은 이	이재유 · 허흥호
• 펴 낸 이	채종준
• 펴 낸 곳	한국학술정보㈜
	경기도 파주시 교하읍 문발리 513-5
	파주출판문화정보산업단지
	전화 031) 908-3181(대표) · 팩스 031) 908-3189
	홈페이지 http://www.kstudy.com
	e-mail(출판사업부) publish@kstudy.com
• 등 록	
• 가 격	26,000원

ISBN 978-89-534-9745-0 93320 (Paper Book)
      978-89-534-9746-7 98320 (e-Book)